吳汝綸評點

史記集評

中華書局印行

陳涉世家第十八

史記四十八

陳勝者。陽城人也。索隱韋昭云陽城屬潁川地理云屬汝南不同者舊屬汝南後又分隸潁川錢云漢志潁川汝南皆有陽城縣而汝南之陽城縣則為侯國宗室劉德所封至王莽敗而國絕故後漢志有潁川之陽城無汝南之陽城非本隸汝南而後分隸潁川也字涉。吳廣者。陽夏人也。字叔。陳涉少時嘗與人傭耕。輟耕之壟上。悵恨久之。曰。苟富貴。無相忘。傭者笑而應曰。若為傭耕。何富貴也。陳涉太息曰。嗟乎。燕雀安知鴻鵠之志哉。二世元年七月。發閭左適戍漁陽九百人。屯大澤鄉。陳勝吳廣皆次當行。為屯長。會天大雨。道不通。度已失期。失期法皆斬。陳勝吳廣乃謀曰。今亡亦死。舉大計亦死。等死。死國可乎。陳勝曰。天下苦秦久矣。吾聞二世少子也。不當立。當立者乃公子扶蘇。扶蘇以數諫故。上使外將兵。今或聞無罪。二世殺之。百姓多聞其賢。未知其死也。項燕為楚將。數有功。愛士卒。楚人憐之。或以為死。或以為亡。

詐稱扶蘇項燕爲陳勝起事主謀今漢書無此句但云今誠以吾衆爲天下倡則前言扶蘇項燕與此不相屬矣然此等殆是寫漢書者誤奪非班氏有所裁割也凡漢書不應改史記而妄改者皆當以此意求之
丹書帛曰陳勝王寫傭耕者作用

今誠以吾衆詐自稱公子扶蘇項燕爲天下唱（唱倡同字漢書作倡）宜多應者吳廣以爲然乃行卜卜者知其指意曰足下事皆成有功然足下卜之鬼乎陳勝吳廣喜念鬼曰此教我先威衆耳乃丹書帛曰陳勝王置人所罾魚腹中卒買魚烹食得魚腹中書固以怪之矣又閒令吳廣之次近所旁叢祠中（漢書無近字王校同）夜篝火狐鳴呼曰大楚興陳勝王卒皆夜驚恐旦日卒中往往語皆指目陳勝吳廣素愛人士卒多爲用者將尉醉廣故數言欲亡忿恚尉令辱之以激怒其衆尉果笞廣尉劍挺廣起奪而殺尉陳勝佐之幷殺兩尉召命徒屬曰公等遇雨皆已失期失期當斬藉弟令毋斬而戍死者固十六七且壯士不死即已死卽擧大名耳王侯將相寧有種乎徒屬皆曰敬受命乃詐稱公子扶蘇項燕從民欲也袒右稱大楚爲壇而盟祭以尉首陳勝自立爲將軍吳廣爲都尉攻大

鄧宗事後無所見似是踈漏然篇末言所置遣侯王將相竟亡秦則鄧宗事亦疑括在內文有不必一一完密者此類是也

楚兵數千爲聚不可勝數涉起事規橅散亂無復統紀著此二語以爲文勢關鍵辭事相稱且與篇末所置遣侯王相將竟亡秦盻

澤鄉。收而攻蘄。蘄下。乃令符離人葛嬰將兵徇蘄以東。攻銍酇苦柘譙。皆下之。行收兵。比至陳。車六七百乘。騎千餘。卒數萬人。攻陳。陳守令皆不在。獨守丞與戰譙門中。弗勝。守丞死。乃入據陳。數日。號令召三老豪傑與皆來會計事。三老豪傑皆曰。將軍身被堅執銳。伐無道。誅暴秦。復立楚國之社稷。功宜爲王。陳涉乃立。爲王。號爲張楚。當此時。諸郡縣苦秦吏者。（漢書者作暴）皆刑其長吏。殺之以應陳涉。乃以吳叔爲假王。監諸將以西擊滎（熒）陽。令陳人武臣張耳陳餘徇趙地。令汝陰人鄧宗徇九江郡。當此時。楚兵數千人爲聚者。不可勝數。葛嬰至東城。立襄彊爲楚王。嬰後聞陳王已立。因殺襄彊。還報。至陳。陳王誅殺葛嬰。陳王令魏人周市北徇魏地。吳廣圍滎陽。李由爲三川守。守滎陽。吳叔弗能下。陳王徵國之豪傑與計。以上蔡人房君蔡賜爲上柱國。周文。陳之賢人也。嘗爲項

鬱相通

吳叔不能下文勢一斷

軍遂不戰再斷

燕軍視日事春申君。自言習兵。陳王與之將軍印。西擊秦。行收兵至關。車千乘。卒數十萬。至戲軍焉。秦令少府章邯免酈山徒人奴產子（依漢書句下滅生字）悉發以擊楚大軍。盡敗之。周文敗走出關。止次曹陽二三月。章邯追敗之。復走次澠池十餘日。章邯擊大破之。周文自剄。軍遂不戰。武臣到邯鄲。自立為趙王。陳餘為大將軍。張耳召騷為左右丞相。陳王怒。捕繫武臣等家室。欲誅之。柱國曰。秦未亡而誅趙王將相家屬。此生一秦也。不如因而立之。陳王乃遣使者賀趙。而徙繫武臣等家屬宮中。而封耳（耳毛本作其注校改）子張敖為成都君。趣趙兵亟入關。趙王將相相與謀曰。王王趙。非楚意也。楚已誅秦。必加兵於趙。計莫如毋西兵。使使北徇燕地以自廣也。趙南據大河。北有燕代。楚雖勝秦。不敢制趙。若楚不勝秦。必重趙。趙乘秦之獘。可以得志於天下。趙王以為然。因不西兵。而遣故上

當此時三句與前文楚兵數千爲聚句相應變峯對峙毋注篇末亡秦句益警

將軍田臧等遙接前兩斷處

谷卒史韓廣將兵北徇燕地。燕故貴人豪傑謂韓廣曰。楚已立王。趙又已立王。燕雖小。亦萬乘之國也。願將軍立爲燕王。韓廣曰。廣母在趙。不可。燕人曰。趙方西憂秦。南憂楚。其力不能禁我。且以楚之彊。不敢害趙王將相之家。趙獨安敢害將軍之家。韓廣以爲然。乃自立爲燕王。居數月。趙奉燕王母及家屬歸之燕。當此之時。諸將之徇地者。不可勝數。周市北徇地至狄。狄人田儋殺狄令。自立爲齊王。以齊反擊周市。市軍散還至魏地。欲立魏後故甯陵君咎爲魏王。時咎在陳王所。不得之魏。魏地已定。欲相與立周市爲魏王。周市不肯。使者五反。陳王乃立甯陵君咎爲魏王。遣之國。周市卒爲相。將軍田臧等相與謀曰。周章軍已破矣。秦兵旦暮至。我圍滎陽城弗能下。秦軍至。必大敗。不如少遺兵。足以守滎陽。悉精兵迎秦軍。今假王驕。不知兵權。不可與計。非誅之。事恐敗。因

田臧死李歸等死鄧說伍徐軍散走此等皆雙行

陵人秦嘉以下急氣歷數

章邯已破伍徐承前遂遞下柱國房君死張賀死與前田臧李歸相照爲下陳勝被殺起本

相與矯王令以誅吳叔獻其首於陳王陳王使使賜田臧楚令尹印使爲上將田臧乃使諸將李歸等守滎陽城自以精兵西迎秦軍於敖倉與戰田臧死軍破章邯進兵擊李歸等滎陽下破之李歸等死陽城人鄧說將兵居郯章邯別將擊破之鄧說軍散走陳銍人伍徐（集解漢書作伍逢）將兵居許章邯擊破之伍徐軍皆散走陳陳王誅鄧說陳王初立時陵人秦嘉銍人董緤符離人朱雞石取慮人鄭布徐人丁疾等皆特起將兵圍東海守慶於郯陳王聞乃使武平君畔爲將軍監郯下軍秦嘉不受命嘉自立爲大司馬惡屬武平君告軍吏曰武平君年少不知兵事勿聽因矯以王命殺武平君畔章邯已破伍徐擊陳柱國房君死章邯又進兵擊陳西張賀軍陳王出監戰軍破張賀死臘月陳王之汝陰還至下城父其御莊賈殺以降秦陳勝葬碭謚曰隱王陳王故涓人將軍呂

復以陳爲楚餘波亦作兩對

陳勝王六字結束前事筆勢絕橫絕勁因以己爲王三字遞入故人入宮便撓無比所謂嶺斷雲連也

臣爲倉頭軍起新陽攻陳下之殺莊賈復以陳爲楚初陳王至陳令銍人宋留將兵定南陽入武關留已徇南陽聞陳王死南陽復爲秦宋留不能入武關乃東至新蔡遇秦軍宋留以軍降秦秦傳留至咸陽車裂留以徇秦嘉等聞陳王軍破出走乃立景駒爲楚王引兵之方與欲擊秦軍定陶下使公孫慶使齊王欲與並力俱進齊王曰聞陳王戰敗不知其死生楚安得不請而立王公孫慶曰齊不請楚而立王楚何故請齊而立王且楚首事當令於天下田儋誅殺公孫慶秦左右校復攻陳下之呂將軍走收兵復聚（漢書收作徵）與鄱盜當陽君黥布之兵相收（本無與字）（漢書改此句云與番盜英布相遇史公此句當脫與字今校增）復擊秦左右校破之青波復以陳爲楚會項梁立懷王孫心爲楚王陳勝王凡六月已爲王王陳其故人嘗與庸耕者聞之之陳扣宮門曰吾欲見涉宮門令欲縛之自辯數乃置不

故人不親諸將不親又作兩對前叢論文每云義必雙行氣不孤仲此一大法門此篇最可窺見此恉

陳勝雖已死四句與全篇相反前通篇皆言陳涉無成此獨言其有功最有力

肯爲通。陳王出。遮道而呼涉。陳王聞之。乃召見。載與俱歸。入宮見殿屋帷帳。客曰。夥頤涉之爲王沈沈者。梁云說文繫傳引史記云夥乎涉之爲王黕黕者也孫侍御云沈沈劉伯莊云猶談談又作潭潭韓昌黎詩潭潭府中居 楚人謂多爲夥。故天下傳之夥涉爲王。由陳涉始。客出入愈益發舒。言陳王故情。或說陳王曰。客愚無知。顓妄言輕威。陳王斬之。諸陳王故人皆自引去。由是無親陳王者。陳王以朱房爲中正。胡武爲司過。主司羣臣。諸將徇地至令之不是者。繫而罪之。以苛察爲忠。其所不善者。弗下吏。輒自治之。陳王信用之。諸將以其故不親附。此其所以敗也。陳勝雖已死。其所置遣侯王將相竟亡秦。由涉首事也。高祖時。爲陳涉置守冢三十家碭。至今血食。

褚先生曰。地形險阻。所以爲固也。兵革刑法。所以爲治也。猶未足恃也。夫先王以仁義爲本。而以固塞文法爲枝葉。豈不然哉。吾聞賈生之稱曰秦孝公據殽函之固擁雍州之地君臣固守以窺周室有席卷天下包舉宇內囊括四海之意并吞八荒之心當是時也商君佐之內立法度務耕織修守戰之備外連衡而鬬諸侯於是秦人拱手而取西河之外孝公既沒惠文王武王昭王蒙故業因遺策南取漢中西舉巴蜀東割膏腴之地收要害之郡諸侯恐懼會盟而謀弱秦不愛珍器重寶肥饒之地以致天下之士合從締交相與爲一當此之時齊有孟嘗趙有平原楚有春申魏有信陵此四君者皆明知而忠信寬厚而愛人尊賢而重士約從連衡兼韓魏燕趙宋衛中山之衆於是六國之士有甯越徐尚蘇秦杜赫之屬爲之謀齊明周最陳軫邵滑樓緩翟景蘇厲樂毅之徒通其意吳起孫臏帶他兒良王廖田忌廉頗趙奢之倫制其兵嘗以什倍之地百萬之師仰關而攻秦秦人開關而延敵九國之師遁逃

而不敢進。秦無亾矢遺鏃之費。而天下固已困矣。於是從散約敗。爭割地而賂秦。秦有餘力而制其弊。追亾逐北。伏尸百萬。流血漂櫓。因利乘便。宰割天下。分裂山河。彊國請服。弱國入朝。施及孝文王莊襄王。享國之日淺。國家無事。及至始皇。奮六世之餘烈。振長策而御宇內。吞二周而亾諸侯。履至尊而制六合。執敲朴以鞭笞天下。威振四海。南取百越之地。以爲桂林象郡。百越之君。俛首係頸。委命下吏。乃使蒙恬北築長城而守藩籬。郤匈奴七百餘里。胡人不敢南下而牧馬。士亦不敢貫弓而報怨。於是廢先王之道。燔百家之言。以愚黔首。隳名城。殺豪俊。收天下之兵。聚之咸陽。銷鋒鍉。鑄以爲金人十二。以弱天下之民。然後踐華爲城。因河爲池。據億丈之城。臨不測之谿以爲固。良將勁弩。守要害之處。信臣精卒。陳利兵而誰何。天下已定。始皇之心。自以爲關中之固。金城千里子孫帝王萬事之業也始皇既沒餘威振於殊俗然而陳涉甕牖繩樞之子甿隸之人而遷徙之徒也材能不及中人非有仲尼墨翟之賢陶朱猗頓之富也躡足行伍之閒俛仰仟佰之中率罷散之卒將數百之衆轉而攻秦斬木爲兵揭竿爲旗天下雲會響應贏糧而景從山東豪俊遂竝起而亾秦族矣且天下非小弱也雍州之地殽函之固自若也陳涉之位非尊於齊楚燕趙韓魏宋衞中山之君也鉏耰棘矜非銛於句戟長鎩也適戍之衆非儔於九國之師也深謀遠慮行軍用兵之道非及鄉時之士也然而成敗異變功業相反也嘗試使山東之國與陳涉度長絜大比權量力則不可同年而語矣然而秦以區區之地致萬乘之權抑八州而朝同列百有餘年矣然後以六合爲家殽函爲宮一夫作難而七廟墮身死人手爲天下笑者何也仁義不施而攻

守之勢異也●

此篇以首事亾秦爲主

陳涉世家第十八

夫婦之際八句言禮樂之重夫婦與上易詩書春秋同義而文法特變化

人能宏道二句橫接

或不能成子姓索隱引趙飛燕非是此謂惠皇后陳皇后等耳

方侍郎謂秦以前二語及孝惠皇后傳末迎立代王語則少孫所補某謂褚少孫雖妄亦不致於文中攙

外戚世家第十九

自古受命帝王及繼體守文之君非獨內德茂也蓋亦有外戚之助焉夏之興也以塗山而桀之放也以末喜殷之興也以有娀紂之殺也嬖妲己周之興也以姜原及大任而幽王之禽也淫於褒姒故易基乾坤詩始關雎書美釐降春秋譏不親迎夫婦之際人道之大倫也禮之用惟婚姻為兢兢夫樂調而四時和陰陽之變萬物之統也可不慎與人能弘道無如命何甚哉妃匹之愛君不能得之於(漢書無於字下句同)臣父不能得之於子況卑下乎既驩合矣或不能成子姓能成子姓矣或不能要其終豈非命也哉孔子罕稱命蓋難言之也非通幽明之變惡能識乎性命哉太史公曰秦以前尚略矣其詳靡得而記焉漢興呂娥姁為高祖正后男為太子及晚節色衰愛弛而戚夫人有寵其子如意幾代太

補此文引秦以前承序所列夏殷周而言爲漢事發端敘立代王見惠后之萬方求子而卒無嗣於文似皆不爲駢枝

子者數矣。及高祖崩。呂后夷戚氏。誅趙王。而高祖後宮惟獨無寵疏遠者得無恙。呂后長女爲宣平侯張敖妻。敖女爲孝惠皇后。呂太后以重親故。欲其生子。萬方終無子。詐取後宮人子爲子。及孝惠帝崩。天下初定未久。繼嗣不明。於是貴外家。王諸呂以爲輔。而以呂祿女爲少帝后。欲連固根本牢甚。然無益也。高后崩。合葬長陵。祿產等懼誅。謀作亂。大臣征之。（案此與征和之征皆爲正之借字亦作延漢書作正）天誘其統。卒滅呂氏。惟獨置孝惠皇后居北宮。迎立代王。是爲孝文帝。奉漢宗廟。此豈非天邪。非天命孰能當之。薄太后父吳人。姓薄氏。秦時與故魏王宗家女魏媼通。生薄姬。而薄父死山陰。因葬焉。及諸侯畔秦。魏豹立爲魏王。而魏媼內其女於魏宮。媼之許負所相。相薄姬。云當生天子。是時項羽方與漢王相距滎陽。天下未有所定。豹初與漢擊楚。及聞許負言。心獨喜。因背漢而畔。中立更與楚連和。漢使曹參等擊虜魏王豹，以其國爲郡，而薄姬輸織室。豹已死，漢王入織室，見薄姬有（有下依漢書減色字）詔內後宮，歲餘不得幸。始姬少時，與管夫人、趙子兒相愛，約曰：「先貴無相忘。」已而管夫人、趙子兒先幸漢王。漢王坐河南宮成皋臺，此兩美人相與笑薄姬初時約。漢王聞之，問其故，兩人具以實告漢王。漢王心慘然，憐薄姬，是日召欲（欲本作而依漢書改）幸之。薄姬曰：「昨暮夜妾夢蒼龍據吾腹。」高帝曰：「此貴徵也，吾爲女遂成之。」一幸生男，是爲代王。其後薄姬希見高祖。高祖崩，諸御幸姬戚夫人之屬，呂太后怒，皆幽之，不得出宮。而薄姬以希見故，得出，從子之代，爲代王太后。太后弟薄昭從如代。代王立十七年，高后崩。大臣議立後，疾外家呂氏彊，皆稱薄氏仁善，故迎代王，立爲孝文皇帝，而太后改號曰皇太后，弟薄昭封爲軹侯。薄太后母亦前死，葬櫟陽北。於是乃追尊薄父爲靈文侯。會稽郡置園邑三百家。長丞已下吏奉守冢。梁云漢書吏作使寢廟上食祠如法。而櫟陽北亦置靈文侯夫人園。如靈文侯園儀。薄太后以爲母家魏王後。早失父。父下依漢書刪母字其奉薄太后諸魏有力。力下依漢書滅者字於是召復魏氏。及尊賞賜。漢書無及尊二字案此文言既召復魏氏及尊之賞賜之各以親疏爲差此史公句法二字當有各以親疏受之。薄氏侯者凡一人。薄太后後文帝二年。以孝景帝前二年崩。葬南陵。以呂后會葬長陵。故特自起陵。近孝文皇帝霸陵。

竇太后。趙之淸河觀津人也。呂太后時。竇姬以良家子入宮侍太后。太后出宮人以賜諸王各五人。竇姬與在行中。竇姬家在淸河。欲如趙近家。請其主遣宦者吏。必置我籍趙之伍中。宦者忘之。誤置其籍代伍中。籍奏。詔可。當行。竇姬涕泣。怨其宦者。不欲往。相彊乃肯行。至代。代王獨幸竇姬。生女嫖。後生兩男。而代王王后生四男。先代王未入立爲帝。而王后卒。及代王立為帝。而王后所生四男更病死。孝文帝立數月。公卿請立太子。而竇姬長男最長。立為太子。立竇姬為皇后。女嫖為長公主。其明年。立少子武為代王。已而又徙梁。是為梁孝王。竇皇后親蚤卒。葬觀津。於是薄太后乃詔有司。追尊竇后父為安成侯。母曰安成夫人。令淸河置園邑二百家。長丞奉守。比靈文園法。竇皇后兄竇長君。弟曰竇廣國。字少君。少君年四五歲時。家貧。為人所略賣。其家不知其處。傳十餘家。至宜陽。為其主入山作炭。寒（寒漢書作暮案此義兩通御覽引作暮疑據漢書改）臥岸下百餘人。岸崩。盡厭（本作壓依毛本改）殺臥者。少君獨得脫。不死。自卜數日當為侯。從其家之長安。聞竇皇后新立。家在觀津。姓竇氏。廣國去時雖小。識其縣名及姓。又常與其姊採桑墮。用為符信。上書自陳。竇皇后言之於文帝。召見。問之。具言其故。果是。又復問他何以為驗。對曰。姊去我西時。與

我決於傳舍中丐沐沐我請食飯我乃去於是竇后持之而泣泣涕交
橫下侍御左右皆伏地泣助皇后悲哀乃厚賜田宅金錢封公昆弟家
於長安案封公猶封君絳侯灌將軍等曰吾屬不死命乃且縣此兩人兩人所
出微不可不爲擇師傅賓客又復效呂氏大事也於是乃選長者士之
有節行者與居竇長君少君由此爲退讓君子不敢以尊貴驕人竇皇
后病失明文帝幸邯鄲愼夫人尹姬皆毋子孝文帝崩孝景帝立乃封
廣國爲章武侯長君前死封其子彭祖爲南皮侯吳楚反時竇太后從
昆弟子竇嬰任俠自喜將兵以軍功爲魏其侯竇氏凡三人爲侯竇太
后好黃帝老子言帝及太子諸竇不得不讀黃帝老子尊其術竇太后
後孝景帝六歲建元六年崩合葬霸陵遺詔盡以東宮金錢財物賜長
公主嫖王太后槐里人母曰臧兒臧兒者故燕王臧荼孫也臧兒嫁爲

槐里王仲妻生男曰信與兩女而仲死臧兒更嫁長陵田氏生男蚡勝臧兒長女嫁爲金王孫婦生一女矣而臧兒卜筮之曰兩女皆當貴因欲奇兩女（梁云漢書奇作倚 王云奇即倚字）乃奪金氏金氏怒不肯予決乃內之太子宮太子幸愛之生三女一男男方在身時王美人夢日入其懷以告太子太子曰此貴徵也未生而孝文帝崩孝景帝即位王夫人生男先是臧兒又入其少女兒姁兒姁生四男景帝爲太子時薄太后以薄氏女爲妃及景帝立立妃曰薄皇后皇后毋子毋寵薄太后崩廢薄皇后景帝長男榮其母栗姬栗姬齊人也立榮爲太子長公主嫖有女欲予爲妃栗姬妒而景帝諸美人皆因長公主見景帝得貴幸皆過栗姬栗姬日怨怒謝長公主不許長公主欲予王夫人王夫人許之長公主怒而日讒栗姬短於景帝曰栗姬與諸貴夫人幸姬會常使侍者祝唾其背

挾邪媚道。景帝以故望之。景帝常體不安。心不樂。屬諸子爲王者於栗姬曰。百歲後。（漢書百上有吾字）善視之。栗姬怒不肯應。言不遜。景帝恚心嗛之而未發也。長公主日譽王夫人男之美。景帝亦賢之。又有曩者所夢日符。計未有所定。王夫人知帝望栗姬。因怒未解。陰使人趣大臣立栗姬爲皇后。大行奏事畢曰。子以母貴。母以子貴。今太子母無號。宜立爲皇后。景帝怒曰。是而所宜言耶。遂案誅大行。而廢太子爲臨江王。栗姬愈恚恨不得見。以憂死。卒立王夫人爲皇后。其男爲太子。封皇后兄信爲蓋侯。景帝崩。太子襲號爲皇帝。尊皇太后母臧兒爲平原君。封田蚡爲武安侯。勝爲周陽侯。景帝十三男。一男爲帝。十二男皆爲王。而兒姁早卒。其四子皆爲王。王太后長女號曰平陽公主。次爲南宮公主。次爲林慮公主。（梁云隆慮避東漢殤帝諱改林慮功臣表惠景表皆作隆此蓋後人改之）蓋侯信好酒。田蚡勝貪巧於文辭王仲蚤死葬槐里追尊為共侯置園邑二百家及平原君卒從田氏葬長陵置園比共侯園而王太后後孝景帝十六歲以元朔四年崩合葬陽陵王太后家凡三人為侯衛皇后字子夫生微矣蓋其家號曰衛氏出平陽侯邑子夫為平陽主謳者武帝初即位（錢云此篇及賈生李將軍萬石君主父偃衛將軍酷吏列傳皆有武帝之文酷吏傳寧成周陽由皆稱武帝趙禹則云今上蓋追改有不盡耳案錢辛楣云稱武帝者皆後人追改某謂史記諸篇有作於武帝時者則稱今上有作於昭帝時者則稱武帝其云記於太初者據大率言之非太初後遂無文也）數歲無子平陽主求諸良家子女十餘人飾置家武帝祓霸上還因過平陽主主見所侍美人上弗說既飲謳者進上望見獨說衛子夫是日武帝起更衣子夫侍尚衣軒中得幸上還坐驩甚賜平陽主金千斤主因奏子夫送入宮（送上依漢書滅奉字蓋涉上奏字誤衍）子夫上車平陽主拊其背曰行矣彊飯勉之即貴無相忘入宮歲餘竟不復幸武帝擇宮人不中用者斥出

歸之衛子夫得見涕泣請出上憐之復幸遂有身尊寵日隆召其兄衛長君弟青爲侍中而子夫後大幸有寵凡生三女一男男名據初上爲太子時娶長公主女爲妃立爲帝妃立爲皇后姓陳氏無子上之得爲嗣大長公主有力焉以故陳皇后驕貴聞衛子夫大幸恚幾死者數矣上愈怒陳皇后挾婦人媚道其事頗覺於是廢陳皇后而立衛子夫爲皇后陳皇后母大長公主景帝姊也數讓武帝姊平陽公主曰帝非我不得立己而棄捐吾女壹何不自喜而倍本乎平陽公主曰用無子故廢耳陳皇后求子與醫錢凡九千萬然竟無子衛子夫已立爲皇后先是衛長君死乃以衛青爲將軍擊胡有功封爲長平侯青三子在襁褓中皆封爲列侯及衛皇后所謂姊衛少兒少兒生子霍去病以軍功封冠軍侯號驃騎將軍青號大將軍立衛皇后子據爲太子衛氏枝屬以

結穴點睛

軍功起家五人爲侯及衞后色衰趙之王夫人幸有子爲齊王王夫人蚤卒而中山李夫人有寵有男一人爲昌邑王（梁玉繩云昌邑王以天漢四年封非史所及某謂諸書不言史公何時卒梁此言皆率於太初之限）李夫人蚤卒其兄李延年以音幸號協律協律者故倡也兄弟皆坐姦族是時其長兄廣利爲貳師將軍伐大宛不及誅還而上既夷李氏後憐其家乃封爲海西侯他姬子二人爲燕王廣陵王其母無寵以憂死及李夫人卒則有尹婕妤之屬更有寵然皆以倡見非王侯有土之士女（士女疑當作女士）不可以配人主也

褚先生曰臣爲郎時問習漢家故事者鍾離生曰王太后在民閒時所生一女者（一女本作子女依御覽校改前言嫁爲金王孫婦生一女矣鍾離生此言卽承史文而中明之）父爲金王孫王孫已死景帝崩後武帝已立王太后獨在而韓王孫名嫣素得幸武帝承閒白言太后有女在長陵也武帝曰何不蚤言乃使使往先視之

在其家武帝乃自往迎取之蹕道先驅旄騎出橫城門乘輿馳至長陵
當小市西入里里門閉暴開門乘輿直入此里通至金氏門外止使武
騎圍其宅爲其亾走身自往取不得也卽使左右羣臣入呼求之家人
驚恐女亾匿內中牀下扶持出門令拜謁武帝下車立立本作泣依漢書改太后毋女
離久復合泣宜也武帝不宜泣曰嚄大姊何藏之深也詔副車載之迴車馳還而直入
長樂宮行詔門著引籍通到謁太后太后曰帝倦矣何從來帝曰今者
至長陵得臣姊與俱來顧曰謁太后太后曰女某邪曰是也太后爲下
泣女亦伏地泣武帝奉酒前爲壽奉錢千萬奴婢三百人公田百頃甲
第以賜姊太后謝曰爲帝費焉於是召平陽主南宮主林慮主三人俱
來謁見姊因號曰脩成君有子男一人女一人男號爲脩成子仲女爲
諸侯王王后此二子非劉氏以故太后憐之脩成子仲驕恣陵折吏民

皆悲苦之。衛子夫立爲皇后。后弟衛青字仲卿。以大將軍封爲長平侯。四子。長子伉爲侯世子。侯世子常侍中貴幸。其三弟皆封爲侯。各千三百戶。一曰陰安侯。二曰發干侯。三曰宜春侯。貴震天下。天下歌之曰。生男無喜。生女無怒。獨不見衛子夫霸天下。是時平陽主寡居。當用列侯尙主。主與左右議長安中列侯可爲夫者。皆言大將軍可。主笑曰。此出吾家。常使（使字疑衍）令騎從我出入耳。奈何用爲夫乎。左右侍御者曰。今大將軍姊爲皇后。三子爲侯。富貴振動天下。主何以易之乎。於是主乃許之。言之皇后。令白之武帝。乃詔衛將軍尙平陽公主焉。

褚先生曰。丈夫龍變。傳曰。蛇化爲龍。不變其文。家化爲國。不變其姓。丈夫當時富貴。百惡滅除。光耀榮華。貧賤之時。何足累之哉。

武帝時。幸夫人尹婕妤。邢夫人號娙娥。衆人謂之娙何。娙何秩比中二千石容華秩比二千石婕妤秩比列侯常從婕妤遷爲皇后尹夫人與邢夫人同時竝幸有詔不得相見尹夫人自請武帝願望見邢夫人帝許之卽令他夫人飾從御者數十人爲邢夫人來前尹夫人前見之曰此非邢夫人身也帝曰何以言之對曰視其身貌形狀（藝文初學御覽引身均作體）不足以當人主矣於是帝乃詔使邢夫人衣故衣獨身來前尹夫人望見之曰此眞是也於是乃低頭俛而泣自痛其不如也諺曰美女入室惡女之仇

褚先生曰浴不必江海要之去垢馬不必騏驥要之善走士不必賢世要之知道女不必貴種要之貞好傳曰女無美惡入室見妒（通志室作宮）士無賢不肖入朝見嫉美女者惡女之仇豈不然哉

鉤弋夫人姓趙氏河閒人也得幸武帝生子一人昭帝是也武帝年七

十乃生昭帝。昭帝立時年五歲耳。衛太子廢後。未復立太子。而燕王旦上書。願歸國入宿衛。武帝怒。立斬其使者於北闕。上居甘泉宮。召畫工圖畫周公負成王也。於是左右羣臣知武帝意欲立少子也。後數日。帝譴責鉤弋夫人。夫人脫簪珥叩頭。帝曰。引持去。送掖庭獄。夫人還顧。帝曰。趣行。女不得活。夫人死雲陽宮。時暴風揚塵。百姓感傷。使者夜持棺往葬之。封識其處。其後帝閒居。問左右曰。人言云何。左右對曰。人言且立其子。何去其母乎。帝曰。然。是非兒曹愚人所知也。往古國家所以亂也。由主少母壯也。女主獨居驕蹇。淫亂自恣。莫能禁也。女不聞呂后邪。故諸爲武帝生子者。無男女。其母無不譴死。豈可謂非賢聖哉。昭然遠見。爲後世計慮。固非淺聞愚儒之所及也。謚爲武。豈虛哉。

某案此篇以命字爲主蓋譏漢諸后非王侯有土之女士而配人主

皆命而已其嫉妒求寵又皆妄與命爭也

曾文正嘗言歸熙甫學史記有得於外戚五宗世家余謂熙甫所敘事狀多閭巷家人瑣事故與外戚五宗相近若得朝廷大事則其才又變如李公行狀等是也

某聞之知文者譬文於伯時畫馬伯時之畫馬也先畫馬鼻鼻之俯仰傾側全馬之。勢因之如此文叙楚趙之反先言櫟釜事是其類矣

楚元王世家第二十

楚元王劉交者。高祖之同母少弟也。字游。高祖兄弟四人。長兄伯。伯蚤卒。始高祖微時。嘗辟事。時時與賓客過巨嫂食。漢書作丘嫂張晏曾灼訓丘爲大他書少見愚謂丘爲巨之壞字嫂厭叔。叔與客來。嫂詳爲羹盡。櫟釜。索隱櫟漢書作轑錢云櫟轑聲相近賓客以故去。已而視釜中尚有羹。高祖由此怨其嫂。及高祖爲帝。封昆弟。而伯子獨不得封。太上皇以爲言。高祖曰。某非忘封之也。爲其母不長者耳。漢書無耳字於是乃封其子信爲羹頡侯。而王次兄仲於代。高祖六年。已禽楚王韓信於陳。乃以弟交爲楚王。都彭城。即位二十三年卒。子夷王郢立。梁云案夷王名郢客夷王四年卒。子王戊立。王戊立二十年。冬。坐爲薄太后服私姦。索隱引漢書云私姦服舍中今本漢書乃與史記同非唐本之舊削東海郡。春。戊與吳王合謀反。其相張尚。太傅趙夷吾諫。不聽。戊則殺尚夷吾。起兵與吳西攻梁。破

棘壁•至昌邑南•與漢將周亞夫戰•漢絕吳楚糧道•士卒飢•吳王走•楚王
戊自殺•軍隊降漢•漢已平吳楚•孝景帝欲以德侯子續吳•以元王子禮
續楚•竇太后曰•吳王老人也•宜爲宗室順善•今乃首率七國•紛亂天下•
奈何續其後•不許吳•許立楚後•是時禮爲漢宗正•乃拜禮爲楚王•奉元
王宗廟•是爲楚文王•文王立三年卒•子安王道立•安王二十二年卒•子
襄王注立•襄王立十四年卒•子王純代立•王純立•地節二年•中人上書
告楚王謀反•王自殺•國除•入漢爲彭城郡•以上二十四字殆後人妄注誤入正文褚先生不應如此

誤記

趙王劉遂者•其父高祖中子•名友•謚曰幽•幽王以憂死•故爲幽•高后
王呂祿於趙•一歲而高后崩•大臣誅諸呂呂祿等•乃立幽王子遂爲趙
王•孝文帝即位二年•立遂弟辟彊•取趙之河閒郡爲河閒王•以梁云以當爲是
爲文王•立十三年卒•子哀王福立•一年卒•無子•絕後•國除•入于漢•遂既

申公防與先生皆不見本篇

王趙二十六年。孝景帝時。坐鼂錯以適削趙王常山之郡。吳楚反。趙王遂與合謀起兵。其相建德內史王悍諫不聽。遂燒殺建德王悍。發兵屯其西界。欲待吳與俱西。北使匈奴與連和攻漢。漢使曲周侯酈寄擊之。趙王遂還。城守邯鄲。相距七月。吳楚敗於梁。不能西。匈奴聞之亦止。不肯入漢邊。欒布自破齊還。乃幷兵引水灌趙城。趙城壞。趙王自殺。邯鄲遂降。趙幽王絕後。

大史公曰。國之將興。必有禎祥。君子用而小人退。國之將亡。賢人隱。亂臣貴。使楚王戊毋刑申公。遵其言。趙任防與先生。豈有篡殺之謀。爲天下僇哉。賢人乎賢人乎。非質有其內。惡能用之哉。甚矣安危在出令。存亡在所任。誠哉是言也。

某案此篇以楚趙同反爲王

楚元王世家第二十

當是時也四句幷下始王昆季劉氏句此言劉賈王

荊燕世家第二十一　史記五十一

荊王劉賈者諸劉不知其何屬初起時三字屬上讀此言其何屬及初起時皆不知也漢書定爲高祖從父兄故刪去何屬二字但言不知其初起時漢王元年還定三秦劉賈爲將軍定塞地從東擊項籍漢四年漢王之敗成皋北渡河得張耳韓信軍軍修武深溝高壘使劉賈將二萬人騎數百渡白馬津入楚地此楚地乃項氏境內故渡白馬津即入楚地燒其積聚以破其業無以給項王軍食已而楚兵擊劉賈賈輒壁不肯與戰而與彭越相保漢五年漢王追項籍至固陵使劉賈南渡淮圍壽春還至使人閒招楚大司馬周殷周殷反楚佐劉賈舉九江迎武王黥布兵皆會垓下共擊項籍漢王因使劉賈將九江兵與太尉盧綰西南擊臨江王共尉共尉已死以臨江爲南郡漢六年春會諸侯於陳廢楚王信囚之分其地爲二國當是時也高祖子幼昆弟少又不賢欲王同

故以見劉澤之不然也神氣貫注全篇與後文王諸呂肹蠁相通

黃東發云田生畫即明年說張卿之計文法相先後如此故深遠黃此言頗得文字詳略法

姓以鎮天下乃詔曰將軍劉賈有功及擇子弟可以爲王者羣臣皆曰立劉賈爲荊王王淮東五十二城高祖弟交爲楚王王淮西三十六城因立子肥爲齊王始王昆弟劉氏也高祖十一年秋淮南王黥布反東擊荊荊王賈與戰不勝走富陵爲布軍所殺高祖自擊破布十二年立沛侯劉濞爲吳王王故荊地燕王劉澤者諸劉遠屬也高帝三年澤爲郎中高帝十一年澤以將軍擊陳豨得王黃爲營陵侯高后時齊人田生游乏資以畫干營陵侯澤澤大說之用金二百斤爲田生壽田生已得金即歸齊二年澤使人謂田生曰弗與矣田生如長安不見澤而假大宅令其子求事呂后所幸大謁者張子卿（漢書作張卿）居數月田生子請張卿臨親脩具張卿許往田生盛帷帳共具譬如列侯張卿驚酒酣乃屏人說張卿曰臣觀諸侯王邸第百餘皆高祖一切功臣今呂氏雅故

本推轂高帝就天下。功至大。又有（依漢書增有字）親戚太后之重。太后春秋長。諸呂弱。太后欲立呂產爲呂王。王代。太后又重發之。恐大臣不聽。今卿最幸。大臣所敬。何不風大臣以聞太后。太后必喜。諸呂已王。萬戶侯亦卿之有。太后心欲之。而卿爲內臣。不急發。恐禍及身矣。張卿大然之。乃風大臣語太后。太后朝。因問大臣。大臣請立呂產爲呂王。太后賜張卿千金。（本云千斤金。依漢書減斤字）張卿以其半與田生。田生弗受。因說之曰。呂產王也。諸大臣未大服。今營陵侯澤。諸劉長。（依漢書增長字）爲大將軍。獨此尚觖望。今卿言太后。列十餘縣王之。彼得王。喜去。諸呂王益固矣。張卿入言。太后然之。乃以營陵侯劉澤爲琅邪王。琅邪王乃與田生之國。田生勸澤急行。毋留。出關。太后果使人追止之。已出。卽還。及太后崩。琅邪王澤乃曰。帝少。諸呂用事。劉氏孤弱。乃引兵與齊王合謀西。（張皋文云史於齊王語紀實而本傳錄其虛功案索隱劉氏說燕齊兩史各言其主立功之迹其說近是欲誅諸呂。至梁。聞漢遣灌將軍屯滎陽。澤還兵備西界。遂跳驅。至長安。代王亦從代至。諸將相與琅邪王共立代王爲天子。天子乃徙澤爲燕王。乃復以琅邪予齊。復故地。澤王燕二年。薨。謚爲敬王。傳子嘉。爲康王。至孫定國。與父康王姬姦。生子男一人。奪弟妻爲姬。與子女三人姦。定國有所欲誅殺臣肥如令郢人。十三字爲一句定國欲誅郢人郢人告定國陰事而定國乃殺郢人以滅口也郢人等告定國。定國使謁者以他法劾捕格殺郢人以滅口。至元朔元年。郢人昆弟復上書。具言定國陰事。以此發覺。詔下公卿皆議曰。定國禽獸行亂人倫逆天當誅。上許之。定國自殺。國除爲郡。

太史公曰。荊王王也。由漢初定天下。未集。故劉賈雖屬疏。然以策爲王。塡江淮之閒。劉澤之王。權激呂氏。然劉澤卒南面稱孤者三世。事發相

重。豈不爲偉乎。偉漢書作危危偉皆詭之借字索隱解非是

某案此篇以疏屬封王爲主。

荊燕世家第二十一

史記五十一

前後鉤勒聯貫脈縷分明此篇爲最

齊悼惠王世家第二十二

齊悼惠王劉肥者。高祖長庶男也。其母外婦也。曰曹氏。高祖六年。立肥爲齊王。食七十城。諸民能齊言者皆予齊王。齊王。孝惠帝兄也。孝惠帝二年。齊王入朝。惠帝與齊王燕飲。亢禮如家人。呂太后怒。且誅齊王。齊王懼不得脫。乃用其內史勳計。獻城陽郡。以爲魯元公主湯沐邑。呂太后喜。乃得辭就國。悼惠王即位十三年。以惠帝六年卒。子襄立。是爲哀王。哀王元年。孝惠帝崩。呂太后稱制。天下事皆決於高后。二年。高后立其兄子酈侯呂台爲呂王。集解酈作鄜漢書同 割齊之濟南郡爲呂王奉邑。哀王三年。其弟章入宿衛於漢。呂太后封爲朱虛侯。以呂祿女妻之。後四年。封章弟興居爲東牟侯。皆宿衛長安中。哀王八年。高后割齊琅邪郡立營陵侯劉澤爲琅邪王。其明年。趙王友入朝。幽死於邸。三趙王皆廢。高后立諸呂爲三王擅權用事朱虛侯年二十有氣力忿劉氏不得職嘗入侍高后燕飲高后令朱虛侯劉章爲酒吏章自請曰臣將種也請得以軍法行酒高后曰可酒酣章進飲歌舞（漢書無飲字案飲字當有）己而曰請爲太后言耕田歌高后兒子畜之笑曰顧而父知田耳若生而爲王子安知田乎章曰臣知之太后曰試爲我言田意（依漢書補意字此因下句章字與意上體同而誤奪）章曰深耕穊種立苗欲疏非其種者鉏而去之呂后默然頃之諸呂有一人醉亾酒章追拔劍斬之而還報曰有亾酒一人臣謹行法斬之太后左右皆大驚業已許其軍法無以罪也因罷酒（依漢書補酒字）自是之後諸呂憚朱虛侯雖大臣皆依朱虛侯劉氏爲益彊其明年高后崩趙王呂祿爲上將軍呂王產爲相國皆居長安中聚兵以威大臣欲爲亂朱虛侯章以呂祿女爲婦知其謀乃使人陰出告其兄齊王欲令發兵西朱虛

侯東牟侯欲從中與大臣爲內應（欲從中與大臣六字本無依漢書補此正史公句法情事分明）以誅諸呂因立齊王爲帝齊王既聞此計乃與其舅駟鈞（舅下有父字依漢書校刪索隱云舅謂舅父是所見本無父字與漢書同）郎中令祝午中尉魏勃陰謀發兵齊相召平聞之乃發卒衛王宮魏勃紿召平曰王欲發兵非有漢虎符驗也（梁云文帝紀二年九月初爲銅虎符此文則呂后時已有虎符大事記云虎符用銅始於文帝）而相君圍王固善勃請爲君將兵衛衛王召平信之乃使魏勃將兵圍王宮勃既將兵使圍相府召平曰嗟乎道家之言當斷不斷反受其亂乃是也遂自殺於是齊王以駟鈞爲相魏勃爲將軍祝午爲內史悉發國中兵使祝午東詐琅邪王曰呂氏作亂齊王發兵欲西誅之齊王自以兒子年少不習兵革之事願舉國委大王大王自高帝將也習戰事齊王不敢離兵使臣請大王幸之臨菑見齊王計事幷將齊兵以西平關中之亂琅邪王信之以爲然西馳

見齊王。（史詮云西馳當作酒馳）齊王與魏勃等因留琅邪王，而使祝午盡發琅邪國而幷將其兵。琅邪王劉澤既見欺，不得反國，乃說齊王曰：齊悼惠王，高皇帝長子，推本言之，而大王高皇帝適長孫也，當立。今諸大臣狐疑未有所定，而澤於劉氏最為長年，大臣固待澤決計。今大王留臣無為也，不如使我入關計事。齊王以為然，乃益具車送琅邪王。琅邪王既行，齊遂舉兵西攻呂國之濟南。於是齊哀王遺諸侯王書曰：高帝平定天下，王諸子弟，悼惠王於齊。悼惠王薨，惠帝使留侯張良立臣為齊王。惠帝崩，高后用事，春秋高，聽諸呂擅廢高帝所立，又殺三趙王，滅梁燕趙以王諸呂，分齊國為四。忠臣進諫，上惑亂不聽。（漢書惑作或或古字惑今字）今高后崩，皇帝春秋富，未能治天下，固恃（梁云漢書恃作待）大臣諸將。今諸呂又擅自尊官，聚兵嚴威，劫列侯忠臣，矯制以令天下。（矯漢書作撟撟古字矯今字）宗廟所以

此句轉接橫空如游龍之騰掉雲表

危今寡人率兵入誅不當為王者漢聞齊發兵而西相國呂產乃遣大將軍灌嬰東擊之灌嬰至滎陽乃謀曰諸呂將兵居關中欲危劉氏而自立今我（二字依漢書倒）破齊還報是益呂氏資也乃留兵屯滎陽使使喻齊王及諸侯與連和以待呂氏之變而共誅之齊王聞之乃西取其故濟南郡亦屯兵於齊西界以待約呂祿呂產欲作亂關中朱虛侯與太尉勃丞相平等誅之朱虛侯首先斬呂產於是太尉勃等乃得盡誅諸呂而琅邪王亦從齊至長安大臣議欲立齊王而琅邪王及大臣曰齊王母家駟鈞惡戾虎而冠者也方以呂氏故幾亂天下今又立齊王是欲復為呂氏也代王母家薄氏君子長者且代王又親高帝子於今見在最為長（最上有且字依漢書刪且字上句已有）以子則順以善人則大臣安於是大臣乃謀迎立代王而遣朱虛侯以誅呂氏事告齊王令罷兵灌嬰在滎陽聞

王既罷兵句遙接

魏勃本教齊王反既誅呂氏罷齊兵使使召責問魏勃勃曰失火之家豈暇先言大人而後救火乎因退立股戰而栗恐不能言者終無他語灌將軍熟視笑曰人謂魏勃勇妄庸人耳何能爲乎乃罷魏勃魏勃父以善鼓琴見秦皇帝及魏勃少時欲求見齊相曹參家貧無以自通乃常獨早夜埽齊相舍人門外相舍人怪之以爲物而伺之得勃勃曰願見相君無因故爲子埽欲以求見於是舍人見勃曹參因以爲舍人一爲參御言事參以爲賢言之齊悼惠王悼惠王召見則拜爲內史始悼惠王得自置二千石及悼惠王卒而哀王立勃用事重於齊相王既罷兵歸而代王來立是爲孝文帝孝文帝元年盡以高后時所割齊之城陽琅邪濟南郡復與齊而徙琅邪王王燕益封朱虛侯東牟侯各二千戶是歲齊哀王卒太子側立（梁云側當爲則）是爲文王齊文王元年漢以齊之

提綱後分應

城陽郡立朱虛侯爲城陽王以齊濟北郡立東牟侯爲濟北王二年濟北王反漢誅殺之地入于漢後二年孝文帝盡封齊悼惠王子罷軍等七人錢云按漢書王子侯表七人蓋十人之譌皆爲列侯齊文王立十四年卒無子國除地入于漢後一歲孝文帝以所封悼惠王子分齊爲王齊孝王將閭以悼惠王子楊虛侯爲齊王故齊別郡盡以王悼惠王子子志爲濟北王子辟光爲濟南王子賢爲菑川王子卬爲膠西王子雄渠爲膠東王與城陽齊凡七王齊孝王十一年吳王濞楚王戊反興兵西告諸侯曰將誅漢賊臣鼂錯以安宗廟膠西膠東菑川濟南皆擅發兵應吳楚欲與齊齊孝王狐疑城守不聽三國兵共圍齊齊王使路中大夫告於天子天子復令路中大夫還告齊王善堅守吾兵今破吳楚矣路中大夫至三國兵圍臨菑數重無從入三國將劫與路中大夫盟曰若反言漢已破

因齊之續封乘勢遂丁四國

矣齊趣下三國不且見屠路中大夫既許之至城下望見齊王曰漢已發兵百萬使太尉周亞夫擊破吳楚方引兵救齊齊必堅守無下三國將誅路中大夫齊初圍急陰與三國通謀約未定會聞路中大夫從漢來喜及其大臣乃復勸王毋下三國居無何漢將欒布平陽侯等兵至齊擊破三國兵解齊圍已而復聞齊初與三國有謀將欲移兵伐齊齊孝王懼乃飲藥自殺景帝聞之以爲齊首善以迫劫有謀非其罪也乃立孝王太子壽爲齊王是爲懿王續齊後而膠西膠東濟南菑川王咸誅滅地入于漢徙濟北王王菑川齊懿王立二十二年卒子次景立（當依年表作次昌漢書同）是爲厲王齊厲王其母曰紀太后太后取其弟紀氏女爲厲王后王不愛紀氏女太后欲其家重寵令其長女紀翁主入王宮正其後宮毋令得近王欲令愛紀氏女王因與其姊翁主姦齊有宦者徐甲

頓挫

入事漢皇太后。皇太后有愛女曰脩成君。脩成君非劉氏子（依漢書補子字）太后憐之。脩成君有女名娥。太后欲嫁之於諸侯。宦者甲乃請使齊。必令王上書請娥。皇太后喜。使甲之齊。是時齊人主父偃知甲之使齊以取后事。亦因謂甲。卽事成。幸言偃女願得充王後宮。甲既至齊。風以此事紀太后。太后大怒曰。王有后。後宮具備。且甲。齊貧人。急乃爲宦者。入事漢。無補益。乃欲亂吾王家。且主父偃何爲者。乃欲以女充後宮。徐甲大窮。還報皇太后曰。王已願尚娥。然有一害。恐如燕王。燕王者與其子昆弟姦。新坐以死。亡國。故以燕感太后。太后曰。無復言嫁女齊事。事浸潯不得。聞於天子。（不得字句絕。猶言不相得也。漢書作事寖淫聞於上）主父偃由此亦與齊有郤。主父偃方幸於天子。用事。因言齊臨菑十萬戶。市租千金。人衆殷富。巨於長安。此（此字當依漢書校刪）非天子親弟愛子不得王此。今齊王於親屬益疏。乃從容

尚有二國句敘次分明

言呂太后時齊欲反吳楚時孝王幾爲亂今聞齊王與其姊亂於是天子乃拜主父偃爲齊相且正其事主父偃既至齊乃急治王後宮宦者爲王通於姊翁主所者令其辭證皆引王王年少懼大罪爲吏所執誅乃飲藥自殺絕無後是時趙王懼主父偃一出廢齊恐其漸疏骨肉乃上書言偃受金及輕重之短天子亦既囚偃公孫弘言齊王以憂死毋後國入漢非誅偃無以塞天下之望遂誅偃齊厲王立五年死毋後國入于漢齊悼惠王後尚有二國城陽及菑川菑川地比齊天子憐齊爲悼惠王冢園在郡割臨菑東環悼惠王冢園邑盡以予菑川以奉悼惠王祭祀城陽景王章齊悼惠王子以朱虛侯與大臣共誅諸呂而章身首先斬相國呂王產於未央宮孝文帝既立益封章二千戶賜金千斤孝文二年以齊之城陽郡立章爲城陽王立二年卒子喜立是爲共王

結轉前文前隱後顯

共王八年徙王淮南四年復還王城陽凡三十三年卒子延立（本作建延依年表校删漢書同此誤衍）是爲頃王頃王二十八年卒子義立是爲敬王敬王九年卒子武立是爲惠王惠王十一年卒子順立是爲荒王四十六年卒子恢立是爲戴王戴王八年卒子景立至建始三年十五歲卒濟北王興居齊悼惠王子以東牟侯助大臣誅諸呂功少及文帝從代來興居曰請與太僕嬰入淸宮廢少帝共與大臣尊立孝文帝孝文帝二年以齊之濟北郡立興居爲濟北王與城陽王俱立立二年反始大臣誅呂氏時朱虛侯功尤大許盡以趙地王朱虛侯盡以梁地王東牟侯及孝文帝立聞朱虛東牟之初欲立齊王故絀其功及二年王諸子乃割齊二郡以王章興居章興居自以失職奪功章死而興居聞匈奴大入漢漢多發兵使丞相灌嬰擊之文帝親幸太原以爲天子自擊胡遂發兵反

城陽菑川世次敘及建始正義皆云褚補案此當是旁注後乃誤入正文褚不必以此溷亂史文也

於濟北天子聞之罷丞相及行兵皆歸長安使棘蒲侯柴將軍擊破虜濟北王王自殺地入于漢爲郡後十二年文帝十六年復以齊悼惠王子安都侯志爲濟北王十一年吳楚反時志堅守不與諸侯合謀吳楚已平徙志王菑川濟南王辟光齊悼惠王子以勒（梁云漢書作扐）侯孝文十六年爲濟南王十一年與吳楚反漢擊破殺辟光以濟南爲郡地入于漢菑川王賢齊悼惠王子以武城侯文帝十六年爲菑川王十一年與吳楚反漢擊破殺賢天子因徙濟北王志王菑川志亦齊悼惠王子以安都侯王濟北菑川王反毋後乃徙濟北王王菑川凡立三十五年卒諡爲懿王子建代立是爲靖王二十年卒子遺代立是爲頃王三十六年卒子終古立是爲思王二十八年卒子尚立是爲孝王五年卒子橫立至建始三年十一歲卒膠西王卬齊悼惠王子以昌平侯文帝十六年

爲膠西王。十一年。與吳楚反。漢擊破殺卬。地入于漢。爲膠西郡。膠東王雄渠。齊悼惠王子。以白石侯（索隱白石屬金城正義在德州安德縣北二十里錢云金城郡昭帝所置此白石當是齊地）文帝十六年爲膠東王。十一年與吳楚反。漢擊破殺雄渠。地入于漢。爲膠東郡。

太史公曰。諸侯大國。無過齊悼惠王。以海內初定。子弟少。激秦之無尺土封。故大封同姓。以塡萬民之心。及後分裂。固其理也。

某案此篇以大國分裂削亂爲主

齊悼惠王世家第二十二

史記五十二

蕭相國世家第二十三

蕭相國何者。沛豐人也。以文無害。爲沛主吏掾。高祖爲布衣時。何數以吏事護高祖。高祖爲亭長。常左右之。漢書無左字 高祖以吏繇咸陽。吏皆送奉錢三。何獨以五。秦御史監郡者。與從事。常辨之。辨謂治辨 何乃給泗水卒史事第一。秦御史欲入言徵何。何固請。得毋行。及高祖起爲沛公。何嘗通志作常 爲丞督事。沛公至咸陽。諸將皆爭走金帛財物之府分之。何獨先入收秦丞相御史律令圖書藏之。沛公爲漢王。以何爲丞相。項王與諸侯屠燒咸陽而去。漢王所以具知天下阸塞。戶口多少。彊弱處。處上依漢書刪之字 民所疾苦者。以何具得秦圖書也。何進言韓信。漢王以信爲大將軍。語在淮陰侯事中。漢王引兵東定三秦。何以丞相留收巴蜀。塡撫諭告。使給軍食。漢二年。漢王與諸侯擊楚。何守關中。侍太子。治櫟陽。爲法令

蕭相之功於此段及鄂君兩段帶叙實者虛之使全篇意緒不致歧出故知文字氣燄全在措注之妙

約束立宗廟社稷宮室縣邑輒奏上可許以從事卽不及奏上輒以便宜施行上來以聞關中事計戶口轉漕給軍（言關中以計戶口轉漕給軍爲事也漢書無關中事三字句勢殊平）漢王數失軍遁去何嘗興關中卒輒補缺上以此專（專漢書作剸）屬任何關中事漢三年漢王與項羽相距京索閒（閒上依漢書刪之字）上數使使勞苦丞相鮑生謂丞相曰王暴衣露蓋數使使勞苦君者有疑君心也爲君計莫若遣君子孫昆弟能勝兵者悉詣軍所上必益信君於是何從其計漢王大說漢五年既殺項羽定天下論功行封羣臣爭功歲餘功不決高祖以蕭何功最盛封爲酇侯（集解引孫檢云屬沛郡者言嵯屬南陽者言讚茂陵書蕭何國在南陽某案班氏十八侯銘云文昌四友漢有蕭何序功第一受封於酇以酇與何韵則字當讀嵯）所食邑多功臣皆曰臣等身被堅執銳多者百餘戰少者數十合攻城略地大小各有差今蕭何未嘗有汗馬之勞徒持文墨議論不戰顧反居臣等上何也高帝曰

上已橈功臣四句轉折如畫

諸君知獵乎。曰知之。知獵狗乎。曰知之。高帝曰。夫獵追殺獸兔者狗也。而發蹤指示獸處者人也。發蹤漢書作發縱顏注書本不爲蹤字而胡身之歷引漢碑皆以縱爲蹤今案字當作縱而其義爲蹤且顏云自有逐蹤之狗不待人發則下言、指示獸處何爲說乎。今諸君徒能走得獸耳。走得二字依漢書倒功狗也。至如蕭何。發蹤指示功人也。且諸君獨以身隨我。多者兩三人。今蕭何舉宗數十人皆隨我。功不可忘也。羣臣皆莫敢言。漢書皆上有後字列侯畢已受封。及奏位次。皆曰。平陽侯曹參身被七十創。攻城略地功最多。宜第一。上已橈功臣。多封蕭何。至位次未有以復難之。然心欲何第一。關內侯鄂君進曰。羣臣議皆誤。夫曹參雖有野戰略地之功。此特一時之事。夫上與楚相距五歲。常失軍亡衆。逃身遁者數矣。當依漢書逃作跳然蕭何常從關中遣軍補其處。非上所詔令召。而數萬衆會上之乏絕者數矣。夫漢與楚相守滎陽數年。軍無見糧。蕭何轉漕關中。給食不乏。

張廉卿云緊接上文一氣直下便隨手宕出奇致

張廉卿云此等文乃能爲事外遠致於此見史公才非人所及

陛下雖數亾山東蕭何常全關中以待陛下此萬世之功也今雖亾曹參等百數何缺於漢漢得之不必待以全奈何欲以一旦之功而加萬世之功哉蕭何第一曹參次之高祖曰善於是乃令蕭何第一賜帶劍履上殿（玉據御覽引蕭何下有弟一字與漢書同案通志無此二字則史文自宋世已同今本愚謂上文專爲弟一而發則有者是也）入朝不趨上曰吾聞進賢受上賞蕭何功雖高得鄂君乃益明於是因鄂君故所食關內侯邑封爲安平侯是日悉封何父子兄弟十餘人皆有食邑乃益封何二千戶以帝常繇咸陽時何送我獨贏奉錢二也漢十一年陳豨反高祖自將至邯鄲未罷淮陰侯謀反關中呂后用蕭何計誅淮陰侯語在淮陰事中上已聞淮陰侯誅使使拜丞相爲相國益封五千戶令卒五百人一都尉爲相國衞諸君皆賀召平獨弔召平者故秦東陵侯秦破爲布衣貧種瓜於長安城東瓜美故世俗謂之東陵

瓜從召平以爲名也召平謂相國曰禍自此始矣上暴露於外而君守於中非被矢石之事而益君封置衞者以今者淮陰侯新反於中疑君心矣夫置衞衞君非以寵君也願君讓封弗受悉以家私財佐軍則上心說相國從其計高帝乃大喜漢十二年秋黥布反上自將擊之數使使問相國何爲相國爲上在軍乃拊循勉力百姓（漢書無力字案力字當有力勤也與周公咸勤意同）悉以所有佐軍如陳豨時客有說相國曰君滅族不久矣夫君位爲相國功第一可復加哉然君初入關中（漢書中作本）得百姓心十餘年矣皆附君尚（尚本作常依漢書改）復孳孳得民和上所爲數問君者畏君傾動關中今君胡不多買田地賤貰貸以自汙上心乃安於是相國從其計上乃大說上罷布軍歸民道遮行（張本誤作遮道行）上書言相國賤彊買民田宅數千萬上至相國謁上笑曰夫相國乃利民民所上書皆以與相國曰君

自謝。民相國因爲民請（漢書作後何爲民請疑是也史記文當云後相國爲民請此與上相國強買民田宅決非一時事相國恐不至此）曰。長安地狹。（漢書狹作陿）上林中多空地。棄。願令民得入田。無收藁爲禽獸食。上大怒曰。相國多受賈人財物。乃爲請吾苑。乃下相國廷尉。械繫之。數日。王衞尉侍前。問曰。相國何大罪。陛下繫之暴也。上曰。吾聞李斯相秦皇帝。有善歸主。有惡自與。今相國多受賈豎金。而爲民（通鑑民作之）請吾苑。以自媚於民。故繫治之。王衞尉曰。夫職事苟有便於民而請之。眞宰相事。陛下奈何乃疑相國受賈人錢乎。（中統本錢作金）且陛下距楚數歲。陳豨黥布反。陛下自將而往。當是時。相國守關中。搖足則關以西非陛下有也。相國不以此時爲利。今乃利賈人之金乎。且秦以不聞其過亾天下。李斯之分過。又何足法哉。陛下何疑宰相之淺也。高帝不懌。是日使使持節赦出相國。相國。年老。素恭謹。入。徒。跣。謝。高帝曰。相國休矣。相國爲民請苑。吾不許。我不過爲桀紂主。而相國爲賢相。吾故繫相國。欲令百姓聞吾過也。何素不與曹參相能。及何病。孝惠自臨視相國病。因問曰。君卽百歲後。誰可代君者。對曰。知臣莫如主。孝惠曰。曹參何如。何頓首曰。帝得之矣。臣死不恨矣。何置田宅必居窮辟處（窮下依漢書增辟字）爲家不治垣屋。曰。後世賢。師吾儉。不賢。毋爲勢家所奪。孝惠二年。相國何卒。謚爲文終侯。後嗣以罪失侯者四世。絕。天子輒復求何後。封續酇侯。功臣莫得比焉。

太史公曰。蕭相國何於秦時爲刀筆吏。錄錄未有奇節。及漢興。依日月之末光。何謹守管籥。因民之疾秦法（班馬異同引史記疾秦法與漢書同今本作奉法誤）順流與之更始。淮陰黥布等皆以誅滅。而何之勳爛焉。位冠羣臣。聲施後世。與閎夭散宜生等烈矣。

某案此篇以恭謹自免禍爲主所以發明高帝之雄猜也其前論功第一皆爲疑忌作勢後衛尉所言正以破疑忌之惑也

蕭何句呼起直至篇末始應

張廉卿云前叙戰功後叙相業幷須玩其叙事驅遣處如馬之絕塵而犇又云叙戰功處須看其筆筆是單底卻又處處是整底所以雄而完堅

曹相國世家第二十四

平陽侯曹參者沛人也秦時爲沛獄掾而蕭何爲主吏居縣爲豪吏矣高祖爲沛公而初起也參以中涓從將擊胡陵方與攻秦監公軍大破之東下薛擊泗水守軍薛郭西復攻胡陵取之徙守方與方與反爲魏擊之豐反爲魏攻之賜爵七大夫擊秦司馬尼軍碭東破之取碭狐父祁善置又攻下邑以西至虞擊章邯車騎攻爰戚及亢父先登遷爲五大夫北救阿索隱云阿即東阿則史文本無東字絳侯世家擊秦軍阿下與此同諸本有東字皆似從漢書改擊章邯軍陷陳追至濮陽攻定陶取臨濟南救雍丘擊李由軍破之殺李由虜秦候一人秦將章邯破殺項梁也沛公與項羽引而東楚懷王以沛公爲碭郡長將碭郡兵於是乃封參爲執帛號曰建成君遷爲戚公屬碭郡其後從攻東郡尉軍破之成武南擊王離軍成陽南復攻之杠里大

破之追北西至開封擊趙賁軍破之圍趙賁開封城中西擊秦將楊熊軍於曲遇破之虜秦司馬及御史各一人遷為執珪從西攻陽武從下依漢書補西字上云西至開封西擊秦將下云南攻犨西攻武關嶢關皆以西南等字分挈形勢下轘轅緱氏絕河津還擊趙賁軍尸北破之從南攻犨與南陽守齮戰陽城郭東陷陳取宛虜齮盡定南陽郡從西攻武關嶢關取之前攻秦軍藍田南又夜擊其北秦軍大破遂從至咸陽遂下依通志補從字此傳以從字別字分挈戰事至咸陽大事也史漢皆脫從字誤滅秦項羽至以沛公為漢王漢王封參為建成侯從至漢中遷為將軍從還定三秦初攻下辯故道雍斄漢書無初字案此言還定三秦用兵之始當有初字擊章平軍於好時南破之圍好時取壤鄉擊三秦軍壤東及高櫟破之復圍章平章平出好時走因擊趙賁內史保軍破之東取咸陽更命曰新城參將兵守景陵二十日三秦使章平等攻參參出擊大破之賜食邑於寧秦參以

敘戰功多恐易散漫故中間一束且前此皆從將以後皆別將此處亦必須有一束也

將軍引兵圍章邯廢丘邯下依漢書滅於字以中尉從漢王出臨晉關至河內下修武渡圍津東擊龍且項他定陶破之東取碭蕭彭城擊項籍軍漢軍大敗走參以中尉圍取雍丘王武反於黃梁依樊噲傳謂黃上有外字案集解徐廣釋爲內黃之黃澤是古本無外字此與上文稱東阿爲阿文同程處反於燕往擊盡破之天柱侯反於衍氏本作杜天侯依索隱本倒索隱明引灊縣天柱知不作杜天甚明洪稺存引後書杜天都尉杜天大將軍爲證此據唐律以斷漢獄也非是毛本作天杜蓋宋本之舊又進破取衍氏擊羽嬰於昆陽追至葉還攻武彊因至滎陽參自漢中爲將軍中尉從擊諸侯及項羽敗還至滎陽凡二歲高祖三年當依水經注作二年漢書同拜爲假左丞相入屯兵關中月餘魏王豹反以假左丞相別與韓信東攻魏將軍孫遬軍東張梁云孫遬水經注引漢書作林遬大破之因攻安邑得魏將王襄擊魏王於曲陽梁氏志疑謂曲陽爲陽曲非也參從關中東渡河由蒲州至安邑攻魏平陽不得遽至陽曲此當是聞喜曲沃之閒別有一曲陽而後世方志失其處耳不然則曲陽當爲曲沃之誤正義以定州曲陽當之乃是

前敘從韓信立戰功此下敘相漢先以相齊起本此段文爲前後樞紐

謬耳）追至垣（本作武垣武字衍據集解徐廣注言垣不言武垣可見正文本無武字漢書作東垣東字亦誤衍）生得魏王豹取平陽得魏王母妻子盡定魏地凡五十二城賜食邑平陽因從韓信擊趙相國夏說軍於鄔東大破之斬夏說韓信與故常山王張耳引兵下井陘擊成安君而令參還圍趙別將戚將軍於鄔城中戚將軍出走追斬之乃引兵詣敖倉漢王在所（在本作之依漢書改）韓信已破趙爲相國東擊齊參以右（漢書右作左通志同）丞相屬韓信攻破齊歷下軍遂取臨菑還定濟北郡收著漯陰平原鬲盧（收本作攻依漢書改定濟北郡蓋未嘗用兵也）已而從韓信擊龍且軍於上假密大破之斬龍且虜其將軍周蘭定齊凡得七十餘縣得故齊王田廣相田光其守相許章及故齊膠東將軍田既韓信爲齊王引兵詣陳（漢書兵下有東字誤衍或是西字之譌）與漢王共破項羽而參留平齊未服者項籍已死天下定漢王爲皇帝韓信徙爲楚王齊爲郡參歸漢相印高帝

滅其都凡戰事至此結盡

參之相齊提此爲漢相作勢

以長子肥爲齊王而以參爲齊相國以高祖六年賜爵列侯與諸侯剖符世世勿絕食邑平陽萬六百三十戶號曰平陽侯除前所食邑以齊相國擊陳豨將張春軍破之黥布反參以齊相國從悼惠王將兵（將兵二字屬上爲句漢書無兵字）車騎十二萬人與高祖會擊黥布軍大破之南至蘄還定竹邑相蕭留參功凡下二國縣百二十二（百上依漢書減一字）得王二人相三人將軍六人大莫敖郡守司馬侯御史各一人孝惠帝元年除諸侯相國法更以參爲齊丞相參之相齊齊七十城天下初定悼惠王富於春秋參盡召長老諸生問所以安集百姓如齊故諸儒以百數（故下本有俗字漢書作而齊故諸儒以百數無俗字今從之史以如爲而淺人就加俗字非是）言人人殊參未知所定聞膠西有蓋公善治黃老言使人厚幣請之既見蓋公蓋公爲言治道貴清靜而民自定推此類具言之參於是避正堂舍蓋公焉其治要用黃老術故相

張廉卿云一路淋漓盡致意態橫生直至參曰陛下之言是也數語意盡而止極文章之妙

日夜飲醕酒至吏舍歌呼應和此等分外出色就閒事生出波瀾此史公最與會處

齊九年齊國安集（通志集作輯）大稱賢相惠帝二年蕭何卒參聞之告舍人趣治行吾將（漢書將作且）入相居無何使者果召參參去屬其後相曰以齊獄市爲寄愼勿擾也後相曰治無大於此者乎參曰不然夫獄市者所以幷容也今君擾之姦人安所容也吾是以先之參始微時與蕭何善及爲將相有郤至何且死所推賢唯參參代何爲漢相國舉事無所變更一遵蕭何約束擇郡國吏木詘於文辭重厚長者即召除爲丞相史吏之言文刻深欲務聲名者輒斥去之日夜飲醇酒卿大夫以下吏及賓客見參不事事來者皆欲有言至者參輒飲以醇酒閒之欲有所言復飲之醉而後去終莫得開說以爲常相舍後園近吏舍吏舍日飲歌呼從吏惡之無如之何乃請參游園中聞吏醉歌呼從吏幸相國召按之乃反取酒張坐飲亦歌呼與相應和參見人之有細過專掩匿覆蓋

使曹窋諫參一段極有生氣

之府中無事參子窋為中大夫惠帝怪相國不治事以為豈少朕與乃謂窋曰若歸試私從容問而父曰高帝新棄羣臣帝富於春秋君為相日飲無所請事何以憂天下乎然無言吾告若也窋既洗沐歸閒侍自從其所諫參參怒而笞窋二百曰趣入侍天下事非若所當言也至朝時惠帝讓參曰與窋胡治乎乃者我使諫君也參免冠謝曰陛下自察聖武孰與高皇帝（本作高帝依漢書改）上曰朕乃安敢望先帝乎曰陛下觀臣能孰與蕭何賢上曰君似不及也參曰陛下言之是也且高帝與蕭何定天下法令既明具（依漢書增具字）今陛下垂拱參等守職遵而勿失不亦可乎惠帝曰善君休矣參為漢相國出入三年卒謚懿侯子窋代侯百姓歌之曰蕭何為法顜若畫一（梁云顜當作斠說文斠平斗斛也與月令角斗甬之角同某案顜索隱本作觀云音講一作顜顜蓋觀之或體王懷祖以說文篇韵無顜字定為誤字失之）曹參代之守而勿失載其清靜民以

寧一。漢紀作民因寧謐似勝平陽侯窋。高后時為御史大夫。孝文帝立。免為侯。立二十九年卒。諡為靜侯。子奇代侯。立七年卒。諡為簡侯。子時代侯。時尚平陽公主。生子襄。時病癘。歸國。立二十三年卒。諡夷侯。子襄代侯。襄尚衛長公主。生子宗。立十六年卒。諡為共侯。子宗代侯。征和二年中。宗坐太子死。國除。

太史公曰。曹相國參攻城野戰之功。所以能多若此者。以與淮陰侯俱。及信已滅。而列侯成功。唯獨參擅其名。參為漢相國。清靜極言合道。道謂道家極言猶極稱此言參之清靜極稱有合于道家道家不爲極詣也故下用然字作轉語然百姓離秦之酷後。參與休息無為。故天下俱稱其美矣。

某案此篇前敘戰功以與韓信俱為主後敘相業以遵蕭何約束為主

曹相國世家第二十四

史記五十四

留侯世家第二十五

留侯張良者其先韓人也大父開地相韓昭侯宣惠王襄哀王父平相釐王悼惠王悼惠王二十三年平卒卒二十歲秦滅韓良年少才宦事韓（才本作未依通志改父卒已二十年不應倘未仕宦）韓破良家僮三百人弟死不葬悉以家財求客刺秦王爲韓報仇以大父父五世相韓故良嘗學禮淮陽東見倉海君得力士爲鐵椎重百二十斤秦皇帝東游良與客狙擊秦皇帝博浪沙中誤中副車秦皇帝大怒大索天下求賊甚急爲張良故也良乃更名姓亾匿下邳良嘗閒從容步游下邳圯上有一老父衣褐至良所直墮其履圯（圯王校改汜）下顧謂良曰孺子下取履良愕然欲毆之爲其老彊忍下取履父曰履我良業爲取履因長跪履之父以足受笑而去良殊大驚隨目之父去里所復還曰孺子可教矣後五日平明與我會此

張廉卿云史公此等假詭處頗似左傳

且視其書二句見并不足異

良因怪之跪曰諾五日平明良往父已先在怒曰與老人期後何也去曰（漢書無曰字顏注放良令去戒以後會據此則去字亦老人所言疑無曰字者是）後五日早會五日雞鳴良往父又先在復怒曰後何也去曰後五日復早來五日良夜未半往有頃父亦來喜曰當如是出一編書曰讀此則爲王者師矣後十年興十三年孺子見我濟北穀城山下黃石卽我矣遂去無他言不復見旦日視其書乃太公兵法也良因異之常習誦讀之居下邳爲任俠項伯嘗殺人從良匿後十年陳涉等起兵良亦聚少年百餘人景駒自立爲楚假王在留良欲往從之道遇沛公沛公將數千人略地下邳西遂屬焉沛公拜良爲廏將良數以太公兵法說沛公沛公善之常用其策良爲他人言皆不省良曰沛公殆天授故遂從之不去見景駒及沛公之薛見項梁項梁立楚懷王良乃說項梁曰君已立楚後而韓諸公子橫陽

君成賢可立爲王益樹黨項梁使良求韓成立以爲韓王以良爲韓申徒與韓王將千餘人西略韓地得數城秦輒復取之往來爲遊兵潁川沛公之從雒陽南出轘轅（通志南上有西字）良引兵從沛公下韓十餘城擊破楊熊軍沛公乃令韓王成留守陽翟與良俱南攻下宛西入武關沛公欲以兵二萬人擊秦嶢下軍良說曰秦兵尚彊未可輕臣聞其將屠者子賈豎易動以利願沛公且留壁使人先行爲五萬人具食益爲張旗幟諸山上爲疑兵令酈食其持重寶啗秦將秦將果畔欲連和俱西襲咸陽沛公欲聽之良曰此獨其將欲叛耳恐士卒不從不從必危不如因其解擊之沛公乃引兵擊秦軍大破之遂（本作逐依漢書改）北至藍田再戰秦兵竟敗遂至咸陽秦王子嬰降沛公沛公入秦宮宮室帷帳狗馬重寶婦女以千數意欲留居之樊噲諫沛公出舍沛公不聽良曰夫秦爲

無道。故沛公得至此。夫為天下除殘賊。宜縞素為資。今始入秦，卽安其樂。此助桀為虐也。本作此所謂助桀為虐七字依漢紀改且忠言逆耳利于行。毒藥苦口利於病。願沛公聽樊噲言。沛公乃還軍霸上。項羽至鴻門下。欲擊沛公。項伯乃夜馳入沛公軍。私見張良。欲與俱去。良曰。臣為韓王送沛公。今事有急。亾去不義。乃具以語沛公。沛公大驚曰。為將奈何。良曰。沛公誠欲倍項羽邪。沛公曰。鯫生教漢書教作說通志同我距關無內諸侯。秦地可盡王。故聽之。良曰。沛公自度能卻項羽乎。沛公默然良久曰。固不能也。今為奈何。良乃固要項伯。項伯見沛公。沛公與飲為壽。結賓婚。令項伯具言沛公不敢倍項羽。所以距關者。備他盜也。及見項羽後解。語在項羽事中。漢元年正月。沛公為漢王。王巴蜀。漢王賜良金百鎰。珠二斗。良具以獻項伯。漢王亦因令良厚遺項伯。使請漢中地。項王乃許之。遂得漢中

無西憂漢心八句良由韓入漢及漢所以得定三秦之故極分明而氣自橫厲

張廉卿云史公叙事著精神處措語嚴煉而叙事極壯闊

然卒破楚句用重筆鎮壓所謂氣與事稱

地漢王之國良送至褒中遣良歸韓良因說漢王曰王何不燒絕所過棧道示天下無還心以固項王意乃使良還行燒絕棧道良至韓韓王成以良從漢王故項王不遣成之國從與俱東良說項王曰漢王燒絕棧道無還心矣乃以齊王田榮反書告項王項王以此無西憂漢心而發兵北擊齊項王竟不肯遣韓王乃以爲侯又殺之彭城良亡閒行歸漢王漢王亦已還定三秦矣復以良爲成信侯從東擊楚至彭城漢敗而還至下邑漢王下馬踞鞍而問曰吾欲捐關以東等棄之誰可與共功者良進曰九江王黥布楚梟將與項王有郤彭越與齊王田榮反梁地此兩人可急使而漢王之將獨韓信可屬大事當一面即欲捐之捐之此三人則楚可破也漢王乃遣隨何說九江王布而使人連彭越及魏王豹反使韓信將兵擊之因舉燕代齊趙然卒破楚者此三人力也

張良多病四句張廉卿云插入數語爲通體關鍵脈絡愈見精神妙處

張皋聞云此節以極冗爲奇漢書稍删之適見其支

張良多病未嘗特將也常爲畫策臣時時從漢王漢三年項羽圍漢王滎陽漢王恐憂（漢書作憂恐）與酈食其謀橈楚權食其曰昔湯伐桀封其後於杞武王伐紂封其後於宋今秦失德棄義侵伐諸侯社稷滅六國之後使無立錐之地陛下誠能復立六國後世畢已受印此其君臣百姓必皆戴陛下之德莫不鄉風慕義願爲臣妾德義已行陛下南鄉稱霸楚必斂衽而朝漢王曰善趣刻印先生因行佩之矣食其未行張良從外來謁漢王方食曰子房前客有爲我計橈楚權者具以酈生語告曰於子房何如良曰誰爲陛下畫此計者陛下事去矣漢王曰何哉張良對曰臣請藉前箸爲大王籌之曰昔者湯伐桀而封其後於杞者度能制桀之死命也今陛下能制項籍之死命乎曰未能也其不可一也武王伐紂封其後于宋者度能得紂之頭也今陛下能得項籍之頭乎曰

未能也。其不可二也。武王入殷。表商容之閭。釋箕子之拘。集解徐廣曰釋一作式拘一作囚囚字當是門字之誤漢書作式箕子門下文式智者之閭承此文爲言一本作式門者是也封比干之墓。今陛下能封聖人之墓。表賢者之閭。式智者之門乎。曰。未能也。其不可三也。發鉅橋之粟。散鹿臺之錢。以賜貧窮。今陛下能散府庫以賜貧窮乎。曰。未能也。其不可四矣。殷事已畢。偃革爲軒。倒置。漢書置作載漢紀作戢干戈。覆以虎皮。以示天下不復用兵。今陛下能偃武行文。不復用兵乎。曰。未能也。其不可五矣。休馬華山之陽。示以無所爲。今陛下能休馬無所用乎。曰。未能也。其不可六矣。放牛桃林之陰。以示不復輸積。漢書示下有天下二字案此及休馬句皆承上示天下不復用兵爲文所云以示皆謂示天下由上天下字貫下不應更增天下字當依史文今陛下能放牛不復輸積乎。曰。未能也。其不可七矣。且漢書作且夫通志同天下游士離其親戚。棄墳墓。去故舊。從陛下游者。徒欲日夜望咫尺之地。今復六國。立韓魏燕趙

張廉卿云郎借高帝語爲斷制

齊楚之後天下游士各歸事其主從其親戚反其故舊墳墓陛下誰與取天下乎（誰與本作與誰依漢書通鑑通志改案作誰與者語尤脫口如生）其不可八矣且夫楚唯無強六國立者復橈而從之陛下焉得而臣之誠用客之謀陛下事去矣漢王輟食吐哺罵曰豎儒幾敗而公事令趣銷印漢四年韓信破齊而欲自立爲齊王漢王怒張良說漢王漢王使良授齊王信印語在淮陰事中其秋漢王追楚至陽夏南戰不利而壁固陵諸侯期不至良說漢王漢王用其計諸侯皆至語在項籍事中漢六年正月封功臣良未嘗有戰鬬功高帝曰運籌策帷帳中決勝千里外子房功也自擇齊三萬戶良曰始臣起下邳與上會留此天以臣授陛下陛下用臣計幸而時中臣願封留足矣不敢當三萬戶乃封張良爲留侯與蕭何等俱封（俱封下有六年字依漢書通志刪上已紀六年）上已封大功臣二十餘人其餘日夜爭功不決未

得行封上在雒陽南宮從復道望見諸將往往相與坐沙中偶語（語上依通志補偶字）上曰此何語留侯曰陛下不知乎此謀反耳上曰天下屬安定何故反乎留侯曰陛下起布衣以（以漢書作與以與同字）此屬取天下今陛下爲天子而所封皆蕭曹故人所親愛而所誅者皆生平所仇怨今軍吏計功以天下不足徧封此屬畏陛下不能盡封恐又（漢書通志作又恐）見疑平生過失及誅故卽相聚謀反耳上乃憂曰爲之柰何留侯曰上平生所憎羣臣所共知誰最甚者上曰雍齒與我故（漢書作與我有故怨王云怨字衍有故卽有怨案史文當依漢書補有字）數嘗窘辱我我欲殺之爲其功多故不忍留侯曰今急先封雍齒以示羣臣羣臣見雍齒封則人人自堅矣於是上乃置酒封雍齒爲什方侯而急趣丞相御史定功行封羣臣罷酒皆喜曰雍齒尙爲侯我屬無患矣劉敬說高帝曰都關中上疑之左右大臣皆山東人多勸上都

雒陽。雒陽東有成皋。西有殽黽。倍河向伊雒。其固亦足恃。酉侯曰。雒陽。雖有此固。其中小不過數百里。田地薄。四面受敵。此非用武之國也。夫關中左殽函。右隴蜀。沃野千里。南有巴蜀之饒。北有胡苑之利。阻三面而守。獨以一面東制諸侯。諸侯安定。河渭漕輓天下。西給京師。諸侯有變。順流而下。足以委輸。此所謂金城千里。天府之國也。劉敬說是也。於是高帝即日駕。西都關中。酉侯從入關。酉侯性多病。即道引不食穀。杜門不出。歲餘。上欲廢太子。立戚夫人子趙王如意。大臣多諫爭。未能得堅決者也。呂后恐。不知所爲。人或謂呂后曰。酉侯善畫計筴。上信用之。呂后乃使建成侯呂澤（通鑑考異澤當是釋之）劫酉侯曰。君常爲上謀臣。今上日（日字依漢書補）欲易太子。君安得高枕而臥乎。酉侯曰。始上數在困急之中。幸用臣筴。今天下安定。以愛欲易太子。骨肉之間。雖臣等百餘人何益。呂

金玉璧帛可招致則其人可知

四人至二句提頓有力

澤彊要曰。爲我畫計。留侯曰。此難以口舌爭也。顧上有所（所字依漢書補）不能致者天下有四人。四人者年老矣。皆以爲上慢侮人。故逃匿山中。義不爲漢臣。然上高此四人。今公誠能無愛金玉璧帛。令太子爲書。卑辭安車。因使辯士固請。宜來。來以爲客。時時從入朝。令上見之。則必異而問之。問之。上知此四人賢。則一助也。於是呂后令呂澤使人奉太子書。卑辭厚禮。迎此四人。四人至。客建成侯所。漢十一年。黥布反。上病。欲使太子將。往擊之。四人相謂曰。凡來者。將以存太子。太子將兵。事危矣。乃說建成侯曰。太子將兵。有功則位不益太子。無功還則從此受禍矣。且太子所與俱諸將。皆嘗與上定天下梟將也。今使太子將之。此無異使羊將狼也。皆不肯爲盡力。其無功必矣。臣聞母愛者子抱。今戚夫人日夜侍御。趙王如意常抱居前。上曰。終不使不肖子居愛子之上。（漢書無之字）明

請呂后承閒泣言此自策士作用

乎其代太子位必矣。君何不急請呂后承閒爲上泣言。黥布天下猛將也。善用兵。今諸侯皆陛下故等夷。乃令太子將此屬。無異使羊將狼。莫肯爲用。且使布聞之。則鼓行而西耳。上雖病。彊載輜車。臥而護之。諸將不敢不盡力。上雖苦。爲妻子自彊。於是呂澤立夜見呂后。呂后承閒爲上泣涕而言。如四人意。上曰。吾惟豎子固不足遣。而公自行耳。於是上自將兵而東。羣臣居守。皆送至灞上。留侯病。自彊起至曲郵。見上曰。臣宜從。病甚。楚人剽疾。願上愼（愼字依漢書補）無與楚人爭鋒。因說上曰。令太子爲將軍監關中兵。上曰。子房雖病。彊臥而傅太子。是時叔孫通爲太傅。留侯行少傅事。漢十二年。上從擊破布軍歸。疾益甚。愈欲易太子。留侯諫不聽。因疾不視事。叔孫太傅稱說引古今。以死爭太子。上詳許之。猶欲易之。及燕。置酒。太子侍。四人者（依漢書補者字）從太子。年皆八十有餘。鬚眉

此亦用重筆鎮壓與前文對峙

皓白衣冠甚偉上怪之問曰彼何爲者四人前對各言名姓曰東園公角里先生綺里季夏黃公（案漢紀云東園公夏黃公角里先生綺里季或以綺里季夏爲一人黃公爲一人非矣）上乃大驚曰吾求公數歲公辟逃我今公何自從吾兒游乎四人皆曰陛下輕士善（漢紀善作喜）罵臣等義不受辱故恐而亾匿竊聞太子爲人仁孝恭敬愛士天下莫不延頸欲爲太子死者故臣等來耳上曰煩公幸卒調護太子四人爲壽已畢趨去上目送之召戚夫人指示四人者曰我欲易之彼四人輔之羽翼已成難動矣呂后眞而主矣（通鑑考異后作氏漢書同）戚夫人泣上曰爲我楚舞吾爲若楚歌歌曰鴻鵠高飛一舉千里羽翮已就横絕四海横絕四海當可奈何雖有矰繳尙安所施歌數闋戚夫人噓唏流涕上起去罷酒竟不易太子者畱侯本招此四人之力也畱侯從上擊代出奇計馬邑下及立蕭何相國所與上從容言天下事甚

非天下存亾故不著此示後人叙事法留侯乃稱曰句遙接上因疾不視事勢特橫逆史公此等處最奇妙此見高帝時以知自免而自附於呂后蕭相之計誅淮陰亦自附呂后也

衆非天下所以存亾故不著留侯乃稱曰家世相韓及韓滅不受萬金之資（通志作貲是）爲韓報讎彊秦天下振動今以三寸舌爲帝者師封萬戶位列侯此布衣之極於良足矣願棄人間事欲從赤松子游耳乃學辟穀道引輕身會高帝崩呂后德留侯乃彊食之曰人生一世間如白駒過隙何至自苦如此乎留侯不得已彊聽而食後八年卒謚爲文成侯子不疑代侯子房始所見下邳圯上老父與太公書者後十三年從高帝過濟北果見穀城山下黃石取而葆祠之留侯死幷葬黃石冢（王懷祖謂冢字衍案冢字當有此言幷葬黃石於冢中也王未明史公句法）每上冢伏臘祠黃石留侯不疑孝文帝五年坐不敬國除

太史公曰學者多言無鬼神然言有物至如留侯所見老父予書亦可怪矣高帝離困者數矣而留侯常有功力焉豈可謂非天乎上曰夫運

史公於高帝君臣皆不當其一晒子房狀皃如婦人好女蓋輕之也敘四皓事亦見此意皆譏其陰附呂氏以取媚

籌筴帷帳之中。決勝千里外。吾不如子房。余以爲其人計魁梧奇偉。至見其圖狀貌如婦人好女。蓋孔子曰。以貌取人。失之子羽。留侯亦云。

某案此篇以多病畫策爲主畫策以著其功多病以著其免於猜忌也

留侯世家第二十五

史記五十五

然門外多有何造句奇倔

陳丞相世家第二十六

陳丞相平者。陽武戶牖鄉人也。少時家貧。好讀書。有田三十畝。獨與兄伯居。伯常耕田。縱平使游學。平爲人長大美色。（長下依御覽補大字漢書同）人或謂陳平曰。貧何食而肥若是。其嫂嫉平之不視家生產。曰。亦食糠覈耳。有叔如此。不如無有。伯聞之。逐其婦而棄之。及平長。可娶妻。富人莫肯與者。貧者平亦恥之。久之。戶牖富人有張負。張負女孫五嫁而夫輒死。人莫敢娶。平欲得之。邑中有喪。平貧侍喪。以先往後罷爲助。張負既見之喪所。獨視偉平。平亦以故後去。負隨平至其家。家乃負郭窮巷。以弊席爲門。然門外多有長者車轍。張負歸。謂其子仲曰。吾欲以女孫予陳平。張仲曰。平貧不事事。一縣中盡笑其所爲。獨奈何予女乎。負曰。人固有好美如陳平而長貧賤者乎。卒予女。爲平貧。乃假貸幣以聘。予酒肉之貧以內婦負誠其孫曰毋以貧故事人不謹事兄伯如事父事嫂如母平既娶張氏女齎用益饒游道日廣里中社平爲宰分肉食甚均父老（父老上漢書有里字）曰善陳孺子之爲宰平曰嗟乎使平得宰天下亦如是肉矣陳涉起而王陳（漢書無而字）使周市略定魏地立魏咎爲魏王與秦軍相攻於臨濟陳平固以前謝其兄伯從少年往事魏王咎於臨濟魏王以爲太僕說魏王不聽人或讒之陳平亡去久之項羽略地至河上陳平往歸之從入破秦賜平爵卿項羽之東王彭城也漢王還定三秦而東殷王反楚項羽乃以平爲信武君將魏王咎客在楚者以往擊降殷王而還項王使項悍拜平爲都尉賜金二十溢居無何漢王攻下殷王（雜志闓王字衍愚謂史文當有通志亦有王字）項王怒將誅定殷者將吏陳平懼誅乃封其金與印使使歸項王而平（通鑑平作挺當是宋本史記有作挺者似勝今本）身閒行杖劍亡渡河船人

萬石君二語文字節奏亦閒中設色

見其美丈夫獨行疑其亾將要下當有金玉寶器（要下本作要中依漢書改杜詩要下寶玦青珊瑚用此文也）目之欲殺平平恐（漢書恐上有心字）乃解衣裸而佐刺船船人知其無有乃止平遂至修武降漢因魏無知求見漢王漢王召入是時萬石君奮爲漢王中涓受平謁入見平平等七人俱進賜食王曰罷就舍矣平曰臣爲事來所言不可以過今日於是漢王與語而說之問曰子之居楚何官曰爲都尉是日乃拜平爲都尉使爲參乘典護軍諸將盡讙曰大王一日得楚之亾卒未知其高下而即與同載反使監護軍長者（雜志謂衍軍字愚謂軍字當有軍長者三字連讀）漢王聞之愈益幸平遂與東伐項王至彭城爲楚所敗引而還收散兵至滎陽以平爲亞將屬於韓王信軍廣武絳侯灌嬰等或（或本作咸依漢書改）讒陳平曰平雖美丈夫如冠玉耳其中未必有也臣聞平居家時盜其嫂事魏不容亾歸楚歸楚不中又亾歸漢今日

（漢書無日字）大王尊官之令護軍。臣聞平受諸將金。金多者得善處。金少者得惡處。平反覆亂臣也。願王察之。漢王疑之。召讓魏無知。無知曰。臣所言者能也。陛下所問者行也。今有尾生孝己之行。而無益於勝負之數。陛下何暇用之乎。楚漢相距。臣進奇謀之士。顧其計誠足以利國家不耳。且盜嫂受金。又何足疑乎。漢王召讓平曰。先生事魏不中。（中下有遂字依通鑑刪蓋史文作不中漢書作不遂傳寫誤衍遂字）事楚而去。今又從吾游。信者固多心乎。平曰。臣事魏王。魏王不能用臣說。故去事項王。項王不能信人。其所任愛。非諸項即妻之昆弟。雖有奇士不能用。平乃去楚。（此四字當依漢書作臣居楚三字）聞漢王之能用人。故歸大王。臣躶身來。不受金無以爲資。誠臣計畫有可采者。願大王用之。（願本作顧依漢書改）使無可用者。金具在。請封輸官。得請骸骨。漢王乃謝。厚賜。拜爲護軍中尉。盡護諸將。諸將乃不敢復言。

其後楚急攻絕

漢甬道。圍漢王於滎陽城。久之漢王患之。請割滎陽以西以和。項王不聽。漢王謂陳平曰。天下紛紛何時定乎。陳平曰。項王爲人恭敬愛人。士之廉節好禮者多歸之。至於行功爵邑。漢書爵上有賞字重之。士亦以此不附。今大王慢而少禮。士廉節者不來。然大王能饒人以爵邑。士之頑鈍當依漢書作頑嗜利無恥者亦多歸漢。誠各去其兩短。襲其兩長。天下指麾則定矣。然大王資侮人。資本作恣依中統本改漢書同資猶因也顏注謂天資非是不能得廉節之士。顧楚有可亂者。彼項王骨鯁之臣亞父鍾離眛龍且周殷之屬。不過數人耳。大王誠能出捐數萬斤金。行反閒。閒其君臣。以疑其心。項王爲人意忌信讒。必內相誅。漢因舉兵而攻之。破楚必矣。漢王以爲然。乃出黃金四萬斤。與陳平。恣所爲。不問其出入。陳平既多以金縱反閒於楚軍。宣言諸將鍾離眛等爲項王將。功多矣。然而終不得裂地而王。欲與漢爲

用其奇計策八字簡括

一以滅項氏而分王其地項羽果意不信鍾離昧等項王既疑之此上二句十五字漢書作項王果疑之五字似勝史記使使至漢漢王為太牢具舉進見楚使即詳驚曰吾以為亞父使乃項王使復持去更以惡草具進楚使楚使歸具以報項王項王果大疑亞父亞父欲急攻下滎陽城項王不信不肯聽亞父聞項王疑之乃怒曰天下事大定矣君王自為之願請骸骨歸歸未至彭城疽發背而死陳平乃夜出女子二千人滎陽城東門楚因擊之陳平乃與漢王從城西門夜出去遂入關收聚本作散依漢書改收聚二字連文兵復東其明年淮陰侯破齊自立為齊王使使言之漢王漢王大怒而罵陳平躡漢王漢王亦悟乃厚遇齊使使張子房卒立信為齊王封平以戶牖鄉用其奇計策卒滅楚常以護軍中尉從定燕王臧荼漢六年人有上書告楚王韓信反高帝問諸將諸將曰亟發兵阬豎子耳高帝默然

問陳平。平固辭謝曰。諸將云何。上具告之。陳平曰。人之上書言信反。有知之者乎。曰。未有。曰。信知之乎。曰。不知。陳平曰。陛下精兵孰與楚。上曰。不能過。平曰。陛下將用兵有能過韓信者無。（無本作平依漢紀改）上曰。莫及也。平曰。今兵不如楚精。而將不能及。而舉兵攻之。是趣之戰也。竊為陛下危之。上曰。為之奈何。平曰。古者天子巡狩會諸侯。南方有雲夢。陛下弟出偽游雲夢。會諸侯於陳。陳。楚之西界。聞天子以好出游。其勢必無事而郊迎謁。謁而陛下因禽之。此特一力士之事耳。高帝以為然。乃發使告諸侯會陳。吾將南游雲夢。上因隨以行。行未至陳。楚王信果郊迎道中。高帝豫具武士。見信至。即執縛之。載後車。信呼曰。天下已定。我固當烹。高帝顧謂信曰。若毋聲。而反明矣。武士反接之。遂會諸侯於陳。盡定楚地。還至雒陽。赦信以為淮陰侯。而與功臣剖符定封。於是與平剖符世世勿絕。爲戶牖侯。平辭曰。此非臣之功也。上曰。吾用先生謀計。（通鑑無計字）戰勝剋敵。非功而何。平曰。非魏無知。臣安得進。上曰。若子可謂不背本矣。乃復賞魏無知。其明年。以護軍中尉從攻反者韓王信於代。卒至平城。爲匈奴所圍。七日不得食。高帝用陳平奇計。使單于閼氏。圍以得開。高帝既出。其計秘。世莫得聞。高帝南過曲逆。上其城。望見其屋室甚大。曰。壯哉縣。吾行天下。獨見洛陽與是耳。顧問御史曰。曲逆戶口幾何。對曰。始秦時三萬餘戶。閒者兵數起。多亡匿。今見五千戶。於是乃詔御史更以陳平爲曲逆侯。盡食之。除前所食戶牖。其後常以護軍中尉從攻陳豨及黥布。凡六出奇計。輒益邑。凡六益封。奇計或頗秘。世莫能聞也。

高帝從破布軍還。病創。徐行至長安。燕王盧綰反。上使樊噲以相國將兵攻之。既行。人有短惡噲者。高帝怒曰。噲見吾病。乃冀我死也。（冀當依漢書作

平恐呂太后句造語簡健此言恐呂須之讒與太后之怒也

幾

用陳平謀而召絳侯周勃受詔牀下曰陳平亟馳傳載勃代噲將平至軍中卽斬噲頭二人既受詔馳傳未至軍行計之曰樊噲帝之故人也功多且又乃呂后弟呂須之夫有親且貴帝以忿怒故欲斬之則恐後悔寧囚而致上上自誅之未至軍爲壇以節召樊噲噲受詔卽反接載檻車傳詣長安而令絳侯勃代將將兵定燕反縣平行聞高帝崩平恐呂太后及呂須讒怒乃馳傳先去逢使者詔平與灌嬰屯於滎陽平受詔立復馳至宮哭甚哀因奏事喪前呂太后哀之曰君勞出休矣平畏讒之就因固請得宿衞中太后乃以爲郎中令曰傅教孝惠 日本作曰依漢書改 是後呂須讒乃不得行樊噲至則赦復爵邑孝惠帝六年相國曹參卒以安國侯王陵爲右丞相陳平爲左丞相王陵者故沛人始爲縣豪高祖微時兄事陵陵少任氣好直言及高祖起沛入至咸陽陵亦自聚

黨數千人居南陽。不肯從沛公。及漢王之還攻項籍。陵乃以兵屬漢。項羽取陵母置軍中。陵使至。則東鄉坐陵母。欲以招陵。陵母既私送使者。泣曰。爲老妾語陵。謹事漢王。漢王長者也。無以老妾故。持二心。妾以死送使者。遂伏劍而死。項王怒。烹陵母。陵卒從漢王定天下。以善雍齒。雍齒高帝之仇。而陵本無意從高帝。以故晚封。爲安國侯。安國侯既爲右丞相。二歲。孝惠帝崩。高后欲立諸呂爲王。問王陵。王陵曰。不可。問陳平。陳平曰。可。呂太后怒。乃詳遷陵爲帝太傅。實不用陵。陵怒。謝疾免。杜門竟不朝請。七年而卒。陵之免丞相。呂太后乃徙平爲右丞相。以辟陽侯審食其爲左丞相。左丞相不治。常給事於中。食其亦沛人。漢王之敗彭城西。楚取太上皇呂后爲質。食其以舍人侍呂后。其後從破項籍爲侯。幸於呂太后。及爲相。居中。百官皆因決事。呂須常以前陳平爲高帝謀

卒誅諸呂三句收束有氣力

執樊噲。數讒曰。陳平爲相。非治事。日飲醇酒。戲婦女。陳平聞。日益甚。呂太后聞之。私獨喜。面質呂嬃於陳平曰。鄙語曰。兒婦人口不可用。顧君與我何如耳。無畏呂嬃之讒也。呂太后多（依漢書補多字）立諸呂爲王。陳平僞聽之。及呂太后崩。平與太尉勃合謀。卒誅諸呂。立孝文皇帝。陳平本謀也。審食其免相。孝文帝立。以爲太尉勃親以兵誅呂氏。功多。陳平欲讓勃尊位。乃病謝。孝文帝初立。怪平病。問之。平曰。高祖時。勃功不如臣平。及誅諸呂。臣功亦不如勃。願以右丞相讓勃。於是孝文帝乃以絳侯勃爲右丞相。位次第一。平徙爲左丞相。位次第二。賜平金千斤。益封三千戶。居頃之。孝文皇帝既益明習國家事。朝而問右丞相勃曰。天下一歲決獄幾何。勃謝曰。不知。問天下一歲錢穀出入幾何。勃又謝不知。汗出沾（沾當依漢書作洽）背。愧不能對。於是上亦問左丞相平。平曰。有主者。上曰。主者謂誰。平曰：陛下卽問決獄，責廷尉；問錢穀，責治粟內史。上曰：苟各有主者，而君所主者何事也？平謝曰：主臣！陛下不知其駑下，使待罪宰相。宰相者，上佐天子理陰陽，順四時，下遂萬物之宜（遂本作育，漢書、漢紀、通鑑幷作遂，今據改），外鎭撫四夷諸侯，內親附百姓，使卿大夫各得任其職焉。孝文帝乃稱善。右丞相大慙，出而讓陳平曰：君獨不素教我對！陳平笑曰：君居其位，不知其任邪？且陛下卽問長安中盜賊數，君（漢書作文）欲彊對邪？於是絳侯自知其能不如平遠矣。居頃之，絳侯謝病請免相，陳平專爲一丞相。孝文帝二年，丞相陳平卒，謚爲獻侯。子共侯買代侯。二年卒，子簡侯恢代侯（梁云：恢，史、漢表皆作悝。史詮云：古字通用）。二十三年卒，子何代侯。三十三年，何坐略人妻，棄市，國除。始陳平曰：我多陰謀，是道家之所禁。吾世卽廢，亦已矣，終不能復起，以吾多陰禍也。然（此然字當依漢書衍去）其後曾孫陳掌以衞氏親貴戚，願得續封陳氏。然終不得。

太史公曰。陳丞相平少時本好黃帝老子之術。方其割肉俎上之時。其意固已遠矣。傾側擾攘楚魏之間。卒歸高帝。常出奇計救紛糾之難。振國家之患。及呂后時。事多故矣。然平竟自脫。定宗廟以榮名終稱賢相。豈不善始善終哉。非知謀孰能當此者乎。

某案此篇以陰謀爲主

陳丞相世家第二十六

高祖句提挈

自破殺項梁至爲碭郡長提挈綱領

絳侯周勃世家第二十七

史記五十七

絳侯周勃者沛人也其先卷人徙沛勃以織薄曲爲生常爲人吹簫給喪事材官引彊高祖之爲沛公初起勃以中涓從攻胡陵下方與方與反與戰卻適攻豐擊秦軍碭東還軍留及蕭復攻碭破之下下邑先登賜爵五大夫攻蒙虞取之擊章邯車騎殿定魏地攻爰戚東緡以往至栗取之攻齧桑先登擊秦軍阿下破之追至濮陽下甄城攻都關定陶襲取宛朐得單父令夜襲取臨濟攻張以前至卷破之擊李由軍雍丘下攻開封先至城下爲多後章邯破殺項梁沛公與項羽引兵東如碭自初起沛還至碭一歲二月楚懷王封沛公號武安侯（本作安武侯誤倒今依漢書）爲碭郡長沛公拜勃爲虎（漢書虎作襄）賁令以令從沛公定魏地攻東郡尉於武城破之擊王離軍破之攻長社先登攻頴陽緱氏絕河津擊趙賁

軍尸北。南攻南陽守齮。破武關嶢關。破秦軍於藍田。至咸陽。滅秦。項羽至。以沛公為漢王。漢王賜勃爵為威武侯。從入漢中。拜為將軍。還定三秦。至秦。賜食邑懷德。攻槐里好畤。最。北依漢書補北字擊趙賁內史保於咸陽。最。北攻漢書作救漆。擊章平姚卬軍。西定郿。還下郿頻陽。圍章邯廢丘。破西丞。擊盜巴軍。盜巴漢書作益巳破之。攻上邽。東守嶢關。轉擊項籍。攻曲過。過本作逆依漢書改錢校同最。還守敖倉。追項籍。籍已死。因東定楚地泗川東海郡。凡得二十二縣。還守雒陽櫟陽。賜與潁陰侯本作潁陽依漢書改正義本亦作潁陰共食鍾離。以將軍從高帝擊反者燕王臧荼。破之易下。所將卒當馳道為多。賜爵列侯。剖符世世勿絕。食絳八千一百八十戶。號絳侯。以將軍從高帝擊反韓王信於代。降下霍人。以前至武泉。擊胡騎。破之武泉北。轉攻韓信軍銅鞮。破之。還。降太原六城。擊韓信胡騎晉陽下。破之。下晉陽。復擊復本作後依通志改下復擊破綰軍沮陽漢書復亦誤後韓信軍於砦石。破之。追北八十里。還攻樓煩三城。因擊胡騎平城下。所將卒當馳道爲多。勃遷爲太尉。擊陳豨。屠馬邑。所將卒斬豨將軍乘馬絺。梁云乘馬姓也絺漢書作絳轉依漢書增轉字擊韓信陳豨趙利軍於樓煩。破之。得豨將宋最鴈門守圂。因轉攻得雲中守遬丞相箕肆將勳。梁云肆漢書作肄古通下文高肆作高肄勳漢書作博定鴈門郡十七縣。雲中郡十二縣。因復擊豨靈丘。破之。斬豨。得豨丞相程縱將軍陳武都尉高肆。定代郡九縣。燕王盧綰反。勃以相國代樊噲將。擊下薊。得綰大將抵丞相偃守陘。太尉弱御史大夫施屠渾都。破綰軍上蘭。復擊破綰軍沮陽。追至長城。定上谷十二縣。右北平十六縣。遼西遼東二十九縣。漁陽二十二縣。最從高帝得相國一人。丞相二人。將軍二千石各三人。別破軍二下城三。定郡五。縣七十九。得丞相大將各一人。勃爲人木彊敦厚。高帝以爲

可屬大事。勃不好文學。每召諸生說士。（通志士作事據索隱云勃召說士則作事者誤）東鄉坐
而責之趣爲我語其椎（通志椎下有脣字）少文如此。勃既定燕而歸。高祖已崩
矣。以列侯事孝惠帝。孝惠帝六年。置太尉官。以勃爲太尉。十歲。高后崩。
呂祿以趙王爲漢上將軍。呂產以呂王爲漢相國。秉漢權。欲危劉氏。勃
爲太尉。不得入軍門。陳平爲丞相。不得任事。於是勃與平謀。卒誅諸呂
而立孝文皇帝。其說在呂后孝文事中。文帝既立。以勃爲右丞相。賜金
五千斤。食邑萬戶。居月餘。人或說勃曰。君既誅諸呂。立代王。威震天下。
而君受厚賞。處尊位。以寵久之（漢書作以厭之）即禍及身矣。勃懼。亦自危。乃謝
請歸相印。上許之。歲餘。丞相平卒。上復以勃爲丞相。十餘月。上曰。前日
吾詔列侯就國。或頗未能行。（或下依漢書增頗字）丞相吾所重。其率先之。乃免相
就國。歲餘。每河東守尉行縣至絳。絳侯勃自畏恐誅。常被甲。令家人持

借許負言隱括條侯一生事迹以爲提挈

兵以見之其後人有上書告勃欲反下廷尉廷尉下其事長安逮捕勃治之勃恐不知置辭吏稍侵辱之勃以千金與獄吏獄吏乃書牘背示之曰以公主爲證公主者孝文帝女也勃太子勝之尙之故獄吏教引爲證初（依漢書補初字）勃之益封受賜盡以予薄昭及繫急薄昭爲言薄太后太后亦以爲無反事文帝朝太后以冒絮提文帝曰絳侯綰皇帝璽將兵於北軍不以此時反今居一小縣顧欲反邪文帝既見絳侯獄辭乃謝曰吏事方驗而出之於是使使持節赦絳侯復爵邑絳侯既出曰吾嘗將百萬軍然安知獄吏之貴乎絳侯復就國孝文帝十一年卒謚爲武侯子勝之代侯六歲尙公主不相中坐殺人國除絕一歲文帝乃擇絳侯勃子賢者河內守亞夫封爲條侯續絳侯後

條侯亞夫自未侯爲河內守時許負相之曰君後三歲而侯侯八歲爲將相持國秉（梁云秉即柄也）

橅寫細柳軍極精采爲後擊吳楚作勢

貴重矣於人臣無兩其後九歲而君餓死亞夫笑曰臣之兄已代父侯矣有如卒子當代亞夫何說侯乎然已貴如負言又何說餓死指示我許負指其口曰有從理入口此餓死法也居三歲其兄絳侯勝之有罪孝文帝擇絳侯子賢者皆推亞夫乃封亞夫爲條侯續絳侯後文帝之後六年匈奴大入邊乃以宗正劉禮爲將軍軍霸上祝茲侯徐厲爲將軍軍棘門以河內守亞夫爲將軍軍細柳以備胡上自勞軍至霸上及棘門軍直馳入將以下騎送迎已而之細柳軍軍士吏被甲銳兵刃彀弓弩持滿天子先驅至不得入先驅曰天子且至軍門都尉曰將軍令曰軍中聞將軍令不聞天子之詔居無何上至又不得入於是上乃使使持節詔將軍吾欲入勞軍亞夫乃傳言開壁門壁門士吏謂從屬車騎曰將軍約軍中不得驅馳於是天子乃按轡徐行至中營本作至營依漢書漢

卽有緩急二句與非少主臣反映

紀補中字將軍亞夫持兵揖曰介冑之士不拜請以軍禮見天子爲動漢紀動作之改容式車使人稱詔謝稱下依漢書補詔字皇帝敬勞將軍成禮而去既出軍門羣臣皆驚文帝曰嗟乎此眞將軍矣曩者霸上棘門軍若兒戲耳其將固可襲而虜也至於亞夫可得而犯邪稱善者久之月餘三軍皆罷乃拜亞夫爲中尉孝文且崩時誡太子曰卽有緩急周亞夫眞可任將兵文帝崩拜亞夫爲車騎將軍孝景三年吳楚反亞夫以中尉爲太尉東擊吳楚因自請上曰楚兵剽輕難與爭鋒願以梁委之絕其糧漢書糧作食道乃可制上許之太尉既會兵滎陽吳方攻梁梁急請救太尉引兵東北走昌邑深壁而守梁日使使請太尉太尉守便宜不肯往梁上書言景帝景帝使使詔救梁太尉不奉詔堅壁不出而使輕騎兵弓高侯等絕吳楚兵後食道吳兵乏糧飢數欲挑戰終不出夜軍中驚內相攻

與梁有郤一句轉

擊擾亂至於太尉帳下太尉終臥不起頃之復定後吳奔壁東南陬太尉使備西北已而其精兵果奔西北不得入吳兵既餓乃行而去太尉出精兵追擊大破之吳王濞弃其軍而與壯士數千人亡走保於江南丹徒漢兵因乘勝遂盡虜之降其兵購吳王千金月餘越人斬吳王頭以告凡相攻守三月而吳楚破平於是諸將乃以太尉計謀爲是由此梁孝王與太尉有郤歸復置太尉官五歲遷爲丞相景帝甚重之景帝廢栗太子丞相固爭之不得景帝由此疏之而梁孝王每朝常與太后言條侯之短竇太后曰皇后兄王信可侯也景帝讓曰始南皮章武侯先帝不侯及臣即位乃侯之信未得封也竇太后曰人主各以時行耳自竇長君在時竟不得侯死後乃其子彭祖顧得侯（其子上本有封字依漢書刪）吾甚恨之帝趣侯信也景帝曰請得與丞相議之丞相議之亞夫曰高皇

帝約非劉氏不得王非有功不得侯不如約天下共擊之今信雖皇后
兄無功侯之非約也景帝默然而止其後匈奴王徐盧等五人降景帝
欲侯之以勸後丞相亞夫曰彼背其主降陛下陛下侯之則何以責人
臣不守節者乎景帝曰丞相議不可用乃悉封徐盧等爲列侯亞夫因
謝病景帝中三年以病免相頃之景帝居禁中召條侯賜食獨置大胾
無切肉又不置櫡條侯心不平顧謂尚席取櫡景帝視而笑曰此非不
足君所乎（此下依毛本補非字漢書同據集解索隱皆足證正文有非字）條侯免冠謝上起條侯因趨
出景帝以目送之曰此怏怏者非少主臣也居無何條侯子爲父買工
官尚方甲楯五百被可以葬者取庸苦之不予錢庸知其盜買縣官器
怒而上變告子事連汙條侯書既聞上上下吏吏簿責條侯條侯不對
景帝罵之曰吾不用也召詣廷尉廷尉責問（依漢書責下補問字）曰君侯欲反何

條侯果餓死二句收有遠神

（本作邪依漢書改）亞夫曰。臣所買器。乃葬器也。何謂反邪。吏曰。君侯縱不反地上。卽欲反地下耳。吏侵之益急。初吏捕條侯。條侯欲自殺。夫人止之。以故不得死。遂入廷尉。因不食五日。嘔血而死。國除。絕一歲。景帝乃更封絳侯勃他子堅爲平曲侯。續絳侯後。十九年卒。謚爲共侯。子建德代侯。十三年。爲太子太傅。坐酎金不善。元鼎五年。有罪國除。條侯果餓死。死後。景帝乃封王信爲蓋侯。

太史公曰。絳侯周勃。始爲布衣時。鄙朴人也。才能不過凡庸。及從高祖定天下。在將相位。諸呂欲作亂。勃匡國家難。復之乎正。雖伊尹周公。何以加哉。亞夫之用兵。持威重。執堅刃。穰苴曷有加焉。足已而不學。守節不遜。終以窮困。悲夫。

某案此篇以功臣遭禍爲主。吾嘗將百萬軍。然安知獄吏之貴乎語

絕沈痛與條侯下獄事相盻蠁亦借以自寓感歎

絳侯周勃世家第二十七

史記五十七

懷王最少子二句與孝王相應又見梁封所以最大

梁孝王世家第二十八

史記五十八

梁孝王武者孝文皇帝子也而與孝景帝同母母竇太后也孝文帝凡四男長子曰太子是爲孝景帝次子武次子參次子勝（勝當依漢書作揖）孝文帝即位二年以武爲代王以參爲太原王以勝爲梁王二歲徙代王爲淮陽王以代盡與太原王號曰代王參立十七年孝文後二年卒謚爲孝王子登嗣立是爲代共王立二十九年元光二年卒子義立是爲代王十九年漢廣關以常山爲限而徙代王王清河清河王徙以元鼎三年也初武爲淮陽王十年而梁王勝卒謚爲梁懷王懷王最少子愛幸異於他子其明年更淮陽王武爲梁王梁王之初王梁孝文之十二年也梁王自初王通歷已十一年矣梁王十四年入朝十七年十八年比年入朝留其明年乃之國二十一年入朝二十二年孝文帝崩二十四

上未置太子句提孝後文梁王覬覦怨望至自此句生出

年入朝二十五年復入朝是時上未置太子也上與梁王燕飲嘗從容言曰千秋萬歲後傳於王王辭謝雖知非至言然心內喜太后亦然其春吳楚齊趙七國反吳楚先擊梁棘壁殺數萬人梁孝王城守睢陽而使韓安國張羽等爲大將軍以距吳楚吳楚以梁爲限不敢過而西與太尉亞夫等相距三月吳楚破而梁所破殺虜略與漢中分明年漢立太子其後（漢書無其後字）梁最親有功又爲大國居天下膏腴地地北界泰山西至高陽四十餘城皆（漢書無皆字）多大縣孝王竇太后少子也愛之賞賜不可勝道於是孝王築東苑方三百餘里（梁云御覽引史記方三百餘里下有是曰兎園四字）廣睢陽城七十里大治宮室爲複道自宮連屬於平臺三十餘里得賜天子旌旗出從千乘萬騎東西馳獵擬於天子出言蹕入言警招延四方豪傑自山以東游說之士莫不畢至齊人羊勝公孫詭鄒陽之屬（句疑有脫）

字公孫詭多奇邪計初見王賜千金官至中尉梁號之曰公孫將軍梁多作兵器弩弓矛數十萬而府庫金錢且百巨萬珠玉寶器多於京師

二十九年十月梁孝王入朝景帝使使持節乘輿駟馬迎梁王於關下既朝上疏因留以太后親故王入則侍景帝同輦出則同車遊獵射禽獸上林中梁之侍中郎謁者著引籍（二字依漢書倒）出入天子殿門與漢宦官（二字依王柯本倒　漢紀無宦字）無異十一月上廢栗太子竇太后心欲以孝王為後嗣大臣及袁盎等有所關說於景帝竇太后義格亦遂不復言以梁王為嗣事由此以事祕世莫知乃辭歸國其夏四月上立膠東王為太子梁王怨袁盎及議臣乃與羊勝公孫詭之屬（漢書屬下有謀字）陰使人刺殺袁盎及他議臣十餘人賊未得也（賊上有逐其二字依漢書刪下言逐賊果梁使之則逐賊即謂逐得賊）於是天子意梁王逐賊果梁使之乃遣使冠蓋相望於道覆按梁捕公孫詭

景帝益疏王句冷刺

羊勝公孫詭羊勝匿王後宮使者責二千石急梁相軒丘豹及內史韓安國進諫王王乃令勝詭皆自殺出之上由此怨望於梁王梁王恐乃使韓安國因長公主謝罪太后然後得釋上怒稍解因上書請朝既至關茅蘭說王使乘布車從兩騎入匿於長公主園漢使使迎王王已入關車騎盡居外（漢書重外字）不知王處太后泣曰帝殺吾子景帝憂恐於是梁王伏斧質於（漢書於作之）闕下謝罪然後太后景帝大喜相泣復如故悉召王從官入關然景帝益疏王不與同車輦矣（同上依漢書增輿字通鑑多采史記文亦有輿字）三十五年冬復朝上疏欲畱上弗許歸國意忽忽不樂北獵良山有獻牛足出背上孝王惡之六月中病熱六日卒謚曰孝王孝王慈孝每聞太后病口不能食居不安寢常欲畱長安侍太后太后亦愛之及聞梁王薨竇太后哭極哀不食曰帝果殺吾子景帝哀懼不知所爲與長

公主計之。乃分梁為五國。盡立孝王男五人為王。女五人皆食湯沐邑。於是奏之太后。太后乃說。為帝加一餐。梁孝王長子買為梁王。是為共王。子明為濟川王。子彭離為濟東王。子定為山陽王。子不識為濟陰王。孝王未死時。財以巨萬計。不可勝數。及死。藏府餘黃金尚四十餘萬斤。他財物稱是。梁共王三年。景帝崩。共王立七年卒。子襄立。是為平王。梁平王襄十四年。母曰陳太后。共王母曰李太后。李太后親平王之大母也。而平王之后姓任。曰任王后。任王后甚有寵於平王襄。初孝王在時。有罍樽。直千金。孝王戒後世。善保罍樽。無得以與人。任王后聞而欲得罍樽。平王大母李太后曰。先王有命。無得以罍樽與人。他物雖百巨萬猶自恣也。任王后絕欲得之。平王襄直使人開府取罍樽。賜任王后。李太后大怒。漢使者來。欲自言平王襄及任王后遮止。閉門。李太后與爭門措指遂不得見漢使者李太后亦私與食官長及郎中尹霸等士通亂而王與任王后以此使人風止李太后李太后內有淫行亦已後病薨病時任后未嘗請病薨又不持喪元朔中睢陽人類犴反者人有辱其父而與淮陽太守客出同車淮陽當依漢書作睢陽梁都睢陽也太守客出下車類犴反殺其仇於車上而去淮陽太守怒以讓梁二千石二千石以下求反甚急執反親戚反知國陰事乃上變事具告知王與大母爭樽狀時相以下見知之相上依漢書刪丞字見知本作具知依別本改時有見知律也此言王與大臣爭樽其時國相以下皆見知之欲致相以下見知之律故下云欲以傷梁長吏也欲以傷梁長吏其書聞天子天子下吏驗問有之公卿請廢襄爲庶人天子曰李太后有淫行而梁王襄無良師傅故陷不義乃削梁八城梟任王后首于市梁餘尚有十城襄立三十九年卒謚爲平王子無傷立爲梁王也濟川王明者梁孝王子以桓邑侯漢書

祖作垣　孝景中六年爲濟川王。七歲。坐射殺其中尉。通鑑依帝紀校改尉爲傅　漢有司
請誅。天子弗忍誅。廢明爲庶人。遷房陵。地入于漢爲郡。錢云漢志無濟川郡亦不言濟
川國所在水經注引應劭說濟川今陳留濟陽縣是也知陳留即濟川故地志稱陳留郡武帝元狩元年置不言故屬梁國者志之闕也濟川
國除在武帝建元三年其時當爲濟川郡至元狩初移治陳留乃改爲陳留郡爾　濟東王彭離者。梁孝王子。以
孝景中六年爲濟東王。二十九年。彭離驕悍。無人君禮。昏暮私與其奴
亡命少年數十人行。剽殺人取財物以爲好。所殺發覺者百餘人。國皆
知之。莫敢夜行。所殺者子上書言。漢有司請誅。上不忍。廢以爲庶人。遷
上庸。地入於漢。爲大河郡。山陽哀王定者。梁孝王子。以孝景中六年爲
山陽王。九年卒。無子。國除。地入于漢。爲山陽郡。濟陰哀王不識者。梁孝
王子。以孝景中六年爲濟陰王。一歲卒。無子。國除。地入于漢。爲濟陰郡。
太史公曰。梁孝王雖以親愛之故。王膏腴之地。然會漢家隆盛。百姓殷

富故能植其財貨廣宮室車服擬於天子然亦僭矣漢書此下有怙親無厭牛禍告罰卒以憂死悲夫十四字疑亦史文今脫

褚先生曰臣爲郎時聞之於宮殿中老郎吏好事者稱道之也竊以爲令梁孝王怨望欲爲不善者事從中生今太后女主也以愛少子故欲令梁王爲太子大臣不時正言其不可狀阿意治小私說意以受賞賜非忠臣也齊如魏其侯竇嬰之正言也何以有後禍景帝與王燕見侍太后飲景帝曰千秋萬歲之後傳王太后喜說竇嬰在前據地言曰漢法之約傳子適孫今帝何以得傳弟擅亂高帝約乎於是景帝默然無聲太后意不說故成王與小弱弟立樹下取一桐葉以與之曰吾用封汝周公聞之進見曰天王封弟甚善成王曰吾直與戲耳周公曰人主無過舉不當有戲言言之必行之於是乃封小弟以應縣是後成王沒

齒不敢有戲言言必行之孝經曰非法不言非道不行此聖人之法言也今主上不宜出好言於梁王梁王上有太后之重驕蹇日久數聞景帝好言千秋萬世之後傳王而實不行又諸侯王朝見天子漢法凡當四見耳始到入小見到正月朔旦奉皮薦璧玉賀正月法見後三日爲王置酒賜金錢財物後二日復入小見辭去凡留長安不過二十日小見者燕見於禁門內飲於省中非士人所得入也今梁王西朝因留且半歲入與人主同輦出與同車示風以大言而實不與令出怨言謀畔逆乃隨而憂之不亦遠乎非大賢人不知退讓今漢之儀法朝見賀正月者常一王與四侯俱朝見十餘歲一至今梁王常比年入朝見久留鄙語曰驕子不孝非惡言也故諸侯王當爲置良師傅相忠言之士如汲黯韓長孺等敢直言極諫安得有患害蓋聞梁王西入朝謁竇太后

燕見與景帝俱侍坐於太后前語言私說太后謂帝曰吾聞殷道親親
周道尊尊其義一也安車大駕用梁孝王爲寄景帝跪席舉身曰諾罷
酒出帝召袁盎諸大臣通經術者曰太后言如是何謂也皆對曰太后
意欲立梁王爲帝太子帝問其狀袁盎等曰殷道親親者立弟周道尊
尊者立子殷道質質者法天親其所親故立弟周道文文者法地尊者
敬也敬其本始故立長子周道太子死立適孫殷道太子死立其弟帝
曰於公何如皆對曰方今漢家法周周道不得立弟當立子故春秋所
以非宋宣公宋宣公死不立子而與弟弟受國死復反之與兄之子弟
之子爭之以爲我當代父後卽刺殺兄子以故國亂禍不絕故春秋曰
君子大居正宋之禍宣公爲之臣請見太后白之袁盎等入見太后太
后言欲立梁王梁王卽終欲誰立太后曰吾復立帝子袁盎等以宋宣

公不立正生禍。禍亂後五世不絕。小不忍害大義。狀報太后。太后乃解
說。即使梁王歸就國。而梁王聞其議出於袁盎諸大臣所。怨望。使人來
殺袁盎。袁盎顧之曰。我所謂袁將軍者也。公得毋誤乎。刺者曰。是矣。刺
之。置其劍。劍著身。視其劍。新治。問長安中削厲工。工曰。梁郎某子來治
此劍。以此知而發覺之。發使者捕逐之。獨梁王所欲殺大臣十餘人。文
吏窮本之。謀反端頗見。太后不食。日夜泣不止。景帝甚憂之。問公卿大
臣。大臣以爲遣經術吏往治之。乃可解。於是遣田叔呂季主往治之。此
二人皆通經術。知大禮。來還。至霸昌廄。取火悉燒梁之反辭。但空手來
對景帝。景帝曰。何如。對曰。言梁王不知也。造爲之者。獨其幸臣羊勝公
孫詭之屬爲之耳。謹以伏誅死。梁王無恙也。景帝喜說。曰。急趨謁太后。
太后聞之。立起坐湌。氣平復。故曰不通經術。知古今之大禮。不可以爲

三公●及左右近臣●少見之人●如從管中闚天也●

某案此篇以求爲嗣不得怨望爲主太后前言帝殺吾子後言帝果

殺吾子皆點睛法

景帝之於孝王略似鄭莊之待叔段史公託意亦與彼文略同

叙家人瑣事此篇與外戚
世家皆極神妙此境後人
正不易到

五宗世家第二十九　　史記五十九

孝景皇帝子凡十三人為王而母五人同母者為宗親栗姬子曰榮德閼于程姬子曰餘非端賈夫人子曰彭祖勝唐姬子曰發王夫人兒姁子曰越寄乘舜

河閒獻王德以孝景帝前二年用皇子為河閒王好儒學被服造次必於儒者山東諸儒多從之游（通志之作而漢書同）二十六年卒子共王不害立四年卒子剛王基代立（梁云基一作堪）十二年卒子頃王授代立

臨江哀王閼于（梁云史漢紀表傳閼下幷無于字）以孝景帝前二年用皇子為臨江王三年卒無後國除為郡

臨江閔王榮以孝景前四年為皇太子四歲廢用故太子為臨江王四年坐侵廟壖垣為宮（漢書垣作地是也有垣則不易侵）上徵榮榮行祖於江陵北門既

四句敘事有生氣

燕數萬銜土此等皆原本左氏

已上車軸折車廢江陵父老流涕竊言曰吾王不反矣榮至詣中尉府對簿（簿上依漢書增對字）中尉郅都責訊王王恐自殺葬藍田燕數萬銜土置冢上百姓憐之榮最長死無後國除地入于漢爲南郡

右三國本王皆栗姬之子也

魯共王餘以孝景前二年用皇子爲淮陽王二年吳楚反破後以孝景前三年徙爲魯王好治宮室苑囿狗馬季年好音不喜辭辯爲人吃二十六年卒子光代爲王初好音樂（樂字依漢書補）輿馬晚節嗇（嗇漢書作遷似勝）惟恐不足於財

江都易王非以孝景前二年用皇子爲汝南王吳楚反時非年十五有材力上書願擊吳景帝賜非將軍印擊吳吳已破二歲徙爲江都王治吳故國以軍功賜天子旌旗元光五年匈奴大入漢爲賊非上書願擊

匈奴。上不許。非好氣力治宮觀。招四方豪桀。驕奢甚。立二十六年卒。子建立為王。七年自殺。淮南衡山謀反時。建頗聞其謀。自以為國近淮南。恐一日發。為所幷。即陰作兵器。而時佩其父所賜將軍印。載天子旗以出。易王死未葬。建有所說易王寵美人淖姬。夜使人迎與姦服舍中。及淮南事發。治黨與頗及江都王建。建恐。因使人多持金錢。事絕其獄。而又信巫祝。使人禱祠妄言。建又盡與其姊弟姦。事既聞。漢公卿請捕治建。天子不忍。使大臣即訊王。王服所犯。遂自殺。國除。地入於漢。為廣陵郡。

膠西于王端。以孝景前三年吳楚七國反破後。端用皇子為膠西王。端為人賊戾。又陰痿。一近婦人。病之數月。而有愛幸少年為郎。為郎者頃之與後宮亂。端禽滅之。及殺其子母。數犯上法。漢公卿數請誅端。天子

敘諸侯王被峻法無生趣

爲兄弟之故不忍而端所爲滋甚有司比再請削其國（有司下依漢書增比字）去
太半端心慍遂爲無訾省府庫壞漏盡腐財物以巨萬計終不得收徙
令吏無得收租賦端皆去衛封其宮門從一門出游數變名姓爲布衣
之他郡國相二千石往者奉漢法以治端輒求其罪告之無罪者詐藥
殺之所以設詐究變彊足以距諫智足以飾非相二千石從王治則漢
繩以法故膠西小國而所殺傷二千石甚衆立四十七年卒竟無男代
後國除地入于漢爲膠西郡

右三國本王皆程姬之子也

趙王彭祖以孝景前二年用皇子爲廣川王趙王遂反破後彭祖王廣
川四年徙爲趙王十五年孝景帝崩彭祖爲人巧佞卑諂足恭而心刻
深好法律持詭辯以中人彭祖多內寵姬及子孫相二千石欲奉漢法

家多金錢三句敘王家驕奢

以治。則害於王家。是以每相二千石至。彭祖衣皁布衣。自行迎除二千石舍。多設疑事以作動之。得二千石失言中忌諱。輒書之。二千石欲治者。則以此迫劫。不聽。乃上書告及汙以姦利事。彭祖立五十餘年。相二千石無能滿二歲。輒以罪去。大者死。小者刑。以故二千石莫敢治。而趙王擅權。使使卽縣爲賈人榷會。入多於國經租稅。此謂榷稅所入多於經常租稅云國經者謂王國也索隱以爲淺國非是以是趙王家多金錢。然所賜諸姬子亦盡之矣。彭祖取故江都易王寵姬王建所盜與姦淖姬者爲姬。甚愛之。彭祖不好治宮室禨祥。好爲吏事。上書願督國中盜賊。常夜從走卒行徼邯鄲中。諸使過客。以彭祖險陂。莫敢留邯鄲。其太子丹與其女梁云女下缺弟字及同產姊姦。與其客江充有郤。充告丹。丹以故廢。趙更立太子。

中山靖王勝。以孝景前三年用皇子爲中山王。十四年。孝景帝崩。勝爲人樂酒好內有子枝屬百二十餘人常與兄趙王相非曰兄爲王專代吏治事王者當日聽音樂（漢書樂下有御字）聲色趙王亦非之曰中山王徒日淫（日當依漢書作昔）不佐天子拊循百姓何以稱爲藩臣立四十二年卒子哀王昌立一年卒子昆侈代爲中山王

右二國本王皆賈夫人之子也

長沙定王發發之母唐姬故程姬侍者景帝召程姬程姬有所辟不願進而飾侍者唐兒使夜進上醉不知以爲程姬而幸之遂有身已乃覺非程姬也及生子因命曰發以孝景前二年用皇子爲長沙王以其母微無寵故王卑溼貧國立二十七年卒子康王庸立二十八年卒子鮒鮈立爲長沙王

右一國本王唐姬之子也

此文未終當依漢書增告彭祖事

廣川惠王越。以孝景中二年用皇子爲廣川王。十二年卒，子齊立爲王。齊有幸臣桑距。（漢書作乘距）已而有罪欲誅距。距亡。王因禽其宗族。距怨王。乃上書告王齊與同產姦。自是之後。王齊數上書告言漢公卿及幸臣所忠等。

膠東康王寄。以孝景中二年用皇子爲膠東王。二十八年卒。淮南王謀反時，寄微聞其事，私作樓車鏃矢戰守備，候淮南之起。及吏治淮南事辭出之。（事上有之字依漢書滅去出之謂出脫其罪卽故出人罪之出如淳注未明）寄於上最親。意傷之。發病而死。不敢置後。於是上問。（梁云問乃聞之譌）寄有長子者名賢。母無寵。少子名慶。母愛幸。寄常欲立之。爲不次。因有過。遂無言。上憐之。乃以賢爲膠東王。奉康王嗣。（嗣當作祠漢書作祀祀祠同字）而封慶於故衡山地。爲六安王。膠東王賢立十四年卒，謚爲哀王。子建爲王。（建本作慶依集解改漢書作通平通與建相涉）六安王建以元狩二年用膠東康王子爲六安王。

淸河哀王乘以孝景中三年用皇子爲淸河王。十二年卒。無後國除。地入于漢爲淸河郡。

常山憲王舜以孝景中五年用皇子爲常山王。舜最親景帝少子。驕怠多淫數犯禁。上常寬釋之。立三十二年卒。太子勃代立爲王。初憲王舜有所不愛姬生長男梲。梲以母無寵故亦不得幸於王。王后脩生太子勃。王內多所幸姬生子平子商。王后希得幸。及憲王病甚。諸幸姬常侍病。故王后亦以妒媢不常侍病。輒歸舍。醫進藥。太子勃不自嘗藥。又不宿留侍病。及王薨。王后太子乃至。憲王雅不以長子梲爲人數。（當依漢書人作子）及薨。又不分與財物。郎或說太子王后令諸子與長子梲共分財物。太子王后不聽。太子代立。又不收恤梲。梲怨王后太子。漢使者視憲王喪。棁自言憲王病時。王后太子不侍。及薨六日出舍。太子勃私姦。飲酒博戲擊筑。與女子載馳。環城過市。入牢視囚。天子遣大行騫驗王后及問王勃。請逮勃所與姦諸證左。王又匿之。吏求捕勃大急。使人致擊笞掠。擅出漢所疑囚者。有司請誅憲王后脩及王勃。上以脩素無行。使棁陷之罪。勃無良師傅。不忍誅。有司請廢王后脩。徙王勃以家屬處房陵。上許之。勃王數月。遷于房陵。國絕。月餘。天子爲最親。乃詔有司曰。常山憲王早夭。后妾不和。適孽誣爭。陷于不義以滅國。朕甚閔焉。其封憲王子平三萬戶。爲眞定王。封子商三萬戶。爲泗水王。眞定王平。以元鼎四年用常山憲王子爲眞定王。泗水思王商。以元鼎四年用常山憲王子爲泗水王。十一年卒。子哀王安世立。十一年卒。無子。於是上憐泗水王絕。乃立安世弟賀爲泗水王。

右四國本王皆王夫人兒姁子也其後漢益封其支子爲六安王泗水王二國凡兒姁子孫於今爲六王

太史公曰高祖時諸侯皆賦得自除內史以下漢獨爲置丞相黃金印諸侯自除御史廷尉正博士擬於天子自吳楚反後五宗王世漢爲置二千石去丞相曰相銀印諸侯獨得食租稅奪之權其後諸侯貧者或乘牛車也

某案此篇以侵削諸侯爲主

三王世家第三十　　史記六十

大司馬臣去病。昧死再拜上疏皇帝陛下。陛下過聽。使臣去病待罪行
閒。宜專邊塞之思慮。暴骸中野無以報。乃敢惟他議以干用事者。誠見
陛下憂勞天下。哀憐百姓。以自忘虧膳貶樂損郎員。皇子賴天能勝衣
趨拜。至今無號位師傅官。陛下恭讓不恤。羣臣私望。不敢越職而言。臣
竊不勝犬馬心。昧死願陛下詔有司。因盛夏吉時。定皇子位。唯陛下幸
察。臣去病昧死再拜以聞皇帝陛下。三月乙亥。御史臣光。守尚書令奏
未央宮。制曰。下御史。六年三月戊申朔乙亥。御史臣光。守尚書令丞非。
下御史書到。言丞相臣青翟。御史大夫臣湯。太常臣充。大行令臣息。太
子少傅臣安行宗正事。昧死上言。大司馬去病上疏曰。陛下過聽。使臣
去病待罪行閒。宜專邊塞之思慮。暴骸中野無以報。乃敢惟他議以干

用事者•誠見陛下憂勞天下•哀憐百姓以自忘•虧膳貶樂損郎員•皇子
賴天能勝衣趨拜•至今無號位師傅官•陛下恭讓不卹•羣臣私望•不敢
越職而言•臣竊不勝犬馬心•昧死願陛下詔有司•因盛夏吉時•定皇子
位•唯願陛下幸察•制曰下御史•臣謹與中二千石二千石臣賀等議•古
者裂地立國•並建諸侯•以承天子•所以尊宗廟重社稷也•今臣去病上
疏•不忘其職•因以宣恩•乃道天子卑讓自貶以勞天下•慮皇子未有號
位•臣青翟臣湯等宜奉義遵職•愚憧而不逮事•方今盛夏吉時•臣青翟
臣湯等昧死請立皇子臣閎臣旦臣胥爲諸侯王•昧死請所立國名•制
曰•蓋聞周封八百•姬姓並列•或子男附庸•禮支子不祭•云並建諸侯所
以重社稷•朕無聞焉•且天非爲君生民也•朕之不德•海內未洽•乃以未
教成者彊君連城•卽股肱何勸•其更議以列侯家之•三月丙子•奏未央

宮丞相臣青翟御史大夫臣湯昧死言。臣謹與列侯臣嬰齊。中二千石二千石臣賀。諫大夫博士臣安等議曰。伏聞周封八百。姬姓並列。奉承天子。康叔以祖考顯。而伯禽以周公立。咸爲建國諸侯。以相傅爲輔。百官奉憲。各遵其職。而國統備矣。竊以爲並建諸侯。所以重社稷者。四海諸侯各以其職奉貢祭。支子不得奉祭宗祖。禮也。封建使守藩國。帝王所以扶德施化。陛下奉承天統。明開聖緒。尊賢顯功。興滅繼絕。續蕭文終之後於酇。索隱蕭何初封沛之酇音贊後其子續封南陽之酇音嵯也錢云說文酇沛國縣從邑虘聲南陽之酇形聲俱別漢志俱作酇字而南陽之酇孟康音讚沛之酇應劭音嵯師古云此縣本爲酇而莽呼爲贊治則此縣亦有贊音予謂沛縣之酇有贊音乃由後來借酇爲酇之故非本音也孟堅十八侯銘曰文昌四友漢有蕭何序功第一受封于酇是蕭何初封之酇當讀才何切小司馬謂何初封沛後嗣改封南陽最有確據特贊嵯二音正相違反今永城縣東有酇陽集土人讀如嵯即何所封也褒厲群臣平津侯等。昭六親之序。明天施之屬。使諸侯王封君。得推私恩分子弟戶邑。錫號。

尊建百有餘國・而家皇子爲列侯・則尊卑相踰・列位失序・不可以垂統於萬世・臣請立臣閎臣旦臣胥爲諸侯王・三月丙子・奏未央宮・制曰康叔親屬有十・而獨尊者・褒有德也周公祭天命郊・故魯有白牡騂剛之牲・羣公不毛・賢不肖差也・高山仰之・景行嚮之・朕甚慕焉・所以抑未成・家以列侯可・四月戊寅奏未央宮・丞相臣青翟御史大夫臣湯昧死言・臣青翟等與列侯吏二千石諫大夫博士臣慶等議・昧請奏請立皇子爲諸侯王・制曰・康叔親屬有十・而獨尊者・褒有德也周公祭天命郊故魯有白牡騂剛之牲・羣公不毛・賢不肖差也・高山仰之・景行嚮之・朕甚慕焉・所以抑未成・家以列侯可・臣青翟臣湯博士臣將行等・伏聞康叔親屬有十・武王繼體・周公輔成王・其八人皆以祖考之尊・建爲大國・康叔之年幼・周公在三公之位・而伯禽據國於魯・蓋爵命之時未至成人・

康叔後扞祿父之難。伯禽殄淮夷之亂。昔五帝異制。周爵五等。春秋三等。皆因時而序尊卑。高皇帝撥亂世反諸正。昭至德。定海內。封建諸侯。爵位二等。皇子或在繈緥而立為諸侯王。奉承天子。為萬世法則。不可易。陛下躬親仁義。體行聖德。表裏文武。顯慈孝之行。廣賢能之路。內褒有德。外討彊暴。極臨北海。西溱月氏。匈奴西域。舉國奉師。輿械之費。不賦於民。虛御府之藏以賞元戎。開禁倉以振貧窮。減戍卒之半。百蠻之君。靡不鄉風。承流稱意。遠方殊俗。重譯而朝。澤及方外。故珍獸至。嘉穀興。天應甚彰。今諸侯支子封至諸侯王。而家皇子為列侯。臣青翟。臣湯等竊伏孰計之。皆以為尊卑失序。使天下失望。不可。臣請立臣閎。臣旦。臣胥為諸侯王。四月癸未。奏未央宮。留中不下。丞相臣青翟。太僕臣賀。行御史大夫事。太常臣充。太子少傅臣安。行宗正事。昧死言。臣青翟等前奏大司馬臣去病上疏言・皇子未有號位・臣謹與御史大夫臣湯・中二千石・二千石諫大夫・博士臣慶等・昧死請立皇子臣閎等爲諸侯王・陛下讓文武・躬自切・及皇子未教・羣臣之議・儒者稱其術・或誖其心・陛下固辭弗許・家皇子爲列侯・臣靑翟等竊與列侯臣壽成等二十七人議・皆曰・以爲尊卑失序・高皇帝建天下・爲漢太祖・王子孫・廣支輔・先帝法則弗改・所以宣至尊也・臣請令史官擇吉日・具禮儀上・御史奏輿地圖・他皆如前故事・制曰・可・四月丙申・奏未央宮・太僕臣賀行御史大夫事昧死言・太常臣充言卜入四月二十八日乙巳・可立諸侯王・臣昧死奏輿地圖・請所立國名・禮儀別奏・臣昧死請・制曰・立皇子閎爲齊王・旦爲燕王・胥爲廣陵王・四月丁酉・奏未央宮・六年四月戊寅朔・癸卯・御史大夫湯下丞相・丞相下中二千石・二千石下郡太守諸侯相・丞（案丞當讀爲承）

書從事下當用者如律令

維六年四月乙巳皇帝使御史大夫湯廟立子閎爲齊王曰於戲小子閎受茲青社朕承祖考維稽古建爾國家封于東土世爲漢藩輔於戲念哉恭（漢書作共古今字）朕之詔惟命不于常人之好德克明顯光義之不圖俾君子怠悉爾心（褚少孫釋此文作若心）允執其中天祿永終厥有愆不臧乃凶于而國害于爾躬（漢書害上有而字爾躬褚釋作若躬）於戲保國艾民可不敬與王其戒之

右齊王策

維六年四月乙巳皇帝使御史大夫湯廟立子旦爲燕王曰於戲小子旦受茲玄社朕承祖考維稽古建爾國家封于北土世爲漢藩輔於戲葷粥氏虐老獸心侵犯寇盜加（以上五人漢書無疑後字妄增）以姦巧邊萌於戲朕命

將率徂征厥罪萬夫長千夫長三十有二君皆來降旗奔師鞏粥徙域

北州綏以悉爾心毋作怨毋俷德徐廣云俷一作非漢書此句云毋作棐德案索隱但云漢書俷作棐不云棐上有作字今作字殆誤衍於文法此當三字爲句下用一四字句乃叶毋乃廢備非教士不得從徵於戲

保國艾民可不敬與王其戒之

右燕王策

維六年四月乙巳皇帝使御史大夫湯廟立子胥爲廣陵王曰於戲小子胥受茲赤社朕承祖考維稽古建爾國家封于南土世爲漢藩輔古人有言曰大江之南五湖之閒其人輕心揚州保褚釋作葆彊三代要服不及以政於戲悉爾心戰戰兢兢漢書戰戰作祇祇是乃惠乃順毋侗好佚漢書侗作桐索隱佚作軼皆叚借字毋邇宵人維法維則褚釋作維法是則書云臣不作威不作福漢書先福後威與今書同褚釋亦先福後威今本蓋誤倒靡有後羞於戲保國艾民可不敬與王其戒之

歸云三王世家本不缺褚先生淺陋遂謂求其世家不可得某案褚明云竊從長老好故事者取其封策書編列其事而傳之則此篇實因史公有三子之封文辭可觀之語遂取封策詔疏而補之此非史公之舊蹟說疑誤

右廣陵王策。

太史公曰。古人有言曰。愛之欲其富。親之欲其貴。故王者壃土建國封立子弟。所以襃親親。序骨肉。尊先祖。貴支體。廣同姓於天下也。是以形勢彊而王室安。自古至今。所由來久矣。非有異也。故弗論著也。燕齊之事。無足采者。然封立三王。天子恭讓。羣臣守義。文辭爛然。甚可觀也。是以附之世家。

褚先生曰。臣幸得以文學爲侍郎。好覽觀太史公之列傳。傳中稱三王世家。文辭可觀。求其世家。終不能得。竊從長老好故事者取其封策書。編列其事而傳之。令後世得觀賢主之指意。蓋聞孝武帝之時。同日而俱拜三子爲王。封一子於齊。一子於廣陵。一子於燕。各因子才力智能。及土地之剛柔。人民之輕重。爲作策以申戒之。謂王世爲漢藩輔。保國治民。可不敬與。王其戒之。夫賢主所作。固非淺聞者所能知。非博聞彊記君子者。所不能究竟其意。至其次序分紀。文字之上下。簡之參差長短。皆有意。人莫之能知。謹論次其眞草詔書。編于左方。令覽者自通其意而解說之。

王夫人者。趙人也。與衛夫人並幸武帝。而生子閎。閎且立爲王時。其母病。武帝自臨問之。曰。子當爲王。欲安所置之。王夫人曰。陛下在。妾又何等可言者。帝曰。雖然。意所欲。欲於何所王之。王夫人曰。願置之雒陽。武帝曰。雒陽有武庫敖倉。天下衝阨。漢國之大都也。先帝以來。無子王於雒陽者。去雒陽。餘盡可。王夫人不應。武帝曰。關東之國。無大於齊者。齊東負海而城郭大。古時獨臨菑中十萬戶。天下膏腴地。莫盛於齊者矣。王夫人以手擊頭謝曰。幸甚。王夫人死。而帝痛之。使使者拜之。曰皇帝謹使使太中大夫明。奉璧一。賜夫人。爲齊王太后。子閎王齊。年少。無有子立不幸早死。國絕。爲郡。天下稱齊不宜王云。所謂受此土者。諸侯王始封者。必受土於天子之社。歸立之以爲國社。以歲時祠之。春秋大傳曰。天子之國有泰社。東方青。南方赤。西方白。北方黑。上方黃。故將封於東方者。取青土。封於南方者。取赤土。封於西方者。取白土。封於北方者。取黑土。封於上方者。取黃土。各取其色物。裹以白茅。封以爲社。此始受封於天子者也。此之爲主土。主土者。立社而奉之也。朕承祖考。祖者先也。考者父也。維稽古。維者度也。念也。稽者當也。當順古之道也。齊地多變詐。不習於禮義。故戒之曰。恭朕之詔。唯命不可爲常。人之好德。能明顯光。不圖於義。使君子怠慢。悉若心。信執其中。天祿長終。有過不善。乃凶于而國。而害于若身。齊王之國。左右維持以禮義。不幸中年早夭。然全身無過。如其策意。傳曰。靑采出於藍。而質靑於藍者。教使然也。遠哉賢主。昭然獨見。誡齊王以愼內。誡燕王以無作怨。無俷德。誡廣陵王以愼外。無作威與福。夫廣陵在吳越之地。其民精而輕。故誡之曰。江湖之閒。其人輕心。楊州葆疆。三代之時。迫要使從中國俗服。不大及以政教。以意御之而已。無侗好佚。無邇宵人。維法是則。無長好佚樂馳騁弋獵淫康。而近小人。常念法度。則無羞辱矣。三江五湖有魚鹽之利。銅山之富。天下所仰。故誡之曰。臣不作福者。勿使行財幣。厚賞賜。以立聲譽。為四方所歸也。又曰。臣不作威者。勿使因輕以倍義也。會孝武帝崩。孝昭帝初立。先朝廣陵王胥。厚賞賜金錢財幣。直三千餘萬。益地百里。邑萬戶。會昭帝崩。宣帝初立。緣恩行義。以本始元年中。裂漢地。盡以封廣陵王胥四子。一子為朝陽侯。正義朝陽在鄧州穰縣南錢云王子侯表朝陽荒侯聖下注濟南字而地理志濟南郡朝陽縣本是侯國則此朝陽非南陽之朝陽也一子爲平曲侯。一子爲南利侯。最愛少子弘。立以爲高密王。其後背果作威福。通楚王使者。楚王宣言曰。我先元王高帝少弟也。封三十二城。今地邑益少。我欲與廣陵王共發兵云。廣陵王爲上。我復王楚三十二城。如元王時。事發覺。公卿有司請行罰誅。天子以骨肉之故。不忍致法於背。下詔書無治廣陵王。獨誅首惡楚王。傳曰。蓬生痲中。不扶自直。白沙在泥中。與之皆黑者。土地教化使之然也。其後背復祝詛謀反。自殺。國除。燕土墝埆。北迫匈奴。其人民勇而少慮。故誡之曰。葷粥氏無有孝行而禽獸心。以竊盜侵犯邊民。朕詔將軍往征其罪。萬夫長千夫長三十有二君皆來降旗奔師。葷粥徙域遠處。北州以安矣。悉若心。無作怨者。勿使從俗以怨望也。無俷德者。勿使上背德也。上背德者謂上背主德也索隱引作王背德者蓋傳寫誤宋本背誤比無廢備者。無乏武備。常備匈奴也。非教士不得從徵者。言非習禮義不得在於側也。會武帝年老長。而太子不幸薨。未有所立。而旦使來上書。請身入宿衛於長安。孝武見其書。擊地怒曰。生子當置之齊魯禮義之鄉。乃置之燕趙。果有爭心。不讓之端見矣。於是使使即斬其使者於闕下。會武帝崩。昭帝初立。旦果作怨而望大臣。自以長子當立。與齊王子劉澤等謀爲叛逆。出言曰。我安得弟在者。今立者乃大將軍子也。欲發兵。事發覺當誅。昭帝緣恩寬忍抑案不揚。公卿使大臣請。遣宗正與太中大夫公戶滿意御史二人。偕往使燕。風喻之。到燕。各異日更見責王。宗正者。主宗室諸劉屬籍。先見王。爲列陳道昭帝實武帝子狀。侍御史乃復見王。責之以正法。問王欲發兵罪名明白。當坐之。漢家有正法。王犯纖介小罪過。即行法直斷耳安能寬王。驚動以文法。王意益下。心恐。公戶滿意習於經術。最後見王。

稱引古今通義。國家大禮。文章爾雅。謂王曰。古者天子必內有異姓大夫。所以正骨肉也。外有同姓大夫。所以正異族也。周公輔成王。誅其兩弟。故治。武帝在時。尙能寬王。今昭帝始立。年幼。富於春秋。未臨政。委任大臣。古者誅罰不阿親戚。故天下治。方今大臣輔政。奉法直行。無敢所阿。恐不能寬王。王可自謹。無自令身死國滅。爲天下笑。於是燕王旦乃恐懼服罪。叩頭謝過。大臣欲和合骨肉。難傷之以法。其後旦復與左將軍上官桀等謀反。宣言曰。我次太子。太子不在。我當立。大臣共抑我云云。大將軍光輔政。與公卿大臣議曰。燕王旦不改過悔正。行惡不變。於是脩法直斷。行罰誅。旦自殺。國除。如其策指。有司請誅旦妻子。孝昭以骨肉之親。不忍致法。寬赦旦妻子。免爲庶人。傳曰。蘭根與白芷。漸之滫中。君子不近。庶人不服者。所以漸然也。宣帝初立。推恩宣德。以本始元年中盡復封燕王旦兩子。一子爲安定侯。立燕故太子建爲廣陽王。以奉燕王祭祀。

某案此篇以史公有封立三王文辭可觀褚先生因取詔策補之而釋解於後非史公文也

三王世家第三十

曾文正云蓋者疑詞許由冢不足深信也某案正義云太史公疑說者之言或非實也方侍郎云卞隨務光六經孔子所不道無從考信皆與曾說略同愚謂此乃指證實有許由徒以孔子未序列世乃不稱耳

伯夷列傳第一

夫學者載籍極博。猶考信於六蓺。詩書雖缺。然虞夏之文可知也。堯將遜位讓於虞舜。舜禹之間岳牧咸薦。乃試之於位。典職數十年功用既興。然後授政。示天下重器。王者大統。傳天下若斯之難也。而說者曰堯讓天下於許由。許由不受。恥之逃隱。及夏之時。有卞隨務光者。此何以稱焉。太史公曰。余登箕山。其上蓋有許由冢云。孔子序列古之仁聖賢人。如吳太伯伯夷之倫詳矣。余以所聞由務光。依索隱光上增務字義至高。其文辭不少概見何哉。孔子曰。伯夷叔齊。不念舊惡。怨是用希。求仁得仁。又何怨乎。余悲伯夷之意。睹軼詩可異焉。其傳曰。伯夷叔齊。孤竹君之二子也。父欲立叔齊。及父卒。叔齊讓伯夷。伯夷曰。父命也。遂逃去。叔齊亦不肯立而逃之。國人立其中子。於是伯夷叔齊聞西伯昌善養老。盍往

歸焉。及至西伯卒。武王載木主。號爲文王。東伐紂。伯夷叔齊叩馬而諫
曰。父死不葬。爰及干戈。可謂孝乎。以臣弒君。可謂仁乎。左右欲兵之。太
公曰。此義（毛本作異）人也。扶而去之。武王已平殷亂。天下宗周。而伯夷叔齊
恥之。義不食周粟。隱於首陽山。采薇而食之。及餓且死。作歌。其辭曰。登
彼西山兮。采其薇矣。以暴易暴兮。不知其非矣。神農虞夏。忽焉沒兮。我
安適歸矣。于嗟徂兮。命之衰矣。遂餓死於首陽山。由此觀之。怨邪非邪。
或曰。天道無親。常與善人。若伯夷者。（本作若伯夷叔齊依困學紀聞改）可謂善人（依困學紀
聞滅者字）非邪。（索隱本作可謂善人者邪抑非也）積仁絜行如此而餓死。且七十子之徒。仲
尼獨薦顏淵爲好學。然回也屢空。糟糠不厭。而卒蚤夭。天之報施善人。
其如何哉。盜蹠日殺不辜。肝人之肉。（劉氏謂取人肉爲生肝說是）暴戾恣睢。（錢云睢睢二字
形聲皆別從劉音休季反者字當从目從鄒誕生音千餘反者字當从且）聚黨數千人。橫行天下。竟以壽終。

自君子疾沒世以下索隱正義皆言史公微見己之撰箸爲立名意其說是也此收束乃借閭巷之附人而傳者作結神遠而意深

是遵何德哉此其尤大彰較（本云彰明較著依索隱本滅明著二字）者也若至近世操行不軌犯忌諱而身逸樂（本云專犯忌諱而終身逸樂依索隱本刪專字終字）富厚累世不絕或擇地而蹈之時然後言（依索隱言上滅出字）行不由徑非公正不發憤而遇禍災者不可勝數也余甚惑焉儻所謂天道是邪非邪（索隱本作非邪是邪）子曰道不同不相爲謀亦各從其志也故曰富貴如可求雖執鞭之士吾亦爲之如不可求從吾所好歲寒然後知松柏之後凋舉世混濁淸士乃見豈以其重若彼其輕若此哉君子疾沒世而名不稱焉賈子曰貪夫徇財烈士徇名夸者死權衆庶每（每本作馮依鄒誕生本每者冒也冒即貪之義錢云每冒聲相近）生同明相照同類相求雲從龍風從虎聖人作而萬物覩伯夷叔齊雖賢得夫子而名益彰顏淵雖篤學附驥之尾（尾上依索隱補之字）而行益顯巖穴之士趨舍有時若此類名堙滅而不稱悲夫閭巷之人欲砥行立名者非附靑雲

之士惡能施於後世哉

某案此篇以各從其志爲主不憑載籍不恃天道不附靑雲惟求後世之名而已

伯夷列傳第一

唐順之云此傳縱橫自得非軌轍可尋蓋所謂神化者耶

張廉卿云此傳飛行絕迹超邁無前

史公敘知遇之感往往淋漓而醞至

生我父母二句用重筆鎮壓

管晏列傳第二

管仲夷吾者。潁上人也。少時常與鮑叔牙游。鮑叔知其賢。管仲貧困。常欺鮑叔。鮑叔終善遇之。不以爲言。已而鮑叔事齊公子小白。管仲事公子糾。及小白立爲桓公。公子糾死。管仲囚焉。鮑叔遂進管仲。管仲既用任政於齊。齊桓公以霸。九合諸侯。一匡天下。管仲之謀也。管仲曰吾始困時。嘗與鮑叔賈。分財利。多自與。鮑叔不以我爲貪。知我貧也。吾嘗爲鮑叔謀事。而更窮困。鮑叔不以我爲愚。知時有利不利也。吾嘗三仕三見逐於君。鮑叔不以我爲不肖。知我不遭時也。吾嘗三戰三走。鮑叔不以我爲怯。知我有老母也。公子糾敗。召忽死之。吾幽囚受辱。鮑叔不以我爲無恥。知我不羞小節。而恥功名不顯于天下也。生我者父母。知我者鮑子也。鮑叔既進管仲。以身下之。子孫世祿於齊。有封邑者十餘世。

天下二句上下脈絡此上言鮑叔知人此下言管仲之賢先攝起下文後收束上文此文字順逆法韓公與柳鄂州書行事適機宜風采可畏愛二語與此正同後文言行事適機宜前文言風采可畏愛

管仲既任政以下叙相齊謀略全用虛叙行文絕駿邁

張廉卿云文勢如決千仞之谿而縱之

桓公實怒少姬張廉卿云接換處純以神行

後百餘年句此合傳聯綴法史公屢用

此文以知人薦士為主而管晏勳業亦不肯脫略但

常為名大夫。天下不多管仲之賢。而多鮑叔能知人也。管仲既任政相齊。以區區之齊在海濱。通貨積財。富國彊兵。與俗同好惡。故其稱曰。倉廩實而知禮節。衣食足而知榮辱。上服度則六親固。四維不張。國乃滅亾。下令如流水之原。令順民心。故論卑而易行。俗之所欲。因而予之。俗之所否。因而去之。其為政也。善因禍而為福。轉敗而為功。貴輕重。慎權衡。桓公實怒少姬。南襲蔡。管仲因而伐楚。責包茅不入貢於周室。桓公實北征山戎。而管仲因而令燕修召公之政。於柯之會。桓公欲背曹沫之約。管仲因而信之。諸侯由是歸齊。故曰。知與之為取。政之寶也。管仲富侔（本作擬依通志改）於公室。有三歸反坫。齊人不以為侈。管仲卒。齊國遵其政。常彊於諸侯。後百餘年而有晏子焉。晏平仲嬰者。萊之夷維人也。事齊靈公莊公景公。以節儉力行重於齊。既相齊。食不重肉。妾不衣帛。其

賓主分明運筆輕重見作意耳

又就相御生一波以寄慨而以晏子之薦作收仍緬歸薦士本旨

在朝君語及之卽危言語不及之卽危行國有道卽順命無道卽衡命以此三世顯名於諸侯越石父賢在縲紲中晏子出遭之塗解左驂贖之載與歸（依通志增與字）弗謝入閨久之越石父請絕晏子戄然攝衣冠謝曰嬰雖不仁免子於厄何子求絕之速也石父曰不然吾聞君子詘於不知己而信於知己者方吾在縲紲中彼不知我也夫子既以感寤而贖我是知己知己而無禮固不如在縲紲之中晏子於是延入爲上客晏子爲齊相出其御之妻從門閒而闚其夫其夫爲相御擁大蓋策駟馬意氣揚揚甚自得也既而歸其妻請去夫問其故妻曰晏子長不滿六尺身相齊國名顯諸侯今者妾觀其出志念深矣常有以自下者今子長八尺乃爲人僕御然子之意自以爲足妾是以求去也其後夫自抑損晏子怪而問之御以實對晏子薦以爲大夫

書多有不論論其軼事此示後人翦裁法

收到知人薦士感歎又神韓公祭田橫文所自出

太史公曰吾讀管氏牧民山高乘馬輕重九府及晏子春秋詳哉其言之也既見其著書欲觀其行事故次其傳至其書世多有之是以不論論其軼事管仲世所謂賢臣然孔子小之豈以爲周道衰微桓公既賢而不勉之至王乃稱霸哉語曰將順其美匡救其惡故上下能相親也豈管仲之謂乎方晏子伏莊公尸哭之成禮然後去豈所謂見義不爲無勇者耶至其諫說犯君之顏此所謂進思盡忠退思補過者哉假令晏子而在余雖爲之執鞭所忻慕焉

某案此篇以知人薦士爲主故管晏事迹皆虛敘此爲文賓主之法也

此篇文家虛敘法又賓主輕重法

張廉卿云此文千變萬化不主故常洵可謂奇妙無匹矣

史記六十三

老子韓非列傳第三

老子者楚苦縣厲鄉曲仁里人也（邊韶老子銘云楚相縣人春秋之後相縣虛荒今屬苦在賴鄉之東渦水處其陽禮曾子問疏引史作陳國苦縣）姓李氏名耳（葛洪神仙傳名重耳）字聃（梁云呂覽作老耽索隱許慎云耽耳漫也故名耳字聃鄭曾子問注老聃古壽考者之號老子銘云聃然老耄之貌）周守藏室之史也孔子適周將問禮于老子老子曰子所言者其人與骨皆已朽矣獨其言在耳且君子得其時則駕不得其時則蓬累而行吾聞之良賈深藏若虛君子盛德容貌若愚去子之驕氣與多欲態色與淫志是皆無益于子之身吾所以告子若是而已孔子去謂弟子曰鳥吾知其能飛魚吾知其能游獸吾知其能走走者可以爲罔游者可以爲綸飛者可以爲矰至於龍吾不能知（知字句絕下文省乎字）其乘風雲而上天吾今日見老子其猶龍邪老子修道德其學以自隱無名爲務居周久之見周之衰迺遂去至關關令

因莫知其所終故後列數疑此句開下莊子記老聃之死而史公不據爲說者以莊多寓言不必其實錄也

或曰數語張廉卿云古雅澹宕

尹喜曰。子將隱矣。彊爲我著書。於是老子迺著書上下篇。言道德之意五千餘言而去。莫知其所終。（釋道宣廣宏明集辨惑篇云李叟生于厲鄉死於槐里莊生可爲實錄秦佚誠非妄論）或曰。老萊子亦楚人也。著書十五篇。言道家之用。與孔子同時云。蓋老子百有六十餘歲。或言二百餘歲。以其修道而養壽也。自孔子死之後百二十九年。（集解徐廣云實百一十九年）而史記周太史儋見秦獻公曰。始秦與周合而離。離五百歲而復合。合七十歲而霸王出者焉。或曰。儋卽老子。或曰非也。世莫知其然否。老子隱君子也。老子之子名宗。宗爲魏將。封於段干。宗子注。注子宮。宮玄孫假。（葛洪神仙傳引史宮作言假作瑕）假仕於漢孝文帝。而假之子解爲膠西王卬太傅。因家于齊焉。世之學老子者則絀儒學。儒學亦絀老子。道不同不相爲謀。豈謂是邪。李耳無爲自化。淸靜自正。莊子者。蒙人也。名周。周嘗爲蒙漆園吏。與梁惠王齊宣王同時。其學無所不闚然其要本歸於老子之言故其著書十餘萬言大抵率寓言也寓言索隱本作偶而音寓此古字之僅見者凡木偶土偶之字皆讀爲寓也率正義音律亦古音作漁父盜跖胠篋以詆訿孔子之徒以明老子之術畏累虛亢桑子亢桑子王劭本作庚桑此史文古字而劭以今字讀之也之屬皆空語無事實然善屬書離辭離讀攡藻如春華之攡魏都賦壯翼攡鏤於青霄攡鏤卽離婁景福殿所謂丹綺離婁是離攡通借字太玄之玄攡亦此字也指事類情用剽剝儒墨雖當世宿學不能自解免也其言洸洋索隱洋一作瀁自恣以適己故自王公大人不能器之楚威王聞莊周賢使使厚幣迎之許以爲相莊周笑謂楚使者曰千金重利卿相尊位也子獨不見郊祭之犧牛乎養食之數歲衣以文繡以入太廟當是之時雖欲爲孤豚豈可得乎子亟去無汚我我寧游戲汚瀆之中自快無爲有國者所羈終身不仕以快吾志焉申不害者京人也故鄭之賤臣學術以干韓昭侯昭侯用爲相內修政教外應諸侯

十五年。終申子之身。國治兵彊。無侵韓者。申子之學本於黃老而主刑名。著書二篇。號曰申子。韓非者。韓之諸公子也。喜刑名法術之學。而其歸本於黃老。非爲人口吃。不能道說。而善著書。與李斯俱事荀卿。斯自以爲不如非。非見韓之削弱。數以書諫韓王。韓王不能用。於是韓非疾治國不務修明其法制。執契（本作執勢案執勢不詞今依北宋本改）以御其臣下。富國彊兵。而以求人任賢。反舉浮淫之蠹。而加之於功實之上。以爲儒者用文亂法。而俠者以武犯禁。寬則寵名譽之人。急則用介冑之士。今者所養非所用。所用非所養。悲廉直不容於邪枉之臣。觀往者得失之變。故作孤憤五蠹內外儲說林說難十餘萬言。然韓非知說之難。爲說難書甚具。終死於秦。不能自脫。說難曰。凡說之難。非吾知之有以說之難也。又非吾辯之（之下依韓非減一難字）能明吾意之難也。又非吾敢橫失（橫失當依索隱引韓子作

(橫佚)能盡之難也。凡說之難。在知所說之心。可以吾說當之。所說出於爲名高者也。而說之以厚利。則見下節而遇卑賤。必棄遠矣。所說出於厚利者也。而說之以名高。則見無心而遠事情。必不收矣。所說實爲厚利。而顯爲名高者也。而說之以名高。則陽收其身。而實疏之。若說之以厚利。則陰用其言。而顯棄其身。此之不可不知也。夫事以密成。語(通志語作而中統本毛本同)以泄敗。未必其身泄之也。而語及其所匿之事。如是者身危。貴人有過端。而說者明言善議以推其惡者。則身危。周澤未渥也。而語極知。說行而有功。則德亾。說不行而有敗。則見疑。如是者身危。夫貴人得計而欲自以爲功。說者與知焉。則身危。彼顯有所出事。乃自以爲也。故(方侍郎王懷祖皆讀也爲他是也韓子正作他故字本作它)說者與知焉。則身危。彊之以其所必不爲。止之以其所不能已者。身危。故曰。與之論大人。則以爲閒己。與之論細人則以爲鬻權。索隱韓子鬻權作賣重錢云賣當爲說文賣衒也讀若育論其所愛則以爲借資。
論其所憎則以爲嘗己。徑省其辭則不知而屈之。知讀去聲謂聽者以爲不智也屈當依韓子作拙汎濫博文則多而久之。順事陳意則曰怯懦而不盡。慮事廣肆則曰草野而倨侮。此說之難。不可不知也。凡說之務。在知飾所說之所敬。敬者矜之借字韓子正作矜而滅其所醜。彼自知其計。則毋以其失窮之。自勇其斷。則毋以其敵怒之。自多其力。則毋以其難概之。規異事與同計。譽異人與同行者。則以飾之無傷也。有與同失者。則明飾其無失也。大忠無所拂悟辭。悟辭二字舊倒案索隱正義均以拂悟連文當從之大忠當依韓子作大意索隱已誤爲忠矣悟索隱作牾正義拂悟卽咈忤言無所擊排。乃後申其辯知焉。此所以親近不疑。知盡之難也。五字貫下爲文作得盡之辭者非是得曠日彌久。而周澤既渥。深計而不疑。交爭而不罪。乃明計利害以致其功。直指是非以飾其身。以此相持。此說之成也。伊尹爲庖。

百里奚爲虜。皆所由干其上也。故此二子者。皆聖人也。猶不能無役身而涉世如此其汙也。則非能仕之所設（當依韓子作非能士之所恥）也。宋有富人。天雨牆壞。其子曰。不築且有盜。其鄰人之父亦云。暮而果大亡其財。其家甚知其子。而疑鄰人之父。昔者鄭武公欲伐胡。乃以其子妻之。因問羣臣曰。吾欲用兵。誰可伐者。關其思曰。胡可伐。乃戮關其思曰。胡兄弟之國也。子言伐之。何也。胡君聞之。以鄭爲親己。而不備鄭。鄭人襲胡取之。此二說者。其知皆當矣。然而甚者爲戮。薄者見疑。非知之難也。處知則難矣。昔者彌子瑕見愛於衛君。衛國之法。竊駕君車者罪至刖。既而彌子之母病。人聞。往夜告之。彌子矯駕君車而出。君聞之而賢之曰。孝哉。爲母之故而犯刖罪。與君游果園。彌子食桃而甘。不盡而奉君。君曰。愛我哉。忘其口而念（通志念作食）我。及彌子色衰而愛弛。得罪於君。君曰。是嘗矯駕吾車。又嘗食我以其餘桃。故彌子之行。未變於初也。前見賢而後獲罪者。愛憎之至變也。故有愛於主。則知當而加親。見憎於主。則罪當而加疏。故諫說之士。不可不察愛憎之主而後說之矣。夫龍之爲蟲也。可擾狎而騎也。然其喉下有逆鱗徑尺。人有嬰之。則必殺人。人主亦有逆鱗。說之者能無嬰人主之逆鱗。則幾矣。人或傳其書至秦。秦王見孤憤五蠹之書。曰。嗟乎。寡人得見此人。與之游。死不恨矣。李斯曰。此韓非之所著書也。秦因急攻韓。韓王始不用非。及急。乃遣非使秦。秦王悅之。未信用。李斯姚賈害之。毀之曰。韓非。韓之諸公子也。今王欲并諸侯。非終爲韓。不爲秦。此人之情也。今王不用久留而歸之。此自遺患也。不如以過法誅之。秦王以爲然。下吏治非。李斯使人遺非藥。使自殺。韓非欲自陳。不得見。秦王後悔之。使人赦之。非已死矣。申子韓子皆著書傳於後世學者多有。余獨悲韓子爲說難。而不能自脫耳。
太史公曰。老子所貴道。虛無。無字句絕因應二字屬下讀 因應變化於無爲。故著書辭稱微妙難識。莊子散道德放論。要亦歸之自然。申子卑卑。施之於名實。韓子引繩墨。切事情。明是非。其極慘礉少恩。皆原於道德之意。而老子深遠矣。
某案此篇以自隱無名爲主老子所以猶龍也莊子得之申韓失之

老子韓非列傳第三

史記六十三

司馬穰苴列傳第四

司馬穰苴者田完之苗裔也齊景公時晉伐阿鄄鄄本作甄依通志御覽改案後孫子傳云臏生阿鄄之閒字正作鄄而燕侵河上齊師敗績景公患之晏嬰乃薦田穰苴曰穰苴雖田氏庶孽然其人文能附衆武能威敵願君試之景公召穰苴與語兵事大說之以爲將軍將兵扞燕晉之師穰苴曰臣素卑賤君擢之閭伍之中加之大夫之上士卒未附百姓不信人微權輕願得君之寵臣國之所尊以監軍乃可於是景公許之使莊賈往穰苴既辭與莊賈約曰旦日日中會於軍門穰苴先馳至軍立表下漏待賈賈素驕貴以爲將己之軍而己爲監不甚急親戚左右送之留飲日中而賈不至穰苴則仆表決漏入行軍勒兵申明約束約束既定夕時莊賈乃至穰苴曰何後期爲賈謝曰不佞大夫親戚送之故留穰苴曰將受命之日則

忘其家臨軍約束則忘其親援（正義援作揬）枹鼓之急則忘其身今敵國深侵邦內騷動士卒暴露於境君寢不安席食不甘味百姓之命皆懸於君何謂相送乎召軍正問曰軍法後期（本作期而後至四字御覽作後期二字是）者云何對曰當斬莊賈懼使人馳報景公請救既往未及反於是遂斬莊賈以徇三軍三軍之士皆振慄久之景公遣使者持節赦賈馳入軍中穰苴曰將在軍君令有所不受問軍正曰馳三軍法何正曰當斬使者大懼穰苴曰君之使不可殺之乃斬其僕車之左駙（索隱云駙當爲柎）馬之左驂以徇三軍遣使者還報然後行士卒次舍井竈飲食問疾醫藥身自拊循之悉取將軍之資糧享士卒身與士卒平分糧食最比其羸弱者三日而後勒兵病者皆求行爭奮出爲之赴戰晉師聞之爲罷去燕師聞之度水而解於是追擊之遂取所以封內故境而引兵歸未至國釋兵旅解

約束誓盟而後入邑景公與諸大夫郊迎勞師成禮然後反歸寢既見穰苴尊爲大司馬田氏日以益尊於齊已而大夫鮑氏高國之屬害之譖於景公景公退穰苴苴發疾而死田乞田豹之徒由此怨高國等其後及田常殺簡公盡滅高子國子之族至常曾孫和因自立爲齊威王用兵行威大放穰苴之法而諸侯朝齊齊威王使大夫追論古者司馬兵法而附穰苴於其中因號曰司馬穰苴兵法

太史公曰余讀司馬兵法閎廓深遠雖三代征伐未能竟其義如其文也亦少褒矣若夫穰苴區區爲小國行師何暇及司馬兵法之揖讓乎世既多司馬兵法以故不論著穰苴之列傳焉

某案此篇祗叙一事以田氏爲章法前幅來勢浩大如長江大河收束簡勁如懸崖勒奔馬退之謀篇多類此此熙甫所謂勁直也

管晏贊云至其書世多有之是以不論論其軼事老子韓非傳云申子韓子皆著書傳於後世學者多有余獨悲韓子爲說難而不能自脫耳司馬穰苴贊云世既多司馬兵法以故不論孫子吳起贊云孫子十三篇吳起兵法世多有故弗論論其行事所施設者凡此數事皆示後人爲文之法

孫子吳起列傳第五

孫子武者。齊人也。以兵法見於吳王闔廬。闔廬曰。子之十三篇。吾盡觀
之矣。可以小試勒兵乎。對曰。可。闔廬曰。可試以婦人乎。曰。可。於是許之。
出宮中美女得百八十人。孫子分為二隊。以王之寵姬二人。各為隊長。
皆令持戟。令之曰。汝知而心與左右手背乎。婦人曰。知之。孫子曰。前則
視心。左視左手。右視右手。後即視背。婦人曰。諾。約束既布。（本作畢依御覽改）乃
設鈇鉞。即三令五申之。於是鼓之右。婦人大笑。孫子曰。約束不明。申令
不熟。將之罪也。復三令五申而鼓之左。婦人復大笑。孫子曰。約束不明。
申令不熟。將之罪也。既已明而不如法者。吏士之罪也。乃欲斬左右隊
長。吳王從臺上觀。見且斬愛姬。大駭。趣使使下令曰。寡人已知將軍能
用兵矣。寡人非此二姬。食不甘味。願勿斬也。孫子曰。臣既已受命為將。

將在軍・君命有所不受・遂斬隊長二人以徇・用其次為隊長・於是復鼓之・婦人左右前後跪起・皆中規矩繩墨・無敢出聲・於是孫子使使報王曰・兵既整齊・王可試下觀之・惟王所欲用之・雖赴水火・猶可也・吳王曰將軍罷休舍・（舍上依通志減就字）寡人不願下觀・孫子曰・王徒好其言・不能用其實・於是闔廬知孫子能用兵・以卒為將・西破彊楚・入郢・北威齊晉・顯名諸侯・孫子與有力焉・孫武既死・後百餘歲有孫臏・臏生阿鄄之閒・臏亦孫武之後世子孫也・孫臏嘗與龐涓俱學兵法・龐涓既事魏・得為惠王將軍・而自以為能不及孫臏・乃陰使召孫臏・臏至・龐涓恐其賢於己・疾之・則以法刑斷其兩足而黥之・欲隱勿見・齊使者如梁・孫臏以刑徒陰見・說齊使・齊使以為奇・竊載與之齊・齊將田忌善而客待之・忌數與齊諸公子馳逐重射・孫子見其馬足不甚相遠・馬有上中下輩・於是孫子

爲後減竈作影

解趙圍亦與敗涓作勢

謂田忌曰君弟重射臣能令君勝田忌信然之與王及諸公子逐射千金及臨質孫子曰今以君之下駟與彼上駟取君上駟與彼中駟取君中駟與彼下駟既馳三輩畢而田忌一不勝而再勝卒得王千金於是忌進孫子於威王威王問兵法遂以爲師其後魏伐趙趙急請救於齊齊威王欲將孫臏臏辭謝曰刑餘之人不可於是乃以田忌爲將而孫子爲師居輜車中坐（坐當依文選注作主）爲計謀田忌欲引兵之趙孫子曰夫解雜亂紛糾者不控捲救鬭者不搏撠（胡身之云撠如漢書撠太后拕之撠師古曰謂拘持之也）批亢擣虛形格勢禁則自爲解耳今梁趙相攻輕兵銳卒必竭於外老弱罷於內君不若引兵疾走大梁據其街路衝其方虛彼必釋趙而自救是我一舉解趙之圍而收弊於魏也田忌從之魏果去邯鄲與齊戰於桂陵大破梁軍後十三年魏與趙攻韓韓告急於齊齊使田忌將而往直

走大梁。魏將龐涓聞之。去韓而歸。齊軍既已過而西矣。孫子謂田忌曰。彼三晉之兵。素悍勇而輕齊。齊號爲怯。善戰者因其勢而利導之。兵法百里而趣利者蹶上將。五十里而趣利者軍半至。使齊軍入魏地爲十萬竈。明日爲五萬竈。又明日爲三萬竈。龐涓行三日。大喜曰。我固知齊軍怯。入吾地三日。士卒亡者過半矣。乃棄其步軍。與其輕輓。（本作輕銳御覽作輕輓輓音亡辨反有形有音其不作銳明矣今據改）倍日并行逐之。孫子度其行。暮當至馬陵。馬陵道陝。而旁多阻隘。可伏兵。乃斫大樹白而書之曰。龐涓死于此樹之下。（通鑑無于字之字）於是令齊軍善射者萬弩。夾道而伏。期曰。暮見火舉而俱發。龐涓果夜至斫木下。見白書。乃鑽火燭之。讀其書未畢。齊軍萬弩俱發。魏軍大（通志大作士）亂相失。龐涓自知智窮兵敗。乃自剄曰。遂成豎子之名。齊因乘勝。盡破其軍。虜太子申以歸。孫臏以此名顯天下。世傳其兵法。

此所謂自喜名

正寫節廉自憙名

吳起者衛人也好用兵嘗學於曾子事魯君齊人攻魯魯欲將吳起吳起取齊女爲妻而魯疑之吳起於是欲就名遂殺其妻以明不與齊也魯卒以爲將將而攻齊大破之魯人或惡吳起曰起之爲人猜忍人也其少時家累千金游仕不遂遂破其家鄉黨笑之吳起殺其謗己者三十餘人而東出衛郭門與其母訣齧臂而盟曰起不爲卿相不復入衛門（依御覽增門字）遂事曾子居頃之其母死起終不歸曾子薄之而與起絕起乃之魯學兵法以事魯君魯君疑之起殺妻以求將夫魯小國而有戰勝之名則諸侯圖魯矣且魯衛兄弟之國也而君用起則是棄衛魯君疑之謝吳起吳起於是聞魏文侯賢欲事之文侯問李克曰吳起何如人哉李克曰起貪而好色然用兵司馬穰苴不能過也於是魏文侯以爲將擊秦拔五城起之爲將與士卒最下者同衣食臥不設席行不騎

乘親裹贏糧與士卒分勞苦卒有病疽者起爲吮之卒母聞而哭之人曰子卒也而將軍自吮其疽何哭爲母曰非然也往年吳公吮其父其父戰不旋踵遂死於敵吳公今又吮此（本作其依治要改）子妾不知其死所矣是以哭之文侯以吳起善用兵廉平盡能得士心乃以爲西河守以拒秦韓魏文侯既卒起事其子武侯武侯浮西河而下中流顧而謂吳起曰美哉乎山河之固此魏國之寶也起對曰在德不在險昔三苗氏左洞庭右彭蠡德義不修禹滅之夏桀之居左河濟右泰華伊闕在其南羊腸在其北修政不仁湯放之殷紂之國左孟門右太行常山在其北大河經其南修政不德武王殺之由此觀之在德不在險若君不修德舟中之人盡爲敵國也武侯曰善即封吳起爲西河守甚有聲名魏置相相田文吳起不悅謂田文曰請與子論功可乎田文曰可起曰將三

軍。使士卒樂死。敵國不敢謀。子孰與起。文曰。不如子。起曰。治百官。親萬民。實府庫。子孰與起。文曰。不如子。起曰。守西河而秦兵不敢東鄉。韓趙賓從。子孰與起。文曰。不如子。起曰。此三者。子皆出吾下。而位加吾上。何也。文曰。主少國疑。大臣未附。百姓不信。方是之時。屬之於子乎。屬之於我乎。起默然良久曰。屬之子矣。文曰。此乃吾所以居子之上也。吳起乃自知弗如田文。田文既死。公叔為相。尚魏公主。而害吳起。公叔之僕曰。起易去也。公叔曰。奈何。其僕曰。吳起為人節廉而自喜名。雜志依御覽減名字非是也。君因先與武侯言曰。夫吳起賢人也。而侯之國小。又與彊秦壤界。臣竊恐起之無留心也。武侯即曰。奈何。君因謂武侯曰。試延以公主。起有留心則必受之。無留心則必辭矣。以此卜之。君因召吳起而與歸。即令公主怒而輕君。吳起見公主之賤君也。則必辭。於是吳起見公主之賤魏相果辭魏武侯武侯疑之而弗信也吳起懼得罪遂去即之楚楚悼王素聞起賢至則相楚明法審令捐不急之官廢公族疏遠者以撫養戰鬭之士要在彊兵破馳說之言從橫者於是南平百越北并陳蔡郤三晉西伐秦諸侯患楚之彊故楚之貴戚盡（盡下依毛本減欲字）害吳起及悼王死宗室大臣作亂而攻吳起吳起走之王尸而伏之擊起之徒因射刺吳起并中悼王悼王既葬太子立乃使令尹盡誅射吳起而并中王尸者坐射起而夷宗死者七十餘家

太史公曰世俗所稱師旅皆道孫子十三篇吳起兵法世多有故弗論論其行事所施設者語曰能行之者未必能言能言之者未必能行孫子籌策龐涓明矣然不能蚤救患於被刑吳起說武侯以形勢不如德然行之於楚以刻暴少恩亡其軀悲夫

某案此篇以兵法爲主而各著其績效以爲章法叙孫武機軸與司馬穰苴篇略同皆前重後輕叙臏他事皆爲破涓作勢叙起他事皆爲相楚作勢

叙臏事以計謀爲主寫敗龐涓事有聲色有生氣

吳起欲就名遂殺妻此所謂自喜名

起之爲將一段正寫節廉自喜名　吮卒事旁面寫生　與武侯論地險見起本量

孫子吳起列傳第五

史記六十五

從無忌讒太子引脈著子胥始末關吳楚興亡是謂氣脈洪大又與後伯嚭事相映照

伍子胥列傳第六

伍子胥者。楚人也。名員。員父曰伍奢。員兄曰伍尚。其先曰伍舉。以直諫事楚莊王有顯。故其後世有名於楚。楚平王有太子名曰建。使伍奢爲太傅。費無忌爲少傅。（索隱左氏作無極 鄒云極忌聲相近）無忌不忠於太子建。平王使無忌爲太子取婦於秦。秦女好。無忌馳歸報平王曰。秦女絕美。王可自取。而更爲太子取婦。平王遂自取秦女而絕愛幸之。生子軫。更爲太子取婦。無忌既以秦女自媚於平王。因去太子而事平王。恐一旦平王卒而太子立。殺己。乃因讒太子建。建母蔡女也。無寵於平王。平王稍益疏建。使建守城父。備邊兵。頃之。無忌又日夜言太子短於王曰。太子以秦女之故。不能無怨望。願王少自備也。自太子居城父。將兵。（通志將作擁）外交諸侯。且欲入爲亂矣。平王乃召其太傅伍奢考問之。伍奢知無忌讒太子

員尙兄弟相語皆史公撰
出脣口如生不易學

於平王。因曰。王獨奈何以讒賊小臣。疏骨肉之恩（本作親依通志改）乎。無忌曰。王今不制。其事成矣。王且見禽。於是平王怒。囚伍奢而使城父司馬奮揚往殺太子。行未至。奮揚使人先告太子。太子急去。不然將誅。太子建以奔宋。無忌言於平王曰。伍奢有二子。皆賢。不誅且爲楚憂。可以其父質而召之。不然且爲楚患。王使使謂伍奢曰。能致汝二子則生。不能則死。伍奢曰。尙爲人仁。呼必來。員爲人剛戾忍訽。能成大事。彼見來之幷禽。其勢必不來。王不聽。使人召二子曰。來。吾生汝父。不來。今殺奢也。伍尙欲往。員曰。楚之召我兄弟。非欲以生我父也。恐有脫者後生患。故以父爲質。詐召二子。二子到。則父子俱死。何益父之死。往而令讎不得報耳。不如奔他國。借力以雪父之恥。俱滅無爲也。伍尙曰。我知往終不能全父命。然恨父召我以求生而不往。後不能雪恥。終爲天下笑耳。謂員

楚國苦兵二句逆攝後文

插入白公

可去矣。汝能報殺父之讎。我將歸死。尚既就執。使者捕伍胥。伍胥貫弓執矢嚮使者。使者不敢進。伍胥遂亡。聞太子建之在宋。往從之。奢聞子胥之亡也。曰。楚國君臣且苦兵矣。伍尚至楚。楚并殺奢與尚也。伍胥既至宋。宋有華氏之亂。乃與太子建俱奔於鄭。鄭人甚善之。太子建又適晉。晉頃公曰。太子既善鄭。鄭信太子。太子能爲我內應。而我攻其外。滅鄭必矣。滅鄭而封太子。太子乃還鄭。事未會。會自私欲殺其從者。從者知其謀。乃告之於鄭。鄭定公與子產誅殺太子建。建有子名勝。伍胥懼。乃與勝俱奔吳。到昭關。昭關欲執之。伍胥遂與勝獨身步走。幾不得脫。追者在後。至江。江上有一漁父乘船。知伍胥之急。乃渡伍胥。伍胥既渡。解其劍曰。此劍直百金。以與父。父曰。楚國之法。得伍胥者賜粟五萬石。爵執珪。豈徒百金劍邪。不受。伍胥未至吳而疾。止中道。乞食。至於吳。吳

楚平王五句提掇有嶺斷雲連之妙

初平王所奪五句此等處張廉卿謂之暸法蓋特牽揭以示人者也

王僚方用事•公子光爲將•伍胥乃因公子光以求見吳王•久之•楚平王以其邊邑鍾離與吳邊邑卑梁氏俱蠶•兩女子爭桑相攻•乃大怒•至於兩國舉兵相伐•吳使公子光伐楚•拔其鍾離居巢而歸•伍子胥說吳王僚曰•楚可破也•願復遣公子光•公子光謂吳王曰•彼伍胥父兄爲戮於楚•而勸王伐楚者•欲以自報其讎耳•伐楚未可破也•伍胥知公子光有內志•欲殺王而自立•未可說以外事•乃進專諸於公子光•退而與太子建之子勝耕於野•五年而楚平王卒•初平王所奪太子建秦女生子軫•及平王卒•軫竟立爲後•是爲昭王•吳王僚因楚喪•使二公子將兵往襲楚•楚發兵絕吳兵之後•不得歸•吳國內空•而公子光乃令專諸襲刺吳王僚而自立•是爲吳王闔廬•闔廬既立•得志•乃召伍員以爲行人•而與謀國事•楚誅其大臣郤宛伯州犁•（梁玉繩云伯州犁三字疑衍案通志伯州犁三字作伯氏者出四字然疑）

插入伯嚭

是鄭夾漈貶改未必史文如是吳世家亦云楚誅伯州犂史公當別有本徐廣謂郤宛爲伯州犂之子伯嚭爲郤宛之孫據楚世家云宛之宗姓伯氏子曰嚭此傳又云伯州犂之孫伯嚭則徐廣說非也

伯州犂之孫伯嚭亾奔吳。吳亦以嚭爲大夫。前王僚所遣二公子將兵伐楚者。道絕不得歸。後聞闔廬弒王僚自立。遂以其兵降楚。楚封之於舒。闔廬立二年。乃興師與伍胥伯嚭伐楚。拔舒。遂禽故吳反二將軍。因欲至郢。將軍孫武曰。民勞未可。且待之。乃歸。四年。吳伐楚。取六與灊。五年。伐越敗之。六年。楚昭王使公子囊瓦將兵伐吳。吳使伍員迎擊。大破楚軍於豫章。取楚之居巢。九年。吳王闔廬謂子胥孫武曰。始子言郢未可入。今果何如。二子對曰。楚將囊瓦貪。而唐蔡皆怨之。王必欲大伐之。必先得唐蔡乃可。闔廬聽之。悉興師與唐蔡伐楚。與楚夾漢水而陳。吳王之弟夫概將兵請從。王不聽。遂以其屬五千人擊楚將子常。子常敗走奔鄭。於是吳乘勝而前。五戰遂至郢。

子之報仇九何極哀憤

己卯。楚昭王出奔。庚辰。吳王入郢。昭王出亡。入雲夢。盜擊王。王走鄖。鄖公弟懷曰。平王殺我父。我殺其子。不亦可乎。鄖公恐其弟殺王。與王奔隨。吳兵圍隨。謂隨人曰周之子孫在漢川者楚盡滅之隨人欲殺王王子綦匿王。已自爲王以當之。隨人卜與王於吳。不吉乃謝吳不與王。始伍員與申包胥爲交。員之亡也。謝包胥曰。我必覆楚。包胥曰。我必存之。及吳兵入郢。伍子胥求昭王。既不得。乃掘楚平王墓。出其尸。鞭之三百。然後已。申包胥亡於山中。使人謂子胥曰。子之報讎。其以甚乎。吾聞之。人衆者勝天。天定亦能勝人。今子故平王之臣。親北面而事之。今至於僇死人。此豈其無天道之極乎。伍子胥曰。爲我謝申包胥曰。吾日暮途遠。吾故倒行而逆施之。於是申包胥走秦告急。求救於秦。秦不許。包胥立於秦廷。晝夜哭。七日七夜不絕其聲。秦哀公憐之曰。楚雖無道。有臣

敍吳去楚復爲文中關鍵

當是時五句極力頓挫結束

若是可無存乎乃遣車五百乘救楚擊吳六月敗吳兵於稷會吳王久留楚求昭王而闔廬弟夫槩乃亡歸自立爲王闔廬聞之乃釋楚而歸擊其弟夫槩夫槩敗走遂奔楚楚昭王見吳有內亂乃復入郢封夫槩於堂谿爲堂谿氏楚復與吳戰敗吳吳王乃歸後二歲闔廬使太子夫差將兵伐楚取番楚懼吳復大來乃去郢徙於鄀當是時吳以伍子胥孫武之謀西破彊楚北威齊晉南服越人其後四年孔子相魯後五年伐越越王句踐迎擊敗吳於姑蘇（正義姑蘇檇李之誤）傷闔廬指軍卻闔廬病創將死謂太子夫差曰爾忘句踐殺爾父乎夫差對曰不敢忘是夕闔廬死夫差既立爲王以伯嚭爲太宰習戰射二年後伐越敗越於夫湫（索隱湫音椒梁云湫椒古通用左傳椒鳴椒舉楚語幷作湫昭三年子服椒十三年作子服湫）越王句踐乃以餘兵五千人棲於會稽之上使大夫種厚幣遺吳太宰嚭以請和求委國爲臣妾

此始疏子胥也益訓漸見
穠記疏此句節奏

此下皆以嚭與子胥對舉
其愛信極殊甚句摹寫絕
工

吳王將許之。伍子胥諫曰。越王爲人能辛苦。今王不滅。後必悔之。吳王不聽。用太宰嚭計與越平。其後五年。而吳王聞齊景公死而大臣爭寵新君弱。乃興師北伐齊。伍子胥諫曰。句踐食不重味。弔死問疾。且欲有所用之也。此人不死。必爲吳患。今吳之有越猶人之有腹心疾也。而王不先越。而乃務齊。不亦謬乎。吳王不聽。伐齊大敗齊師於艾陵。遂滅鄒魯之君以歸。益疏子胥之謀。其後四年。吳王將北伐齊。越王句踐用子貢之謀。乃率其衆以助吳。而重寶以獻遺太宰嚭。太宰嚭既數受越賂。其愛信越殊甚。日夜爲言於吳王。吳王信用嚭之計。伍子胥諫曰。夫越腹心之病。今信其浮辭詐僞而貪齊。破齊。譬猶石田。無所用之。且盤庚之誥曰。有顛越不恭。劓殄滅之。俾無遺育。無使易種于茲邑。此商之所以興。願王釋齊而先越。若不然。後將悔之無及。而吳王不聽。使子胥於

此段憤恨之辭如新脫口
史公此等最精采

齊。子胥臨行。謂其子曰。吾數諫王。王不用。吾今見吳之亾矣。汝與吳俱亾。無益也。乃屬其子於齊鮑牧。而還報吳。吳太宰嚭既與子胥有隙。因讒曰。子胥爲人剛暴少恩。猜賊其怨望。恐爲深禍也。前日王欲伐齊。子胥以爲不可。王卒伐之。而有大功。子胥恥其計謀不用。乃反怨望。而今王又復伐齊。子胥專愎彊諫。沮毀用事。徒幸吳之敗。以自勝其計謀耳。今王自行。悉國中武力以伐齊。而子胥諫不用。因輟謝。詳病不行。王不可不備。此起禍不難。且嚭使人微伺之。其使於齊也。乃屬其子於齊之鮑氏。夫爲人臣。內不得意。外倚諸侯。自以爲先王之謀臣。今不見用。常鞅鞅怨望。願王早圖之。吳王曰。微子之言。吾亦疑之。乃使使賜伍子胥屬鏤之劍。曰。子以此死。伍子胥仰天歎曰。嗟乎。讒臣嚭爲亂矣。王乃反誅我。我令若父霸。自若未立時。諸公子爭立。我以死爭之於先王。幾不

寫子胥死事最慷慨感人

得立。若既得立。欲分吳國半與我。依通志國下增半字我顧不敢望也。然今若聽諛臣言以殺長者。乃告其舍人曰。必樹吾墓上以梓。令可以爲器。而抉吾眼。縣札記謂匡繆正俗縣作懸藝文初學幷同吳東門之上。正義東門鱔門謂鯀門也今名葑門錢云葑鯀聲相近古昔有重脣無輕脣故讀鯀如鱔以觀越寇之入滅吳也。乃自剄死。吳王聞之大怒。乃取子胥尸。盛以鴟夷革。浮之江中。吳人憐之。爲立祠於江上。因命曰胥山。顧炎武云姑胥山不知其所始字亦作姑蘇古胥蘇二字多通用左傳艾陵之戰胥門巢將上軍子胥未死已名爲胥門吳王既誅伍子胥。遂伐齊。齊鮑氏殺其君悼公而立陽生。吳王欲討其賊。不勝而去。其後二年。吳王召魯衞之君會之橐皋。其明年。因北大會諸侯於黃池。以令周室。越王句踐襲殺吳太子。破吳兵。吳王聞之。乃歸使使厚幣與越平。後九年。越王句踐遂滅吳。殺王夫差。而誅太宰嚭。以不忠於其君。而外受重賂。與己比周也。伍子胥初所與俱亾故楚太子建之子勝

末以白公事與子胥相發
誅子胥句隨手縈帶

者在於吳。吳王夫差之時。楚惠王欲召勝歸楚。葉公諫曰。勝好勇而陰求死士。殆有私乎。惠王不聽。遂召勝。使居楚之邊邑鄢。號爲白公。白公歸楚三年而吳誅子胥。白公勝既歸楚。怨鄭之殺其父。乃陰養死士求報鄭。歸楚五年。請伐鄭。楚令尹子西許之。兵未發而晉伐鄭。鄭請救於楚。楚使子西往救。與盟而還。白公勝怒曰。非鄭之仇。乃子西也。勝自礪劍。人問曰。何以爲。勝曰。欲以殺子西。子西聞之笑曰。勝如卵耳。何能爲也。其後四歲。白公勝與石乞襲殺楚令尹子西司馬子綦於朝。石乞曰。不殺王不可。乃劫之。雜志謂之字衍非也乃劫之三字爲句王如高府。石乞從者屈固負楚惠王亡走昭夫人之宮。葉公聞白公爲亂。率其國人攻白公。白公之徒敗。亡走山中自殺。而虜石乞。而問白公尸處。不言將亨。石乞曰。事成爲卿。不成而亨。固其職也。終不肯告其尸處。遂亨石乞。而求惠王復立之。
太史公曰。怨毒之於人甚矣哉。王者尙不能行之於臣下。況同列乎。向令伍子胥從奢俱死。何異螻蟻。棄小義。雪大恥。名垂於後世。悲夫。方子胥窘於江上。道乞食。志豈嘗須臾忘郢耶。故隱忍就功名。非烈丈夫孰能致此哉。白公如不自立爲君者。其功謀亦不可勝道者哉。

某案此篇以怨毒爲主

伍子胥列傳第六

仲尼弟子列傳第七　　史記六十七

孔子曰。受業身通者。七十有七人。皆異能之士也。德行。顏淵閔子騫冉伯牛仲弓。政事。冉有季路。言語。宰我子貢。文學。子游子夏。師也僻。參也魯。柴也愚。由也喭。回也屢空。賜不受命而貨殖焉。億則屢中。孔子之所嚴事。於周則老子。於衛。蘧伯玉。於齊。晏平仲。於楚。老萊子。於鄭。子產。於魯。孟公綽。數稱臧文仲柳下惠銅鞮伯華介山子。然孔子皆後之。不並世。

顏回者。魯人也。字子淵。少孔子三十歲。顏淵問仁。孔子曰。克己復禮。天下歸仁焉。孔子曰。賢哉回也。一簞食。一瓢飲。在陋巷。人不堪其憂。回也不改其樂。回也如愚。退而省其私。亦足以發。回也不愚。用之則行。舍之則藏。惟我與爾有是夫。回年二十九。髮盡白。蚤死。孔子哭之慟。曰。自吾有回門人益親。魯哀公問弟子孰爲好學。孔子對曰。有顏回者。好學。不遷怒。不貳過。不幸短命死矣。今也則亡。閔損字子騫。少孔子十五歲。孔子曰。孝哉閔子騫。人不閒於其父母昆弟之言。不仕大夫。不食汙君之祿。如有復我者。必在汶上矣。冉耕字伯牛。（梁云白水碑作百牛古字通白水碑開寶八年韓從訓脩倉頡廟碑陰列弟子姓名在白水也）孔子以爲有德行。伯牛有惡疾。孔子往問之。自牖執其手。曰。命也夫。斯人也。而有斯疾。命也夫。冉雍字仲弓。仲弓問政。孔子曰。出門如見大賓。使民如承大祭。在邦無怨。在家無怨。孔子以仲弓爲有德行。曰。雍也可使南面。仲弓父賤人。孔子曰。犁牛之子騂且角。雖欲勿用。山川其舍諸。冉求字子有。少孔子二十九歲。爲季氏宰。季康子問孔子曰。冉求仁乎。曰。千室之邑。百乘之家。求也可使治其賦。仁則吾不知也。復問子路仁乎。孔子對曰。如求。求問曰。聞斯行諸。子曰。行之。子路問聞斯行諸子曰有父兄在如之何其聞斯行之子華怪之敢問問同而答異（當依史詮引宋本無下五字）孔子曰求也退故進之由也兼人故退之仲由字子路卞人也少孔子九歲子路性鄙好勇力志伉直冠雄雞佩豭豚陵暴孔子孔子設禮稍誘子路子路後儒服委質因門人請爲弟子子路問政孔子曰先之勞之請益曰無倦子路問君子尚勇乎孔子曰義之爲上君子好勇而無義則亂小人好勇而無義則盜子路有聞未之能行惟恐有聞孔子曰片言可以折獄者其由也與由也好勇過我無所取才若由也不得其死然衣敝縕袍與衣狐貉者立而不恥者其由也與由也升堂矣未入於室也季康子問仲由仁乎孔子曰千乘之國可使治其賦不知其仁子路喜從遊遇長沮桀溺荷蓧丈人子路爲季氏宰季孫問曰子路可謂大臣與孔子曰可謂具臣矣子路爲蒲大夫

辭孔子。孔子曰。蒲多壯士。又難治。然吾語汝。恭以敬。可以執勇。寬以正。可以比衆。恭正以靜。可以報上。初。衞靈公有寵姬曰南子。靈公太子蕢聵。（錢云衞世家作蒯聵說文蕢頭蕆蕢也蕆正字蒯俗字蕢通用字）得過南子。懼誅出奔。及靈公卒。而夫人欲立公子郢。郢不肯。曰亡人太子之子輒在。於是衞立輒爲君。是爲出公。出公立十二年。其父蕢聵居外。不得入。子路爲衞大夫孔悝之邑宰。（五字錢[illegible]石校删）蕢聵乃與孔悝作亂。謀入孔悝家。遂與其徒襲攻出公。出公奔魯。而蕢聵入立。是爲莊公。方孔悝作亂。子路在外。聞之而馳往。遇子羔出衞城門。謂子路曰。出公去矣。而門已閉。子可還矣。毋空受其禍。子路曰。食其食者。不避其難。子羔卒去。有使者入城。城門開。子路隨而入。造蕢聵。蕢聵與孔悝登臺。子路曰。君焉用孔悝。請得而殺之。蕢聵弗聽。於是子路欲燔臺。蕢聵懼。乃下石乞壺黶（錢云左氏壺作盂盂壺聲相近梁云人表作狐）

黶御覽又作狐黯文選注又作盂黶攻子路擊斷子路之纓子路曰君子死而冠不免遂結纓而死孔子聞衛亂曰嗟乎由死矣已而果死故孔子曰自吾得由惡言不聞於耳是時子貢爲魯使於齊宰予字子我利口辨辭既受業問三年之喪不已久乎君子三年不爲禮禮必壞三年不爲樂樂必崩舊穀既沒新穀既升鑽燧改火期可已矣子曰於汝安乎曰安汝安則爲之君子居喪食旨不甘聞樂不樂故弗爲也宰我出子曰予之不仁也子生三年然後免於父母之懷夫三年之喪天下之通義也宰予晝寢子曰朽木不可雕也糞土之牆不可圬也宰我問五帝之德子曰予非其人也宰我爲臨菑大夫與田常作亂以夷其族孔子恥之端木賜索隱本作端沐云家語作木是古本史記皆作沐今多從家語改木失之衛人字子貢錢云說文贛賜也少孔子三十一歲子貢利口巧辭孔子常黜其辨問曰汝與回也孰愈對曰賜也

梁玉繩云或謂弟子傳皆短簡不繁獨子貢傳榛蕪不休疑後人闌入非史本文某案伍子胥傳云越王句踐用子貢之謀則史文蓋本有之

何敢望回回也聞一以知十賜也聞一以知二子貢既已受業問曰賜
何人也孔子曰汝器也曰何器也曰瑚璉也陳子禽問子貢曰仲尼焉
學子貢曰文武之道未墜於地在人賢者識其大者不賢者識其小者
莫不有文武之道夫子焉不學而亦何常師之有又問曰孔子適是國
必聞其政求之與抑與之與子貢曰夫子溫良恭儉讓以得之夫子之
求之也其諸異乎人之求之也子貢問曰富而無驕貧而無諂（通志二句互倒
當據改下文貧而樂道富而好禮亦先貧後富足證今論語本不誤）何如孔子曰可也不如貧而樂道富
而好禮也（依通志增也字）田常欲作亂於齊憚高國鮑晏故移其兵欲以伐魯
孔子聞之謂門弟子曰夫魯墳墓所處父母之國國危如此二三子何
為莫出子路請出孔子止之子張子石請行孔子弗許子貢請行孔子
許之遂行至齊說田常曰君之伐魯過矣夫魯難伐之國其城薄以卑

余向據伍子胥傳云越王句踐用子貢之謀謂史記本有存魯亂齊霸越事今再潛研史文此一段與前後又不一律當是褚少孫等補益非史之舊也後贊明言悉取論語弟子問幷次爲篇其不取此遊說雜記決矣伍傳云越用子貢之謀亦如楚趙世家贊所云楚刑中公趙任防與先生之類皆不見本事於文中者也

又案法言云亂而不解子貢恥諸說而不富貴儀秦恥諸溫公云考其年與事者不合蓋六國遊說之士託爲之辭太史公不加考訂因而記之子雲亦據史公書發此語據此則史公本有之不然子雲不據爲論也

其地狹以泄。其君愚而不仁。大臣僞而無用。其士民又惡甲兵之事。此不可與戰。君不如伐吳。夫吳城高以厚。地廣以深。甲堅以新。士選以飽。重器精兵盡在其中。又使明大夫守之。此易伐也。田常忿然作色曰。子之所難。人之所易。子之所易。人之所難。而以教常。何也。子貢曰。臣聞之。憂在內者攻彊。憂在外者攻弱。今君憂在內。吾聞君三封而三不成者。大臣有不聽者也。今君破魯以廣齊。戰勝以驕主。破國以尊臣。而君之功不與焉。則交日疏於主。是君上驕主心。下恣羣臣。求以成大事。難矣。夫上驕則恣。臣驕則爭。是君上與主有郤。下與大臣交爭也。如此則君之立於齊危矣。故曰不如伐吳。伐吳不勝。民人外死。大臣內空。是君上無彊臣之敵。下無民人之過。孤主制齊者唯君也。田常曰。善。雖然吾兵業已加魯矣。去而之吳。大臣疑我。奈何。子貢曰。君按兵無伐。臣請往使吳王。令之救魯而伐齊。君因以兵迎之。田常許之。使子貢南見吳王。說曰。臣聞之。王者不絶世。霸者無彊敵。千鈞之重。加銖兩而移。今以萬乘之齊。而私千乘之魯。與吳爭彊。竊爲王危之。且夫救魯。顯名也。伐齊。大利也。以撫泗上諸侯。誅暴齊以服彊晉。利莫大焉。名存亾魯。實困彊齊。智者不疑也。吳王曰。善。雖然吾嘗與越戰。棲之會稽。越王苦身養士。有報我心。子待我伐越而聽子。子貢曰。越之勁不過魯。吳之彊不過齊。王置齊而伐越。則齊已平魯矣。且王方以存亾繼絶爲名。夫伐小越而畏彊齊。非勇也。夫勇者不避難。仁者不窮約。智者不失時。王者不絶世。以立其義也。（依通志補也字）今存越。示諸侯以仁。救魯伐齊。威加晉國。諸侯必相率而朝吳。霸業成矣。且王必惡越。臣請東見越王。令出兵以從。此實空越。名從諸侯以伐也。吳王大說。乃使子貢之越。越王除道郊迎。身御至舍而問曰此蠻夷之國大夫何以儼然辱而臨之子貢曰今者吾說吳王以救魯伐齊其志欲之而畏越曰待我伐越乃可如此破越必矣且夫無報人之志而令人疑之拙也有報人之意使人知之殆也事未發而先聞危也三者舉事之大患句踐頓首再拜曰孤嘗不料力乃與吳戰困於會稽痛入於骨髓日夜焦脣乾舌徒欲與吳王接踵而死孤之願也遂問子貢子貢曰吳王爲人猛暴羣臣不堪國家敝於數戰士卒弗忍百姓怨上大臣內變子胥以諫死太宰嚭用事順君之過以安其私是殘國之治也今王誠發士卒佐之以徼其志重寶以說其心卑辭以尊其禮其伐齊必也彼戰不勝王之福矣戰勝必以兵臨晉臣請北見晉君令共攻之弱吳必矣其銳兵盡於齊重甲困於晉而王制其敝此滅吳必矣越王大說許諾送子貢金百鎰劍一良矛二子貢不受遂

行報吳王曰臣敬以大王之言告越王越王大恐曰孤不幸少失先人內不自量抵罪於吳軍敗身辱棲於會稽國爲虛莽賴大王之賜使得奉俎豆而修祭祀死不敢忘何謀之敢慮後五日越使大夫種頓首言於吳王曰東海役臣孤句踐使者臣種敢修下吏問於左右今竊聞大王將興大義誅彊救弱困暴齊而撫周室請悉起境內士卒三千人孤請自被堅執銳以先受矢石因越賤臣種奉先人藏器甲二十領鈇（當依索隱校刪鈇字）屈盧之矛步光之劍以賀軍吏吳王大說以告子貢曰越王欲身從寡人伐齊可乎子貢曰不可夫空人之國悉人之衆又從其君不義君受其幣許其師而辭其君吳王許諾乃謝越王於是吳王乃遂發九郡兵伐齊子貢因去之晉謂晉君曰臣聞之慮不先定不可以應卒兵不先辨不可以勝敵今夫齊與吳將戰彼戰而不勝越亂之必矣與

齊戰而勝。必以其兵臨晉。晉君大恐曰。爲之奈何。子貢曰。修兵休卒以待之。晉君許諾。子貢去而之魯。吳王果與齊人戰於艾陵。大破齊師。獲七將軍之兵而不歸。果以兵臨晉。與晉相遇黃池。依索隱刪人字之上字吳晉爭彊。晉人擊之。大破吳師。越王聞之。涉江襲吳。去城七里而軍。吳王聞之去晉而歸。與越戰於五湖。三戰不勝。城門不守。越遂圍王宮。殺夫差而戮其相。破吳三年。東向而霸。故子貢一出。存魯。亂齊。破吳。彊晉而霸越。子貢一使。使勢相破。十年之中。五國各有變。子貢好廢舉。與時轉貨貲。喜揚人之美。不能匿人之過。常相魯衛。家累千金。卒終于齊。言偃。梁云偃說文作㫃旌旗之游也作偃者因聲借用吳人。字子游。少孔子四十五歲。子游既已受業。爲武城宰。孔子過。聞弦歌之聲。孔子莞爾而笑曰。割雞焉用牛刀。子游曰。昔者偃聞諸夫子曰。君子學道則愛人。小人學道則易使。孔子曰。二三子偃之言是也。前言戲之耳。孔子以爲子游習於文學。卜商字子夏。少孔子四十四歲。子夏問巧笑倩兮。美目盼兮。素以爲絢兮。何謂也。子曰。繪事後素。曰。禮後乎。孔子曰。商始可與言詩已矣。子貢問師與商孰賢。子曰。師也過。商也不及。然則師愈與。曰。過猶不及。子謂子夏曰。汝爲君子儒。無爲小人儒。孔子既沒。子夏居河西教授。弟子三百人。此五字據後漢書徐防傳注引增爲魏文侯師。其子死。哭之失明。顓孫師。鄭注檀弓中祥云太史公傳子張姓顓孫今曰中祥周秦之聲二者相近未聞孰是陳人。字子張。少孔子四十八歲。子張問干祿。孔子曰。多聞闕疑。愼言其餘。則寡尤。多見闕殆。愼行其餘。則寡悔。言寡尤。行寡悔。祿在其中矣。他日從在陳蔡閒。困。問行。孔子曰。言忠信。行篤敬。雖蠻貊之國行也。言不忠信。行不篤敬。雖州里行乎哉。立則見其參於前也。在輿。則見其倚於衡。夫然後行。子張書諸紳。子張問士何如斯可謂之達矣。孔子曰。何哉爾所謂達者。子張對曰。在國必聞。在家必聞。孔子曰。是聞也。非達也。夫達者。質直而好義。察言而觀色。慮以下人。在國及家必達。夫聞也者。色取仁而行違。居之不疑。在國及家必聞。曾參南武城人。字子輿。白水碑字子與少孔子四十六歲。孔子以為能通孝道。故授之業。作孝經。死於魯。澹臺滅明。武城人。字子羽。少孔子三十九歲。狀貌甚惡。梁云韓子顯學謂子羽有君子之容欲事孔子。孔子以為材薄。既已受業。退而修行。行不由徑。非公事不見卿大夫。南游至江。從弟子三百人。設取予去就。名施乎諸侯。孔子聞之。曰。吾以言取人。失之宰予。以貌取人。失之子羽。宓不齊字子賤。顏氏家訓書證篇孔子弟子虙子賤即虙羲之後俗字為宓或復加山今兗州永昌郡城東門有子賤碑漢世所立云濟南伏生即子賤之後是知虙之與伏古來通字誤以為宓較可知矣少孔子四十九歲。孔子謂子賤。君子哉。魯無君子。斯焉取斯。子賤為單父宰。反命於孔子曰。此國有賢不齊者五人教不齊所以治者孔子曰惜哉不齊所治者小所治者大則庶幾矣原憲字子思子思問恥孔子曰國有道穀國無道穀恥也子思曰克伐怨欲不行焉可以爲仁乎孔子曰可以爲難矣仁則吾弗知也孔子卒原憲亾在草澤中子貢相衞而結駟連騎排藜藿入窮閻過謝原憲憲攝敝衣冠見子貢子貢恥之曰夫子豈病乎原憲曰吾聞之無財者謂之貧學道而不能行者謂之病若憲貧也非病也子貢慚不懌而去終身恥其言之過也公冶長齊人字子長論語釋文引家語長字子張索隱引家語名萇字子長又引范甯云字子芝白水碑云字子之梁云古芝與之同字萇長古通靈帝紀帝父名萇河閒王開傳作長晉志范陽國長鄉縣魏志作萇鄉敬使君碑題名以長社爲萇社孔子曰長可妻也雖在累紲之中非其罪也以其子妻之南宮括字子容問孔子曰羿善射奡盪舟俱不得其死然禹稷躬稼而有天下孔子弗答容出孔子曰君子哉若人上德哉若人國有道不

廢國無道免於刑戮三復白圭之玷以其兄之子妻之公皙哀[梁云皙與析通]
[左傳蛾析鄧析釋文作蛾皙鹽鐵論作鄧皙樊敏碑皙爲韓魏]字季次孔子曰天下無行多爲家臣仕
於都惟季次未嘗仕曾蒧字皙[梁云白水碑字子皙皙析古通借]侍孔子孔子曰言爾
志蒧曰春服既成冠者五六人童子六七人浴乎沂風乎舞雩詠而歸[饋]
孔子喟爾歎曰吾與蒧也顏無繇字路路者顏回父父子嘗各異時事
孔子顏回死顏路貧請孔子車以葬孔子曰材不材亦各言其子也鯉
也死有棺而無槨吾不徒行以爲之槨以吾從大夫之後不可以徒行
商瞿魯人字子木少孔子二十九歲孔子傳易於瞿瞿傳楚人馯臂子
弘[索隱正義皆作弘韓公引作弓]弘傳江東人矯子庸疵[漢傳疵作庇]疵傳燕人周子家豎
[漢傳豎作醜]豎傳淳于人光子乘羽[漢傳淳于作東武乘羽作孫虞]羽傳齊人田子莊何何
傳東武人王子中同同傳菑川人楊何何元朔中以治易爲漢中大夫

高柴字子羔（檀弓疏引史作子臯魯峻碑作子高梁云羔臯古通用臯又與高通左傳魯人之臯呂覽引作高惠氏云高臯通）少孔子三十歲子羔長不盈五尺受業孔子孔子以爲愚子路使子羔爲費郈宰孔子曰賊夫人之子子路曰有民人焉有社稷焉何必讀書然後爲學孔子曰是故惡夫佞者漆彫開（藝文志人表作漆雕啓）字子開孔子使開仕對曰吾斯之未能信孔子說公伯僚（索隱作繚）字子周周愬子路於季孫子服景伯以告孔子曰夫子固有惑志僚也吾力猶能肆諸市朝孔子曰道之將行命也道之將廢命也公伯僚其如命何司馬耕字子牛牛多言而躁問仁於孔子孔子曰仁者其言也訒曰其言也訒斯可謂之仁乎子曰爲之難言之得無訒乎問君子子曰君子不憂不懼曰不憂不懼斯可謂之君子乎子曰內省不疚夫何憂何懼樊須字子遲少孔子三十六歲樊遲請學稼孔子曰吾不如老農請學圃曰吾不如老

圖。樊遲出。孔子曰。小人哉樊須也。上好禮。則民莫敢不敬。上好義。則民莫敢不服。上好信。則民莫敢不用情。夫如是則四方之襁。民負其子而至矣。焉用稼。樊遲問仁。子曰。愛人。問智。曰知人。有若少孔子四十三歲。有若曰。禮之用。和爲貴。先王之道。斯爲美。小大由之。有所不行。知和而和。不以禮節之。亦不可行也。信近於義。言可復也。恭近於禮。遠恥辱也。因不失其親。亦可宗也。孔子既沒。弟子思慕。有若狀似孔子。弟子相與共立爲師。李維楨云弟子慕師之切如孔北海見虎賁中郎將如對蔡邕師之如夫子時也。他日弟子進問曰。昔夫子當行。使弟子持雨具。已而果雨。弟子問曰。夫子何以知之。夫子曰。詩不云乎。月離于畢。俾滂沱矣。昨暮月不宿畢乎。他日月宿畢。竟不雨。商瞿年長無子。其母爲取室。孔子使之齊。瞿母請之。孔子曰。無憂。瞿年四十後。當有五丈夫子。已而果然。敢問夫子何以知此。有若默然無以應。弟子起曰。有子避之。此非子之座也。公西赤。字子華。少孔子四十二歲。子華使於齊。冉有爲其母請粟。孔子曰。與之釜。請益。曰與之庾。冉子與之粟五秉。孔子曰。赤之適齊也。乘肥馬。衣輕裘。吾聞君子周急不繼富。巫馬施。字子旗。（梁云說文施旗也故齊欒施字子旗旗期古通左傳令尹子旗楚語作子期左傳子期呂覽作子旗戰國策中期魏世家作中旗）少孔子三十歲。陳司敗問孔子曰。魯昭公知禮乎。孔子曰。知禮。退而揖巫馬旗曰。吾聞君子不黨。君子亦黨乎。魯君娶吳女爲夫人。命之爲孟子。孟子姓姬。諱稱同姓。故謂之孟子。魯君而知禮。孰不知禮。施以告孔子。孔子曰。丘也幸。苟有過。人必知之。臣不可言君親之惡。爲諱者禮也。梁鱣。（鯉）字叔魚。少孔子二十九歲。顏幸。（宋史禮志作顏辛禮記有顏柳）字子柳。少孔子四十六歲。冉孺。字子魯。（白水碑字子曾）少孔子五十歲。曹卹。字子循。少孔子五十歲。伯虔。字子析。（白水碑作子哲）少孔子五十歲。公孫龍。

白水碑作公孫龍石字子石。少孔子五十三歲。

自子石已右三十五人。頗有年名。頗本作顯王本毛本均作頗是通志年作能誤及受業聞見于書傳。其四十有二人。無年。及不見書傳者。紀于左。

冉季字子產。公祖句茲。字子之。白水碑作公祖句字茲之秦祖。字子南。漆雕哆。字子斂。魯峻壁作求子斂洪云求黍之省文顏高。世家人表幷作顏刻論語釋文云或作亥字子驕。漆雕徒父。白水碑作漆雕期壤駟赤。廣韻壤駟複姓字子從。商澤。索隱本作石高澤石作蜀。廣韻石作複姓字子明。任不齊。字選。公良孺。鄒誕生本作公襄儒字子正。后處。字子里。秦冉。白水碑作秦寃字開。公夏首。通典首作守字乘。奚容蒧。字子皙。公堅定。梁云禮記有公肩假字子中。顏祖。通志祖作祖家語作顏相字襄。鄡單。字子家。魯峻壁作子象句井彊。通志井作幷罕父黑。字子索。秦商。字子丕。申黨。論語釋文引史記作申棠引鄭注作申續禮殿圖作申儻隸釋王政碑申棠之欲白水碑作字子續梁云索隱本作申堂詩侯我乎堂鄭箋堂當爲棖困學紀聞引家語作績續通左傳遠績禹功文選注引作遠續穀梁伯尊無績釋文或作續字周。

顏之僕。字叔。榮旂。字子祈。（通典作榮子期）縣成。（風俗通作縣成父）字子祺。（魯峻壁作子期）左人郢。（廣韻左人複姓）字行。燕伋。字思。鄭國。字子徒。秦非。字子之。施之常。字子恒。顏噲。（白水碑作顏會）字子聲。步叔乘。（廣韻作少叔）字子車。原亢籍。樂欬。字子聲。廉絜。字庸。叔仲會。（白水碑作款仲會）字子期。（魯峻壁作子其梁云期其古通武梁祠以樊於期爲於其）顏何。字冉。狄黑。（白水碑作沪黑）字皙。邦巽。（索隱本作邦巽據文翁圖作國選則邦字是）字子斂。（白水碑字子欽）孔忠。公西輿如。（白水碑作公西與通典作與如）字子上。公西蒧。（索隱通考作公西箴家語作減唐志作藏梁云蒧通作點遂省借用之說文言古人名蹏字皙可證）字子上。

太史公曰。學者多稱七十子之徒。譽者或過其實。毀者或損其眞。鈞之未覩厥容貌。則論言弟子籍。出孔氏古文近是。余以弟子名姓文字悉取論語弟子問。并次爲篇。疑者闕焉。

某案此篇以論語弟子問爲主

仲尼弟子列傳第七

史記六十七

刑名之學爲商君事業本源事魏相爲後破魏張本史公文往往開門見山如此等是也

惠王既去六句極力反振

商君列傳第八

商君者。衛之諸庶孼公子也。名鞅。姓公孫氏。其祖本姬姓也。鞅少好刑名之學。事魏相公叔痤。梁云索隱痤音在戈反魏策及呂子皆作痤古通用春秋宋世子痤穀梁作座魏策范痤人表作座六國表楚世家徐廣作痤隸釋孟郁脩堯廟碑跋云广之類多從疒也爲中庶子。梁云國策及呂子皆云御庶子公叔痤知其賢。未及進。會痤病。魏惠王親往問病。曰。公叔病有如不可諱。將柰社稷何。公叔曰。痤之中庶子公孫鞅。年雖少。有奇才。願王舉國而聽之。王嘿然。王且去。痤屏人言曰。王即不聽用鞅。必殺之。無令出境。王許諾而去。公叔痤召鞅謝曰。今者王問可以爲相者。我言若。王色不許我。我方先君後臣。因謂王即弗用鞅。當殺之。王許我。汝可疾去矣。且見禽。鞅曰。彼王不能用君之言任臣。又安能用君之言殺臣乎。卒不去。惠王既去。而謂左右曰。公叔病甚。悲乎。欲令寡人以國聽公孫鞅也。豈不

此上書魏不能用爲後破魏張本

悖哉・公叔既死・公孫鞅聞秦孝公下令國中・求賢者・將修繆公之業・東復侵地・迺遂西入秦・因孝公寵臣景監・以求見孝公・孝公既見衛鞅・語事良久・孝公時時睡・弗聽・罷而孝公怒景監曰・子之客妄人耳・安足用邪・景監以讓衛鞅・衛鞅曰・吾說公以帝道・其志不開悟矣・後五日・復求見鞅・鞅復見孝公・益愈・然而未中旨・罷而孝公復讓景監・景監亦讓鞅・鞅曰・吾語公以王道・而未入也・請復見鞅・鞅復見孝公・孝公善之而未用也・罷而去・孝公謂景監曰・汝客善可與語矣・鞅曰・吾說公以霸道・其意欲用之矣・誠復見我・我知之矣・衛鞅復見孝公・公與語・不自知厀之前於席也・語數日不厭・景監曰・子何以中吾君・吾君之驩甚也・鞅曰・吾說君以帝王之道比三代・而君曰・久遠・吾不能待・且賢君者・各及其身顯名天下・安能邑邑待數十百年以成帝王乎・故吾以彊國之術說君・

以上說秦而合爲下變法張本

君大說之耳。然亦難以比德於殷周矣。孝公既用衛鞅。鞅（王云鞅字衍）欲變法。恐天下議己。衛鞅曰。疑行無名。疑事無功。且夫有高人之行者。固見非於世。有獨知之慮者。必見敖於民。（後漢書上何見作負敖作謷李賢注謷猶惡也索隱引商君書云非作負敖作驁皆傳寫誤。）愚者闇於成事。知者見於未萌。民不可與慮始。而可與樂成。論至德者不和於俗。成大功者不謀於衆。是以聖人苟可以彊國。不法其故。苟可以利民。不循其禮。孝公曰。善。甘龍曰。不然。聖人不易民而教。知者不變法而治。因民而教。不勞而成功。緣法而治者。吏習而民安之。衛鞅曰。龍之所言。世俗之言也。常人安於故俗。學者溺於所聞。以此兩者居官守法可也。非所與論於法之外也。三代不同禮而王。五伯不同法而霸。智者作法。愚者制焉。賢者更禮。不肖者拘焉。杜摯曰。利不百。不變法。功不十。不易器。法古無過。循禮無邪。衛鞅曰。治世不一道。便國不法古故湯武不循古而王夏殷不易禮而亾反古者不可非而循禮者不足多孝公曰善以衛鞅爲左庶長卒定變法之令令民爲什伍而相牧（牧本作收依索隱改）司連坐不告姦者腰斬告姦者與斬敵首同賞匿姦者與降敵同罰民有二男以上不分異者倍其賦有軍功者各以率受上爵爲私鬭者各以輕重被刑大小僇力本業耕織致粟帛多者復其身事末利及怠而貧者舉以爲收孥宗室非有軍功論不得爲屬籍明尊卑爵秩等級各以差次名田宅臣妾衣服以家次有功者顯榮無功者雖富無所芬華令既具未布恐民之不信已乃立三丈之木於國都市南門募民有能徙置北門者予十金民怪之莫敢徙復曰能徙者予五十金有一人徙之輒予五十金以明不欺卒下令令行於民朞年秦民之國都言初令之不便者以千數於是太子犯法衛鞅曰法之不行自

此處插敘降魏安邑一事為下破魏引脈

以上言變法

上犯之。將法太子。太子君嗣也。不可施刑。刑其傅公子虔。黥其師公孫賈。明日秦人皆趨令。行之十年。秦民大說。道不拾遺。山無盜賊。家給人足。民勇於公戰。怯於私鬭。鄉邑大治。秦民初言令不便者。有來言令便者。衛鞅曰。此皆亂法（本作化依通鑑改）之民也。盡遷之於邊。（邊下依通鑑刪城字）其後民莫敢議令。於是以鞅為大良造。將兵圍魏安邑。降之。居三年。作為築冀闕宮庭於咸陽。（句有訛衍董份云既云作為又云築恐有衍字）秦自雍徙都之。而令民父子兄弟同室內息者為禁。而集小都鄉邑聚為縣。置令丞。凡三十一縣。為田開阡陌封疆。而賦稅平。平斗桶權衡丈尺。行之四年。公子虔復犯約。劓之。居五年。秦人富彊。天子致胙於孝公。（注周室歸藉索隱藉音胙字合作胙誤為藉耳錢云藉胙聲相近）諸侯畢賀。其明年。齊敗魏兵於馬陵。虜其太子申。殺將軍龐涓。其明年。衛鞅說孝公曰。秦之與魏。譬若人之有腹心疾。非魏并秦。秦即并魏。

張廉卿云入魏惠王一段如龍之見於天半而迴其首別饒興象此所謂妙遠不測

以上言破魏

自此以前敘商君之盛以下敘其衰相秦十年三句

何者魏居領阨之西都安邑與秦界河而獨擅山東之利利則西侵秦病則東收地今以君之賢聖國賴以盛而魏往年大破於齊諸侯畔之可因此時伐魏魏不支秦必東徙東徙秦據河山之固東鄉以制諸侯此帝王之業也孝公以為然使衛鞅將而伐魏魏使公子卬將而擊之軍既相距衛鞅遺魏將公子卬書曰吾始與公子驩今俱為兩國將不忍相攻可與公子面相見盟樂飲而罷兵以安秦魏魏公子卬以為然會盟已飲而衛鞅伏甲士而襲虜魏公子卬因攻其軍盡破之以歸秦魏惠王兵數破於齊秦國內空日以削恐乃使使割河西之地獻於秦以和而魏遂去安邑徙都大梁梁惠王曰寡人恨不用公叔痤之言也衛鞅既破魏還秦封之於商十五邑通鑑注引裴駰曰商於之地在今順陽郡南鄉丹水二縣有商城在於中故謂之商於此條當是此文集解今脫號為商君商君相秦十年宗室貴戚多怨望者

爲轉捩關鍵

商君功業叙次簡勁而後半但載趙良之言以平議之爲獲禍作勢運實於虛氣體駿邁無匹霍光傳所自出也

趙良見商君。商君曰。鞅之得見也從孟蘭皋、今鞅請得交。可乎。趙良曰。僕弗敢願也。孔丘有言曰。推賢而戴者進。聚不肖而王者退。僕不肖。故不敢受命。僕聞之曰。非其位而居之曰貪位。非其名而有之曰貪名。僕聽君之義。則恐僕貪位（通志無貪位二字）貪名也。故不敢聞命。商君曰。子不說吾治秦與。趙良曰。反聽之謂聰。內視之謂明。自勝之謂彊。虞舜有言曰。自卑也尙矣。君不若道虞舜之道。無爲問僕矣、商君曰。始秦戎翟之教。父子無別。同室而居。今我更制其教。而爲其男女之別。大築冀闕。營如魯衞矣。子觀我治秦也。孰與五羖大夫賢。趙良曰。千羊之皮。不如一狐之掖。千人之諾諾。不如一士之諤諤。武王諤諤以昌。殷紂墨墨以亡。君若不非武王乎。則僕請終日正言而無誅。可乎。商君曰。語有之矣、貌言華也。至言實也。苦言藥也。甘言疾也。夫子果肯終日正言。鞅之藥也。鞅將事子。子又何辭焉。趙良曰。夫五羖大夫。荊之鄙人也。聞秦繆公之賢。而願望見。行而無資。自粥於秦客。被褐食牛。期年。繆公知之。舉之牛口之下。而加之百姓之上。秦國莫敢望焉。相秦六七年。而東伐鄭。三置晉國之君。一救荊國之禍。發教封內。而巴人致貢。施德諸侯。而八戎來服。由余聞之。款關請見。五羖大夫之相秦也。勞不坐乘。暑不張蓋。行於國中。不從車乘。不操干戈。功名藏於府庫。德行施於後世。五羖大夫死。秦國男女流涕。童子不歌謠。舂者不相杵。此五羖大夫之德也。今君之見秦王也。因嬖人景監以爲主。非所以爲名也。相秦不以百姓爲事。而大築冀闕。非所以爲功也。刑黥太子之師傅。殘傷民以駿刑。是積怨畜禍也。教之化民也深於命。民之效上也捷於令。今君又左建外易。非所以爲教也。君又南面而稱寡人。日繩秦之貴公子。詩曰。相鼠有體。人而無

牧變法

禮人而無禮何不遄死以詩觀之非所以爲壽也公子虔杜門不出已八年矣君又殺祝懽而黥公孫賈詩曰得人者興失人者崩此數事者非所以得人也君之出也後車十數從車載甲多力而駢脅者爲驂乘持矛而操闟戟者索隱闟一作鈒蓋同聲假借旁車而趨此一物不具君固不出書曰恃德者昌恃力者亡君之危若朝露尚將欲延年益壽乎則何不歸十五都灌園於鄙勸秦王顯巖穴之士養老存孤敬父兄序有功尊有德可以少安君尚將貪商於之富寵秦國之教畜百姓之怨秦王一旦捐賓客而不立朝秦國之所以收君者豈其微哉亡可翹足而待商君弗從後五月而秦孝公卒太子立公子虔之徒告商君欲反發吏捕商君商君亡至關下欲舍客舍客人不知其是商君也曰商君之法舍人無驗者坐之商君喟然歎曰嗟乎爲法之敝一至此哉去之魏魏人怨

收破魏

歸云商君之術能强秦亦
秦之所以亡能顯其身亦
身之所以滅然則何益哉

其欺公子卬而破魏師。弗受。商君欲之他國。魏人曰。商君。秦之賊。秦彊而賊入魏。弗歸。不可。遂內秦。商君既復入秦。走商邑。與其徒屬發邑兵。北出擊鄭。秦發兵攻商君。殺之於鄭黽池。索隱作彭池 秦惠王車裂商君以徇曰。莫如商鞅反者。遂滅商君之家。

太史公曰。商君其天資刻薄人也。跡其欲干孝公以帝王術。挾持浮說。非其質矣。且所因由嬖臣。及得用。刑公子虔。欺魏將卬。不師趙良之言。亦足發明商君之少恩矣。余嘗讀商君開塞耕戰書。與其人行事相類。卒受惡名於秦。有以也夫。

某案此傳以刻薄少恩爲主變法爲強國之本破魏則強國之效也

商君列傳第八　　史記六十八

蘇秦列傳第九

蘇秦者東周雒陽人也東事師於齊而習之於鬼谷先生出游數歲大困而歸兄弟嫂妹妻妾竊皆笑之曰周人之俗治產業力工商逐什二以爲務今子釋本而事口舌困不亦宜乎蘇秦聞之而慙自傷乃閉室不出出其書徧觀之曰夫士業已屈首受書而不能以取尊榮雖多亦奚以爲於是得周書陰符伏而讀之期年以出揣摩鄒誕生本摩作䃺高誘訓揣爲定摩爲合義是曰此可以說當世之君矣求說周顯王顯王左右素習知蘇秦皆少之弗信乃西至秦秦孝公卒說惠王曰秦四塞之國被山帶渭東有關河西有漢中南有巴蜀北有代馬此天府也以秦士民之衆兵法之教可以吞天下稱帝而治秦王曰毛羽未成不可以高蜚文理未明不可以幷兼方誅商鞅疾辯士弗用乃東之趙趙肅侯令其弟成爲相號

奉陽君。奉陽君弗說之。去游燕。歲餘而後得見。說燕文侯曰。燕東有朝鮮遼東。北有林胡樓煩。西有雲中九原。南有嘑沱易水。地方二千餘里。帶甲數十萬。車六百乘。騎六千匹。粟支數年。南有碣石鴈門之饒。北有棗粟之利。民雖不佃作。而足於棗粟矣。此所謂天府者也。夫安樂無事。不見覆軍殺將。無過燕者。大王知其所以然乎。夫燕之所以不犯寇被甲兵者。以趙之爲蔽其南也。秦趙五戰。秦再勝而趙三勝。秦趙相斃。（斃當依國策作敝）而王以全燕制其後。此燕之所以不犯寇也。且夫秦之攻燕也。踰雲中九原。過代上谷。彌地數千里。雖得燕城。秦計固不能守也。秦之不能害燕亦明矣。今趙之攻燕也。發號出令。不至十日而數十萬之軍軍於東垣矣。渡嘑沱。涉易水。不至四五日而距國都矣。故曰。秦之攻燕也。戰於千里之外。趙之攻燕也。戰於百里之內。夫不憂百里之患而重千里之外。計無過於此者。是故願大王與趙從親。天下爲一。則燕國必無患矣。文侯曰。子言則可。然吾國小。西迫彊趙。南近齊。齊趙彊國也。子必欲合從以安燕。寡人請以國從。於是資蘇秦車馬金帛以至趙。而奉陽君已死。卽因說趙肅侯曰。天下卿相人臣。乃至（乃至二字本作及依國策改）布衣之士。皆高賢君之行義。皆願奉教陳忠於前之日久矣。雖然。奉陽君妒而君不任事。是以賓客游士莫敢自盡於前者。今奉陽君捐館舍。君乃今復與士民相親也。臣故敢進其愚慮。竊爲君計者。莫若安民無事。且無庸有事於民也。安民之本。在於擇交。擇交而得則民安。擇交而不得則民終身不安。請言外患。齊秦爲兩敵而民不得安。倚秦攻齊而民不得安。倚齊攻秦而民不得安。故夫謀人之主。伐人之國。常苦出辭斷絕人之交也。願君愼勿出於口。請別白黑所以異。（別白黑猶言辨是非也蓋當時常語故李斯亦）

言別白黑也國策作請屏左右白言所以異用之敘事文中可也今說事之文何取於屏左右云云哉陰陽而已矣。君誠能聽臣。燕必致旃裘狗馬之地。齊必致魚鹽之海。楚必致橘柚之園。韓魏中山皆可使致湯沐之奉。而貴戚父兄皆可以受封侯。夫割地包利。五伯之所以覆軍禽將而求也。封侯貴戚。湯武之所以放弒而爭也。今君高拱而兩有之。此臣之所以為君願也。今大王與秦則秦必弱韓魏。與齊。則齊必弱楚魏。魏弱則割河外。韓弱則效宜陽。宜陽效則上郡絕。河外割則道不通。楚弱則無援。此三策者不可不孰計也。夫秦下軹道。則南陽危。劫韓包周。則趙氏自操兵。據衛取卷。則齊必入朝秦。秦欲已得乎山東。則必舉兵而嚮趙矣。秦甲渡河踰漳。據番吾。則兵必戰於邯鄲之下矣。此臣之所為君患也。當今之時。山東之建國莫彊於趙。趙地方二千餘里。帶甲數十萬。車千乘。騎萬匹。粟支數年。西有常山。南有河漳•東有淸河•北有燕國•燕固弱國•不足畏也•秦之所害於天下者莫如趙•然而秦不敢舉兵伐趙者•何也•畏韓魏之議其後也•然則韓魏•趙之南蔽也•秦之攻韓魏也•無有名山大川之限•稍蠶食之•傳國都而止•韓魏不能支秦•必入臣於秦•秦無韓魏之規•則禍必中於趙矣•此臣之所爲君患也•臣聞堯無三夫之分•舜無咫尺之地•以有天下•禹無百人之聚•以王諸侯•湯武之士不過三千•（當依國策句下增人字下卒不過三萬句衍文選注引作湯武之士不過百里）車不過三百乘•卒不過三萬•立爲天子•誠得其道也•是故明主外料其敵之彊弱•內度其士卒賢不肖•不待兩軍相當而勝敗存亡之機固已形於胷中矣•豈揜於衆人之言•而以冥冥決事哉•臣竊以天下之地圖案之•諸侯之地五倍於秦•料度諸侯之卒•十倍於秦•六國爲一•并力西鄉而攻秦•秦破必（本作必破依國策倒）矣•今西面而事之•見臣於秦•夫破人之

與破於人也。臣人之與臣於人也。本作見破見臣於人此二句雖承上見臣於秦但索隱正義本均無見字今校刪豈可同日而論哉。夫衡人者皆欲割諸侯之地以予秦。秦成則高臺榭。美宮室。聽竽瑟之音。前有樓闕軒轅。顧云當作軒縣周禮小胥正樂縣之位王宮縣諸侯軒縣注謂闕其南面後有長姣美人。國被秦患而不與其憂。是故夫衡人日夜務以秦權恐愒索隱作猲諸侯。以求割地。故願大王孰計之也。臣聞明主絕疑去讒。屏流言之迹。塞朋黨之門。故尊主廣地彊兵之計。臣得陳忠於前矣。故竊為大王計。莫如一韓魏秦楚燕趙以從親。以畔秦。令天下之將相會於洹水之上。通質。刳白馬而盟。要約曰。秦攻楚。齊魏各出銳師以佐之。韓絕其糧道。趙涉河漳。燕守常山之北。秦攻韓魏。則楚絕其後。齊出銳師而佐之。趙涉河漳。燕守雲中。秦攻齊。則楚絕其後。韓守成皋。魏塞午道。午本作其依國策改趙涉河漳博關。通志無漳字北宋本史記有燕出銳師以佐之。秦攻燕則趙守常山楚軍武關齊涉勃海韓魏皆出銳師以佐之秦攻趙則韓軍宜陽楚軍武關魏軍河外齊涉清河燕出銳師以佐之諸侯有不如約者以五國之兵共伐之六國從親以賓秦則秦甲必不敢出於函谷以害山東矣如此則霸王之業成矣趙王曰寡人年少立國日淺未嘗得聞社稷之長計也今上客有意存天下安諸侯寡人敬以國從乃飾（國策飾作飭史記舊刻同）車百乘黃金千溢白璧百雙錦繡千純以約諸侯是時周天子致文武之胙於秦惠王惠王使犀首攻魏禽將龍賈取魏之雕陰且欲東兵蘇秦恐秦兵之至趙也乃激怒張儀入之于秦於是說韓宣王（通志作宣惠王國策作昭侯）曰韓北有鞏洛成皋之固西有宜陽商（集解作常）阪之塞東有宛穰洧水南有陘山地方九百餘里帶甲數十萬天下之彊弓勁弩皆從韓出谿子少府時力距來者（王懷祖謂荀子廣雅並作鉅黍黍與府淆據集解云弩勢勁利）

足鉅來敵則史文自作距來者者與府亦豹索隱解說同裴而謂其名並見淮南子亦作距來不作距黍也皆射六百步之
外韓卒超足而射百發不暇止遠者括蔽洞胸近者鏑弇心韓卒之劍
戟皆出於冥山棠谿棠谿何絕墨陽合膊以下皆劍名墨陽合膊集解一作伯梁云索隱引春秋後語作合
相相乃柏之譌柏伯古通鄧師宛馮龍淵太阿皆陸斷牛馬水截鵠鴈當敵則斬堅
甲鐵幕革抉㕹芮鄒誕生本幕作陌集解抉作決索隱㕹與跋同索隱引劉說鐵幕謂以鐵爲臂脛之衣是也其云劍利能
斬之則誤連上文讀之非是上當敵則斬四字上屬爲句無不畢具以韓卒之勇被堅甲蹠勁弩帶
利劍一人當百不足言也夫以韓之勁與大王之賢乃西面事秦交臂
而服羞社稷而爲天下笑無大於此者矣是故願大王孰計之大王事
秦秦必求宜陽成皋今茲效之明年又復求割地與則無地以給之不
與則棄前功而受後禍且大王之地有盡而秦之求無已以有盡之地
而逆無已之求此所謂市怨結禍者也不戰而地已削矣臣聞鄙諺曰

寧為雞口。無為牛後。戰國策作雞尸牛從當是誤本而延篤誤說之此自口後為訛今西面交臂而臣事秦。何異於牛後乎。夫以大王之賢。挾彊韓之兵。而有牛後之名。臣竊為大王羞之。於是韓王勃然作色。攘臂瞋目。按劍仰天太息曰。寡人雖不肖。必不能事秦。今主君詔以趙王之教。敬奉社稷以從。又說魏襄王曰。大王之地。南有鴻溝陳汝南許郾昆陽召陵舞陽新都新郪。姚據郡國志衍新郪之新字又謂新郪當依史記作新都案國策無新都字史記則新都新郪兩有姚說未明此文當衍下新字作新都郪東有淮潁煮棗無胥。西有長城之界。北有河外卷衍酸棗。酸棗上國策有燕字地方千里。地名雖小。然而田舍廬廡之數。曾無所芻牧。人民之衆。車馬之多。日夜行不絕。輷輷殷殷。若有三軍之衆。臣竊量大王之國不下楚。然衡人怵王交彊虎狼之秦以侵天下。卒有秦患。不顧其禍。夫挾彊秦之勢以內劫其主。罪無過此者。魏。天下之彊國也。王。天下之賢王也。今乃有意西面而事秦。稱東藩。築帝宮。受冠帶。祠春秋。臣竊爲大王恥之。臣聞越王句踐。戰敝卒三千人。禽夫差於干遂。武王卒三千人。革車三百乘。制紂於牧野。豈其士卒衆哉。誠能奮其威也。今竊聞大王之卒。武士二十萬。蒼頭二十萬。奮擊二十萬。廝徒十萬。車六百乘。騎五千匹。此其過越王句踐武王遠矣。今乃聽於羣臣之說。聽當依國策作刦而欲臣事秦。夫事秦必割地以效實。故兵未用而國已虧矣。凡羣臣之言事秦者皆姦人非忠臣也。夫爲人臣割其主之地以求外交。偷取一時之功。而不顧其後。破公家而成私門。外挾彊秦之勢。以內刦其主。以求割地。願大王孰察之。周書曰。緜緜不絕。蔓蔓奈何。毫氂不伐。將用斧柯。前慮不定。後有大患。將奈之何。大王誠能聽臣。六國從親。專心幷力壹意。則必無彊秦之患。故敝邑趙王使臣效愚計。奉明約。在大王之詔。詔之。魏王曰。寡人不肖。

未嘗得聞明教。今主君以趙王之詔詔之。敬以國從。因東說齊宣王曰。齊南有泰山。東有琅邪。西有淸河。北有勃海。此所謂四塞之國也。齊地方二千餘里。帶甲數十萬。粟如丘山。三軍之良。國策作齊車疑當作齊軍但坐誤爲坐耳軍字不誤也五家之兵。進如鋒矢。國策作疾如錐矢高注錐矢小矢引呂覽錐矢字爲證則此作鋒者誤字也戰如雷霆。解如風雨。卽有軍役。未嘗倍泰山。絕淸河。涉勃海也。臨菑之中七萬戶。臣竊度之。不下戶三男子。三七二十一萬。不待發於遠縣。而臨菑之卒。固已二十一萬矣。臨菑甚富而實。其民無不吹竽鼓瑟彈琴擊筑鬭雞走狗六博蹹鞠者。臨菑之途。車轂擊。人肩摩。連衽成帷。舉袂成幕。揮汗成雨。家殷人足。志高氣揚。夫以大王之賢。與齊之彊。天下莫能當。今乃西面而事秦。臣竊爲大王羞之。且夫韓魏之所以重畏秦者。爲與秦接境壤界也。兵出而相當。不出十日而戰勝存亡之機決矣。韓魏戰而勝秦則兵半折四境不守戰而不勝則國已危亡隨其後是故韓魏之所以重與秦戰而輕爲之臣也今秦之攻齊則不然倍韓魏之地過衛陽晉之道徑乎亢父之險車不得方軌騎不得比行百人守險千人不敢過也秦雖欲深入則狼顧恐韓魏之議其後也是故恫疑虛喝驕矜（國策驕矜作高躍）而不敢進則秦之不能害齊亦明矣夫不深料秦之無柰齊何而欲西面而事之是羣臣之計過也今無臣事秦之名而有彊國之實臣是故願大王少留意計之齊王曰寡人不敏僻遠守海窮道東境之國也未嘗得聞餘教今足下以趙王詔詔之（通志王下有之字）敬以國從

乃西南說楚威王曰楚天下之彊國也王天下之賢王也西有黔中巫郡東有夏州海陽南有洞庭蒼梧北有陘塞郇陽（郇陽字徐廣作慎陽索隱作新陽未知孰是）地方五千餘里帶甲百萬車千乘騎萬匹粟支十年此霸王之資也

夫以楚之彊與王之賢天下莫能當也今乃欲西面而事秦則諸侯莫不西面而朝於章臺之下矣秦之所害莫如楚楚彊則秦弱秦彊則楚弱其勢不兩立故爲大王計莫如從親以孤秦大王不從親（依國策補親字）秦必起兩軍一軍出武關一軍下黔中則鄢郢動矣臣聞治之其未亂也爲之其未有也患至而後憂之則無及已故願大王蚤孰計之大王誠能聽臣臣請令山東之國奉四時之獻以承大王之明詔委社稷奉宗廟練士厲兵在大王之所用之大王誠能用臣之愚計則韓魏齊燕趙衞之妙音美人必充後宮燕代橐駝良馬必實外廄故從合則楚王衡成則秦帝今釋霸王之業而有事人之名臣竊爲大王不取也夫秦虎狼之國也有吞天下之心秦天下之仇讎也衡人皆欲割諸侯之地以事秦此所謂養仇而奉讎者也夫爲人臣割其主之地以外交彊虎狼

之秦•以侵天下•卒有秦患•不顧其禍•夫外挾彊秦之威•以內劫其主•以求割地•大逆不忠•無過此者•故從親•則諸侯割地以事楚•衡合•則楚割地以事秦•此兩策者•相去遠矣•二者大王何居焉•故敝邑趙王使臣效愚計•奉明約•在大王詔之•楚王曰•寡人之國•西與秦接境•秦有舉巴蜀幷漢中之心•秦虎狼之國•不可親也•而韓魏迫於秦患•不可與深謀•與深謀•恐反人以入於秦•故謀未發而國已危矣•寡人自料以楚當秦•不見勝也•內與羣臣謀•不足恃也•寡人臥不安席•食不甘味•心搖搖然如縣旌•而無所終薄•今主君欲一天下•收諸侯•存危國•寡人謹奉社稷以從•於是六國從合而幷力焉•蘇秦爲從約長•幷相六國•北報趙王•乃行過雒陽•車騎輜重•諸侯各發使送之甚衆•疑（疑本作擬依索隱）於王者•周顯王聞之恐懼•除道使人郊勞•蘇秦之昆弟妻嫂•側目不敢仰視•俯伏侍取

食。蘇秦笑謂其嫂曰。何前倨而後恭也。嫂委蛇蒲服。以面掩地而謝曰。見季子位高金多也。蘇秦喟然歎曰。此一人之身。富貴則親戚畏懼之。貧賤則輕易之。況衆人乎。且使我有雒陽負郭田二頃。吾豈能佩六國相印乎。於是散千金以賜宗族朋友。初蘇秦之燕。貸人百錢爲資。及得富貴。以百金償之。徧報諸所嘗見德者。其從者有一人獨未得報。乃前自言。蘇秦曰。我非忘子。子之與我至燕。再三欲去我易水之上。方是時我困。故望子深。是以後子。子今亦得矣。蘇秦既約六國從親。歸趙。趙肅侯封爲武安君。乃投從約書於秦。（索隱投作設而引諸本作投案設乃誤本）秦兵不敢闚函谷關十五年。其後秦使犀首欺齊魏。與共伐趙。欲敗從約。齊魏伐趙。趙王讓蘇秦。蘇秦恐。請使燕。必報齊。蘇秦去趙而從約皆解。秦惠王以其女爲燕太子婦。是歲文侯卒。太子立。是爲燕易王。易王初立。齊宣王因燕喪伐燕。取十城。易王謂蘇秦曰。往日先生至燕。而先王資先生見趙。遂約六國從。今齊先伐趙。次至燕。以先生之故。爲天下笑。先生能爲燕得侵地乎。蘇秦大慙曰。請爲王取之。蘇秦見齊王。再拜。俯而慶。仰而弔。齊王曰。是何慶弔相隨之速也。蘇秦曰。臣聞飢人所以飢而不食烏喙者。爲其愈充腹。（國策愈作偷。案愈字義勝。）而與餓死同患也。今燕雖弱小。卽秦王之少壻也。大王利其十城。而長與彊秦爲仇。今使弱燕爲鴈行。而彊秦敝其後。以招天下之精兵。是食烏喙之類也。齊王愀然變色曰。然則奈何。蘇秦曰。臣聞古之善制事者。轉禍爲福。因敗爲功。大王誠能聽臣計。卽歸燕之十城。燕無故而得十城。必喜。秦王知以己之故而歸燕之十城。亦必喜。此所謂棄仇讎而得石交者也。夫燕秦俱事齊。則大王號令天下莫敢不聽。是王以虛辭附秦。以十城取天下。此霸王之業也。王曰。善。

於是乃歸燕之十城人有毀蘇秦者曰左右賣國反覆之臣也將作亂蘇秦恐得罪歸而燕王不復官也（官當依國策作館官館同字）蘇秦見燕王曰臣東周之鄙人也無有分寸之功而王親拜之於廟而禮之於廷今臣為王郤齊之兵而攻得十城宜以益親今來而王不官臣者（國策官作聽案聽訓察也）人必有以不信傷臣於王者臣之不信王之福也臣聞忠信者所以自為也進取者所以為人也且臣之說齊王曾非欺之也臣弃老母於東周固去自為而行進取也今有孝如曾參廉如伯夷信如尾生得此三人者以事大王何若王曰足矣蘇秦曰孝如曾參義不離其親一宿於外王又安能使之步行千里而事弱燕之危王哉廉如伯夷義不為孤竹君之嗣不肯為武王臣不受封侯而餓死首陽山下有廉如此王又安能使之步行千里而行進取於齊哉信如尾生與女子期於梁下女子

不來。水至不去。抱柱而死。有信如此。王又安能使之步行千里。郤齊之彊兵哉。臣所謂以忠信得罪於上者也。燕王曰。若不忠信耳。豈有以忠信而得罪者乎。蘇秦曰。不然。臣聞客有遠爲吏而其妻私於人者。其夫將來。其私者憂之。妻曰。勿憂。吾已作藥酒待之矣。居三日其夫果至。妻使妾舉藥酒進之。妾欲言酒之有藥。則恐其逐主母也。欲勿言乎。則恐其殺主父也。於是乎詳僵而棄酒。主父大怒。笞之五十。故妾一僵而覆酒。上存主父。下存主母。然而不免於笞。惡在乎忠信之無罪也。夫臣之過。不幸而類是乎。燕王曰。先生復就故官。益厚遇之。易王母文侯夫人也。與蘇秦私通。燕王知之。而事之加厚。蘇秦恐誅。乃說燕王曰。臣居燕。不能使燕重。而在齊則燕必重。燕王曰。惟先生之所爲。於是蘇秦詳爲得罪於燕。而亾走齊。齊宣王以爲客卿。齊宣王卒。湣王即位。說湣王厚葬以明孝。高宮室大苑囿以明得意。欲破敝齊而爲燕。燕易王卒。燕噲立爲王。其後齊大夫多與蘇秦爭寵者。而使人刺蘇秦。不死。殊而走。齊王使人求賊。不得。蘇秦且死。乃謂齊王曰。臣即死。車裂臣以徇於市曰。蘇秦爲燕作亂於齊。如此則臣之賊必得矣。於是如其言。而殺蘇秦者果自出。齊王因而誅之。燕聞之曰。甚矣齊之爲蘇生（集解一作先）報仇也。蘇秦既死。其事大泄。齊後聞之。乃恨怒燕。燕甚恐。蘇秦之弟曰代。代弟蘇厲。見兄遂。亦皆學。及蘇秦死。代乃求見燕王。欲襲故事曰。臣東周之鄙人也。竊聞大王義甚高。鄙人不敏。釋鉏耨而干大王。至於邯鄲。所見者絀於所聞於東周。臣竊負其志。及至燕廷。觀王之羣臣下吏。王天下之明王也。燕王曰。子所謂明王者何如也。對曰。臣聞明王務聞其過。不欲聞其善。臣請謁王之過。夫齊趙者。燕之仇讎也。楚魏者。燕之援國也。令王奉仇讎以伐援國。非所以利燕也。王自慮之。（國策無之字）此則計過。無以聞者。非忠臣也。王曰。夫齊者。固寡人之讎。所欲伐也。直患國敝力不足也。子能以燕伐齊。則寡人舉國委子。對曰。凡天下戰國七。燕處弱焉。獨戰則不能。有所附則無不重。南附楚。楚重。西附秦。秦重。中附韓魏。韓魏重。且苟所附之國重。此必使王重矣。今夫齊長主而自用也。南攻楚五年。畜聚竭。西困秦三年。士卒罷敝。北與燕人戰。覆三軍。得二將。然而以其餘兵。南面舉五千乘之大宋。而包十二諸侯。此其君欲得。其民力竭。惡足取乎。且臣聞之。數戰則民勞。久師則兵敝矣。燕王曰。吾聞齊有淸濟濁河。可以爲固。長城鉅防。足以爲塞。誠有之乎。對曰。天時不與。雖有淸濟濁河。惡足以爲固。民力罷敝。雖有長城鉅防。惡足以爲塞。且異日濟西不師。所以備趙也。河北不師。所以備燕也。今濟西河北。盡已役矣。

封內敝矣。夫驕君必好利。而亡國之臣必貪於財。王誠能無羞寵（本作從依國策改）子母弟以爲質。寶珠玉帛以事左右。彼將有德燕而輕亡宋。則齊可亡已。燕王曰。吾終以子受命於天矣。燕乃使一子質於齊。而蘇厲因燕質子而求見齊王。齊王怨蘇秦。欲囚蘇厲。燕質子爲謝。已遂委質爲齊臣。燕相子之與蘇代婚。而欲得燕權。乃使蘇代侍質子於齊。齊使代報燕。燕王噲問曰。齊王其霸乎。曰。不能。曰。何也。曰。不信其臣。於是燕王專任子之。已而讓位。燕大亂。齊伐燕。殺王噲。子之。燕立昭王。而蘇代蘇厲遂不敢入燕。皆終歸齊。齊善待之。蘇代過魏。魏爲燕執代。齊使人謂魏王曰。齊請以宋地封涇陽君。秦必不受。秦非不利有齊而得宋地也。不信齊王與蘇子也。今齊魏不和如此其甚。則齊不欺秦。秦信齊。齊秦合。涇陽君有宋地。非魏之利也。故王不如東蘇子。秦必疑齊而不信蘇子矣。齊秦不合。天下無變。伐齊之形成矣。於是出蘇代。代之宋。宋善待之。齊伐宋。宋急。蘇代乃遺燕昭王書曰。夫列在萬乘。而寄質於齊。名卑而權輕。奉萬乘助齊伐宋。民勞而實費。夫破宋。殘楚淮北。肥大齊。讎彊而國害。此三者。皆國之大敗也。然且王行之者。將以取信於齊也。齊加不信於王。而忌燕愈甚。是王之計過矣。夫以宋加之淮北。彊萬乘之國也。而齊幷之。是益一齊也。北夷方七百里。加之以魯衞。彊萬乘之國也而齊幷之。是益二齊也。夫一齊之彊。燕猶狼顧而不能支。今以三齊臨燕。其禍必大矣。雖然。智者舉事。因禍爲福。轉敗爲功。齊紫敗素也。而賈十倍。越王句踐棲於會稽。復殘彊吳而霸天下。此皆因禍爲福。轉敗爲功者也。今王若欲因禍爲福。轉敗爲功。則莫若挑霸齊而尊之。使使盟於周室。焚秦符。曰其大上計破秦。其次必長賓之。秦挾賓以待破。秦王必患之。秦五世伐諸侯。今爲齊下。秦王之志。苟得窮齊。不憚以國爲功。然則王何不使辯士以此言說秦王曰。燕趙破宋肥齊尊之爲之下者。燕趙非利之也。燕趙不利而勢爲之者。以不信秦王也。然則王何不使可信者接收燕趙。令涇陽君高陵君（高上國策有若字）先於燕趙。秦有變。因以爲質。則燕趙信秦。秦爲西帝。燕爲北帝趙爲中帝。立三帝以令於天下。韓魏不聽。則秦伐之。齊不聽。則燕趙伐之。天下孰敢不聽。天下服聽。因驅韓魏以伐齊。曰必反宋地歸楚淮北。反宋地。歸楚淮北。燕趙之所利也。竝立三帝。燕趙之所願也。夫實得所利。尊得所願。燕趙弃齊如脫躧矣。今不收燕趙。齊霸必成。諸侯贊齊而王不從。是國伐也。諸侯贊齊而王從之。是名卑也。今收燕趙。國安而名尊。不收燕趙。國危而名卑。夫去尊安而取危卑。智者不爲也。秦王聞若說。必若刺心。然則王何不使辯士以此苦王懷祖校改苦爲若言說秦。秦必取。齊必伐矣。夫取秦厚交也。伐齊正利也。尊厚交務正利。聖王之事也。燕昭王善其書曰。先人嘗有德蘇氏。子之之亂而蘇氏去燕。燕欲報仇於齊。非蘇氏莫可。乃召蘇代復善待之。與謀伐齊。竟破齊。湣王出走。久之秦召燕王。燕王欲往。蘇代約燕王曰。楚得枳而國亾。齊得宋而國亾。齊楚不得以有枳宋而事秦者何也。則有功者。秦之深讎也。秦取天下。非行義也。暴也。秦之行暴。正告天下。告楚曰。蜀地之甲。乘船浮於汶。乘夏水而下江。五日而至郢。漢中之甲。乘船出於巴。乘夏水而下漢。四日而至五渚。寡人積甲宛東下隨。智者不及謀。勇士不及怒。寡人如射隼矣。王乃欲待天下之攻函谷。不亦遠乎。楚王爲是故十七年事秦。秦正告韓曰。我起乎少曲。一日而斷太行。我起乎宜陽而觸平陽。二日而莫不盡繇。我離兩周而觸鄭。五日而國舉韓氏以爲然故事秦秦正告魏曰我舉安邑塞女戟韓氏太原卷正義云卷猶斷絕愚謂卷謂地縮小若拳曲也此言韓地而索隱以爲魏地安改太原爲京非是正義以太原爲太行亦非我下軹道南陽封冀錢云謂下軹之後取道南陽耳梁云竹書顯王十一年魏取軹道則河內軹亦稱軹道也包兩周乘夏水浮輕舟彊弩在前錟戈在後決滎口魏無大梁決白馬之口魏無外黃濟陽決宿胥之口魏無虛頓丘陸攻則擊河內水攻則滅大梁魏氏以爲然故事秦秦欲攻安邑恐齊救之則以宋委於齊曰宋王無道爲木人以寫寡人射其面寡人地絕兵遠不能攻也王苟能破宋有之寡人如自得之已得安邑塞女戟因以破宋爲齊罪秦欲攻韓恐天下救之則以齊委於天下曰齊王四與寡人約四欺寡人必率天下以攻寡人者三有齊無秦有秦無齊必伐之必亾之已得宜陽少曲致藺石因以破齊爲天下罪秦欲攻魏重楚則以南陽委於楚曰寡人固與韓且絕

矣。殘均（集解作灼）一陵。寒鄳隘。苟利於楚。寡人如自有之。魏弃與國而合於秦。因以寒鄳隘為楚罪。兵困於林中。重燕趙。以膠東委於燕。以濟西委於趙。已得講於魏。至公子延。（至當依索隱作質）因犀首屬行而攻趙。兵傷於譙石。（北宋本譙作離）而（通志無而字）遇敗於陽馬。而重魏。則以葉蔡委於魏。已得講於趙。則刼魏。不為割。困則使太后弟穰侯為和。嬴則兼欺舅與母。適燕者曰以膠東。適趙者曰以濟西。適魏者曰以葉蔡。適楚者曰以寒鄳隘。適齊者曰以宋。此必令言如循環。用兵如刺蜚。母不能制。舅不能約。龍賈之戰。岸門之戰。封陵之戰。高商之戰。趙莊之戰。秦之所殺三晉之民數百萬。今其生者。皆死秦之孤也。西河之外。上雒之地。三川晉國之禍。三晉之半。秦禍如此其大也。而燕趙之秦者。皆以爭事秦說其主。此臣之所大患也。燕昭王不行。蘇代復重於燕。燕使（國策使作反）約諸侯從親如蘇秦時。或從或不。而天下由此宗蘇氏之從約。代厲皆以壽死。名顯諸侯。
太史公曰。蘇秦兄弟三人。皆游說諸侯。以顯名。其術長於權變。而蘇秦被反閒以死。天下共笑之。諱學其術。然世言蘇秦多異。異時事有類之者。皆附之蘇秦。夫蘇秦起閭閻。連六國從親。此其智有過人者。吾故列其行事。次其時序。毋令獨蒙惡聲焉。

蘇秦列傳第九

史記六十九

張儀列傳第十

張儀者。魏人也。始嘗與蘇秦俱事鬼谷先生學術。蘇秦自以不及張儀。張儀已學。而游說諸侯。嘗從楚相飲。已而楚相亡璧。門下意張儀。曰儀貧無行。必此盜相君之璧。共執張儀。掠笞數百。不服。醳之。其妻曰。嘻子毋讀書游說。安得此辱乎。張儀謂其妻曰。視吾舌尙在不。其妻笑曰。舌在也。儀曰。足矣。蘇秦已說趙王而得相約從親。然恐秦之攻諸侯。敗約後。負念莫可使用於秦者。乃使人微感張儀曰。子始與蘇秦善。今秦已當路。子何不往游。以求通子之願。張儀於是之趙。上謁求見蘇秦。蘇秦乃誡門下人不爲通。又使不得去者數日。已而見之。坐之堂下。賜僕妾之食。因而數讓之。曰以子之材能。乃自令困辱至此。吾寧不能言而富貴子。子不足收也。謝去之。張儀之來也。自以爲故人。求益。反見辱。怒念諸侯莫可事。獨秦能苦趙。乃遂入秦。蘇秦已而告其舍人曰。張儀天下賢士。吾殆弗如也。今吾幸先用。而能用秦柄者。獨張儀可耳。然貧無因以進。吾恐其樂小利而不遂。故召辱之以激其意。子爲我陰奉之。乃言趙王。發金幣車馬。使人微隨張儀。與同宿舍。稍稍近就之。奉以車馬金錢。所欲用。爲取給。而弗告。張儀遂得以見秦惠王。惠王以爲客卿。與謀伐諸侯。蘇秦之舍人乃辭去。張儀曰。賴子得顯。方且報德。何故去也。舍人曰。臣非知君。知君乃蘇君。蘇君憂秦伐趙敗從約。以爲非君莫能得秦柄。故感怒君。使臣陰奉給君資。盡蘇君之計謀。今君已用。請歸報。張儀曰。嗟乎。此在吾術中而不悟。吾不及蘇君明矣。吾又新用。安能謀趙乎。爲吾謝蘇君。蘇君之時。儀何敢言。且蘇君在。儀寧渠能乎。張儀既相秦。爲尺一檄（今本云爲文檄索隱引集解徐廣說作丈二檄北宋本集解丈二爲尺一今從之中統王柯本作咫尺之檄殆誤）

告楚相曰始吾從若飲我不盜而璧若笞我若善守汝國我顧且盜而城苴蜀相攻擊各來告急於秦秦惠王欲發兵以伐蜀以爲道險狹難至而韓又來侵秦秦惠王欲先伐韓後伐蜀恐不利欲先伐蜀恐韓襲秦之敝猶豫未能決司馬錯與張儀爭論於惠王之前司馬錯欲伐蜀張儀曰不如伐韓王曰請聞其說儀曰親魏善楚下兵三川塞什谷之口（集解什作尋是）當屯留之道魏絕南陽楚臨南鄭秦攻新城宜陽以臨二周之郊誅周王之罪侵楚魏之地周自知不能救九鼎寶器必出據九鼎案圖籍挾天子以令於天下天下莫敢不聽此王業也今夫蜀西僻之國而戎翟之倫也敝兵勞衆不足以成名得其地不足以爲利臣聞爭名者於朝爭利者於市今三川周室天下之朝市也而王不爭焉顧爭於戎翟去王業遠矣司馬錯曰不然臣聞之欲富國者務廣其地欲彊

兵者務富其民。欲王者務博其德。三資者備。而王隨之矣。今王地小民貧。故臣願先從事於易。夫蜀。西僻之國也。而戎翟之長也。有桀紂之亂。以秦攻之。譬如使豺狼逐羣羊。得其地足以廣國。取其財足以富民繕兵。不傷衆而彼已服焉。拔一國而天下不以爲暴。利盡西海。而天下不以爲貪。是我一舉而名實附也。而又有禁暴止亂之名。今攻韓劫天子。惡名也。而未必利也。又有不義之名。而攻天下所不欲。危矣。（國策危下無矣字）臣請謁其故。周天下之宗室也。齊韓之與國也。周自知失九鼎。韓自知亡三川。將二國幷力合謀。以因乎齊趙。而求解乎楚魏。以鼎與楚。以地與魏。王弗能止也。此臣之所謂危也。不如伐蜀完。惠王曰。善。寡人請聽子。卒起兵伐蜀。十月取之。遂定蜀。貶蜀王更號爲侯。而使陳莊相蜀。蜀既屬秦。秦以益強富厚。輕諸侯。秦惠王十年。使公子華。（集解一作革梁云六國表作桑）

與張儀圍蒲陽。降之。儀因言秦復與魏。而使公子繇質於魏。儀因說魏王曰。秦王之遇魏甚厚。魏不可以無禮。魏因入上郡少梁。謝秦惠王。惠王乃以張儀爲相。更名少梁曰夏陽。儀相秦四歲。立惠王爲王。居一歲。爲秦將。取陜。築上郡塞。其後二年。使與齊楚之相會齧桑。東還而免相。相魏以爲秦。欲令魏先事秦而諸侯效之。魏王不肯聽儀。秦王怒。伐取魏之曲沃平周。復陰厚張儀益甚。張儀慚。無以歸報。留魏四歲而魏襄王卒。哀王立。張儀復說哀王。哀王不聽。於是張儀陰令秦伐魏。魏與秦戰敗。明年。齊又來敗魏於觀津。（梁氏志疑云當作觀澤）秦復欲攻魏。先敗韓申差軍。斬首八萬。諸侯震恐。而張儀復說魏王曰。魏地方不至千里。卒不過三十萬。地四平。諸侯四通輻湊。無名山大川之限。從鄭至梁。不過百里。從陳至梁。（以上八字依國策補）二百餘里。車馳人走。不待力而至。梁南與楚境。西與韓境•北與趙境•東與齊境•卒戍四方守亭鄣者不下十萬•梁之地勢•固戰場也•梁南與楚而不與齊•則齊攻其東•東與齊而不與趙•則趙攻其北•不合於韓•則韓攻其西•不親於楚•則楚攻其南•此所謂四分五裂之道也•且夫諸侯之爲從者•將以安社稷尊主强兵顯名也•今從者一天下約爲昆弟•刑白馬以盟洹水之上•以相堅也•而親昆弟同父母•尚有爭錢財•而欲恃詐僞反覆蘇秦之餘謀•其不可成亦明矣•大王不事秦•秦下兵攻河外•據卷衍燕（依正義本國策補）酸棗•刼衛取陽晉•則趙不南•趙不南而梁不北•梁不北則從道絕•從道絕則大王之國欲毋危•不可得也•秦折韓而攻梁•（索隱引國策折作挾當據改王懷祖折爲制義稍迂）韓怯（國策怯作刼）於秦•秦韓爲一•梁之亾可立而須也•此臣之所爲大王患也•爲大王計•莫如事秦•事秦則楚韓必不敢動•無楚韓之患•則大王高枕而臥•國必無憂矣•且夫

秦之所欲弱者莫如楚而能弱楚者莫如梁楚雖有富大之名而實空虛其卒雖多然而輕走易北不能堅戰悉梁之兵南面而伐楚勝之必矣割楚而益梁虧楚而適秦嫁禍安國此善事也大王不聽臣秦下甲士（國策士作出）而東伐雖欲事秦不可得矣且夫從人多奮辭而少可信說一諸侯而成封侯是故天下之游談士莫不日夜搤腕瞋目切齒以言從之便以說人主人主賢其辨而牽其說豈得無眩哉臣聞之積羽沈舟羣輕折軸衆口鑠金積毀銷骨故願大王審定計議且賜骸骨辟魏哀王於是乃倍從約而因儀請成於秦張儀歸復相秦三歲而魏復背秦爲從秦攻魏取曲沃明年魏復事秦秦欲伐齊齊楚從親於是張儀往相楚楚懷王聞張儀來虛上舍而自館之曰此僻陋之國子何以教之儀說楚王曰大王誠能聽臣閉關絕約於齊臣請獻商於之地六百

里•使秦女得爲大王箕帚之妾•秦楚娶婦嫁女•長爲兄弟之國•此北弱齊而西益秦也•計無便此者•楚王大說•而許之•羣臣皆賀•陳軫獨弔之•楚王怒曰•寡人不興師發兵•得六百里地•羣臣皆賀•子獨弔•何也•陳軫對曰•不然•以臣觀之•商於之地不可得•而齊秦合•齊秦合•則患必至矣•楚王曰•有說乎•陳軫對曰•夫秦之所以重楚者•以其有齊也•今閉關絕約於齊•則楚孤•秦奚貪夫孤國•而與之商於之地六百里•張儀至秦•必負王•是北絕齊交•西生患於秦也•而兩國之兵必俱至•善爲王計者•不若陰合而陽絕於齊•使人隨張儀•苟與吾地•絕齊未晚也•不與吾地•陰合謀計也•楚王曰•願陳子閉口毋復言•以待寡人得地•乃以相印授張儀•厚賂之•於是遂閉關絕約於齊•使一將軍隨張儀•張儀至秦•詳失綏墮車•不朝三月•楚王聞之•曰•儀以寡人絕齊未甚邪•乃使勇士至宋借

宋之符•北罵齊王•齊王大怒•折節而下秦•秦齊之交合•張儀乃朝•謂楚使者曰•臣有奉邑六里•願以獻大王左右•楚使者曰•臣受令於王•以商於之地六百里•不聞六里•還報楚王•楚王大怒•發兵而攻秦•陳軫曰•軫可發口言乎•攻之不如割地反以賂秦•與之并兵而攻齊•是我出地於秦•取償於齊也•王國尚可存•楚王不聽•卒發兵而使將軍屈匄擊秦•秦齊共攻楚•斬首八萬•殺屈匄•遂取丹陽漢中之地•楚又復益發兵而襲秦•至藍田•大戰•楚大敗•於是楚割兩城以與秦平•秦要楚欲得黔中地•欲以武關外易之•楚王曰•不願易地•願得張儀而獻黔中地•秦王欲遣之•口弗忍言•張儀乃請行•惠王曰•彼楚王怒子之負以商於之地•是且甘心於子•張儀曰•秦彊楚弱•臣善靳尚•尚得事楚夫人鄭袖•袖所言皆從•且臣奉王之節使楚•楚何敢加誅•假令誅臣而爲秦得黔中之地•臣

之上願遂使楚楚懷王至則囚張儀將殺之靳尙謂鄭袖曰子亦知子
之賤於王乎鄭袖曰何也靳尙曰秦王甚愛張儀而不欲出之今將以
上庸之地六縣賂楚以美人聘楚以宮中善歌謳者爲媵楚王重地尊
秦秦女必貴而夫人斥矣不若爲言而出之於是鄭袖日夜言懷王曰
人臣各爲其主用今地未入秦秦使張儀來至重王王未有禮而殺張
儀秦必大怒攻楚妾請子母俱遷江南毋爲秦所魚肉也懷王後悔赦
張儀厚禮之如故張儀既出未去聞蘇秦死乃說楚王曰秦地半天下
兵敵四國被險帶河四塞以爲固虎賁之士百餘萬車千乘騎萬匹積
粟如丘山法令既明士卒安難樂死主明以嚴將智以武雖無出甲席
卷常山之險必折天下之脊天下有後服者先亡且夫爲從者無以異
於驅羣羊而攻猛虎虎之與羊不格明矣今王不與猛虎而與羣羊臣

秦西有巴蜀以下張廉卿云此段如奇峯驟起

竊以爲大王之計過也。凡天下彊國。非秦而楚。非楚而秦。兩國交爭。其勢不兩立。大王不與秦。秦下甲據宜陽。韓之上地不通。下河東。取成皐。韓必入臣于秦。韓入臣（五字依國策校補）梁則從風而動。秦攻楚之西。韓梁攻其北。社稷安得毋危。且夫從者。聚羣弱而攻至彊也。夫以弱攻彊（六字依國策補）不料敵而輕戰。國貧而數舉兵。危亾之術也。臣聞之。兵不如者勿與挑戰。粟不如者勿與持久。夫從人飾辯曼辭（本作虛辭依文選注改）高主之節。言其利不言其害。卒有秦禍。無及爲已。是故願大王之孰計之。秦西有巴蜀。大船積粟。起於汶山。浮江已下。至楚三千餘里。舫（索隱本作枋）船載卒。一舫載五十人。與三月之食。下水而浮。一日行三百餘里。里數雖多。然而不費牛馬之力。不至十日而距扞關。扞關驚。則從境以東（策作從竟陵以東案史境當作竟竟即竟陵轉寫誤爲境）盡城守矣。黔中巫郡。非王之有已（依國策補已字）秦舉甲出武

關南面而伐則北地絕秦兵之攻楚也危難在三月以內而楚待國策作待
恃案恃待兩通下同諸侯之救在半歲之外此其勢不相及也夫待弱國之救忘
彊秦之禍此臣所以爲大王患也大王嘗與吳人戰吳人字誤此當言六國時事不得遠
言吳事但楚世家亦未詳不知當與何國戰五戰而三勝陳卒盡矣陳卒謂舊卒也今本作陳卒誤依國策改偏
守新城存民苦矣臣聞功大者易危而民敝者怨上夫守易危之功而
逆彊秦之心臣竊爲大王危之且夫秦之所以不出兵函谷十五年以
攻齊趙者陰謀有合天下之心集解合作吞是楚嘗與秦構難戰於漢中楚人
不勝列侯執珪死者七十餘人遂亾漢中楚王大怒興兵襲秦戰於藍
田此所謂兩虎相搏者也搏文選注作據御覽同王懷祖云據讀若戟謂揭持也夫秦楚相敝而
韓魏以全制其後計無危於此者矣願大王孰計之秦下甲攻衛陽晉
必大關天下之匈集解關作開案開字誤當作扃鮑本作關扃大王悉起兵以攻宋不至數

月而宋可舉。舉宋而東指。則泗上十二諸侯。盡王之有也。凡天下而（而讀爲能）以信約從親相堅者蘇秦。封武安君相燕。卽陰與燕王謀伐破齊而分其地。乃詳有罪出走入齊。齊王因受而相之。居二年而覺。齊王大怒。車裂蘇秦於市。夫以一詐僞之蘇秦。而欲經營天下。混（索隱混作棍）一諸侯。其不可成亦明矣。今秦與楚接境壤界。固形親之國也。大王誠能聽臣。臣請使秦太子入質於楚。楚太子入質於秦。請以秦女爲大王箕帚之妾。效萬室之都以爲湯沐之邑。長爲昆弟之國。終身無相攻伐。臣以爲計無便於此者。於是楚王已得張儀。而重出黔中地與秦。欲許之。屈原曰。前大王見欺於張儀。張儀至。臣以爲大王烹之。今縱弗忍殺之。又聽其邪說。不可。懷王曰。許儀而得黔中。美利也。後而倍之。不可。故卒許張儀。與秦親。張儀去楚。因遂之韓。說韓王曰。韓地險惡。山居。五穀所生。非菽而麥。民之食大抵飯菽藿羹。一歲不收。民不饜糟糠。地不過九百里。無二歲之食。料大王之卒。悉之不過三十萬。而厮徒負養在其中矣。除守徼亭障塞。見卒不過二十萬而已矣。秦帶甲百餘萬。車千乘。騎萬匹。虎賁之士。（索隱引國策賁作摯。案鷙是。）跿跔科頭貫頤奮戟者。至不可勝計。秦馬之良。戎兵之衆。探前趹後。蹄間三尋騰者。不可勝數。山東之士被甲蒙冑以會戰。秦人捐甲徒裼以趨敵。左挈人頭。右挾生虜。夫秦卒與山東之卒。猶孟賁之與怯夫。以重力相壓。猶烏獲之與嬰兒。夫戰孟賁烏獲之士。以攻不服之弱國。無異垂千鈞之重於鳥卵之上。必無幸矣。夫羣臣諸侯不料地之寡。而聽從人之甘言好辭。比周以相飾也。皆奮曰。聽吾計可以彊霸天下。夫不顧社稷之長利。而聽須臾之說。詿誤人主。無過此者。大王不事秦。秦下甲據宜陽。斷韓之上地。東取成皋滎陽。則鴻臺之宮。桑【集解一作栗】林之苑。非王之有也。夫塞成皋。絕上地。則王之國分矣。先事秦則安。不事秦則危。夫造禍而求其福。報計淺而怨深。逆秦而順楚。雖欲毋亡。不可得也。故爲大王計。莫如爲秦。秦之所欲莫如弱楚。而能弱楚者莫如韓。非以韓能彊於楚也。其地勢然也。今王西面而事秦以攻楚。秦王必喜。夫攻楚以利其地。轉禍而說秦。計無便於此者。韓王聽儀計。張儀歸報。秦惠王封儀五邑。號曰武信君。使張儀東說齊湣王曰。天下彊國無過齊者。大臣父兄殷衆富樂。然而爲大王計者。皆爲一時之說。不顧百世之利。從人說大王者。必曰齊西有彊趙。南有韓與梁。齊。負海之國也。地廣民衆。兵彊士勇。雖有百秦。將無柰齊何。大王賢其說而不計其實。夫從人朋黨比周。莫不以從爲可。臣聞之。齊與魯三戰而魯三勝。國以危亡隨其後。雖有戰勝之名。而有亡國之實。是何也。齊大而魯小也。今秦之與齊也。猶齊之與魯也。秦趙戰於河漳之上。再戰而趙再勝秦。戰於番吾之下。再戰又勝秦。四戰之後。趙之亡卒數十萬。邯鄲僅存。雖有戰勝之名。而國已破矣。是何也。秦彊而趙弱。（國策有也字）今秦楚嫁女（國策女作子是）娶婦。爲昆弟之國。韓獻宜陽。梁效河外。趙入朝澠池。割河閒以事秦。大王不事秦。秦驅韓梁攻齊之南地。悉趙兵渡清河。指博關。臨菑卽墨。非王之有也。國一日見攻。雖欲事秦。不可得也。是故願大王孰計之也。齊王曰。齊僻陋隱居東海之上。未嘗聞社稷之長利也。乃許張儀。張儀去。西說趙王曰。敝邑秦王使使臣效愚計於大王。大王收率天下以擯秦。秦兵不敢出函谷關十五年。大王之威行於山東。敝邑恐懼懾伏。繕甲厲兵。飾車騎。習馳射。分田積粟。守四封之內。愁居懾處。不敢動搖。惟大王有意督過之也。今以大王之力。舉巴蜀。并漢中。包

兩周•遷九鼎•守白馬之津•秦雖僻遠•然而心忿悁（悁字依國策補）含怒之日久
矣•今秦有敝甲凋兵•軍於澠池•願渡河踰漳•據番吾•會邯鄲之下•願以
甲子合戰•以正殷紂之事•敬使使臣先聞左右•凡大王之所信爲從者
恃蘇秦•蘇秦熒惑諸侯•以是爲非•以非爲是•欲反齊國•而自令車裂於
市•夫天下之不可一•亦明矣•今楚與秦爲昆弟之國•而韓梁稱爲東藩
之臣•齊獻魚鹽之地•此斷趙之右臂也•夫斷右臂而與人鬭•失其黨而
孤居•求欲毋危•豈可得乎•今秦發三將軍•其一軍塞午道•告齊使興師
渡清河•軍於邯鄲之東•一軍軍成皋•驅韓梁軍於河外•一軍軍於澠池
約四國爲一•以攻趙•趙服•必四分其地•是故不敢匿意隱情•先以聞於
左右•臣竊爲大王計•莫如與秦王遇於澠池•面相見而口相結•請案兵
無攻•願大王之定計•趙王曰•先王之時•奉陽君專權擅勢•蔽欺先王•獨

擅綰事。寡人居屬師傅。不與國謀計。先王棄羣臣。寡人年幼。奉祀（北宋本祀上有祭字通志同）之日新。心固竊疑焉。以為一從不事秦。非國之長利也。乃且願變心易慮。割地謝前過以事秦。方將約車趨行。適聞使者之明詔。趙王許張儀。張儀乃去。北之燕。說燕昭王曰。大王之所親莫如趙。昔趙襄子嘗以其姊為代王妻。欲并代。約與代王遇於句注之塞。乃令工人作為金斗。長其尾。令可以擊人。與代王飲。陰告廚人曰。即酒酣樂。進熱啜。反斗以擊之。於是酒酣樂。進熱啜。廚人進斟。因反斗以擊代王。殺之。王腦塗地。其姊聞之。因摩笄以自刺。故至今有摩笄之山。代王之亾。天下莫不聞。夫趙王之很戾無親。大王之所明見。且以趙王為可親乎。趙興兵攻燕。再圍燕都。而劫大王。大王割十城以謝。今趙王已入朝澠池。效河閒以事秦。今大王不事秦。秦下甲雲中九原。驅趙而攻燕。則易水長城非大王之有也且今時趙之於秦猶郡縣也不敢妄舉師以攻伐今王事秦秦王必喜趙不敢妄動是西有彊秦之援而南無齊趙之患是故願大王孰計之燕王曰寡人蠻夷僻處雖大男子裁如嬰兒言不足以采正計（此句有誤國策本采作求計作謀下審不足以決事五字當依策改補此二句皆六字爲句也）今上客幸教之請西面而事秦獻恒山之尾五城燕王聽儀儀歸報未至咸陽而秦惠王卒武王立武王自爲太子時不說張儀及即位羣臣多讒張儀曰無信左右賣國以取容秦必復用之恐爲天下笑諸侯聞張儀有郤武王皆畔衡復合從秦武王元年羣臣日夜惡張儀未已而齊讓又至張儀懼誅乃因謂秦武王曰儀有愚計願效之王曰奈何對曰爲秦社稷計者東方有大變然後王可以多割得地也今聞齊王甚憎儀儀之所在必興師伐之故儀願乞其不肖之身之梁齊必興師而伐梁梁齊之

兵連於城下。而不能相去。王以其閒伐韓。入三川。出兵函谷。而毋伐。以臨周。祭器必出。挾天子。按圖籍。此王業也。秦王以爲然。乃具革車三十乘。入儀之梁。齊果興師伐之。梁哀王恐。張儀曰。王勿患也。請令罷齊兵。乃使其舍人馮喜。（索隱引舊本喜作憙但此索隱似後人校語疑非索隱文）之楚。借使之齊。謂齊王曰。王甚憎張儀。雖然。亦厚矣王之託儀於秦也。齊王曰。寡人憎儀。儀之所在。必興師伐之。何以託儀。對曰。是乃王之託儀也。夫儀之出也。固與秦王約曰。爲王計者。東方有大變。然後王可以多割得地。今齊王甚憎儀。儀之所在。必興師伐之。故儀願乞其不肖之身之梁。秦必興師伐之。齊梁之兵連於城下。而不能相去。王以其閒伐韓。入三川。出兵函谷。而無伐。以臨周。祭器必出。挾天子。案圖籍。此王業也。秦王以爲然。故具革車三十乘而入之梁也。今儀入梁。王果伐之。是王內罷國而外伐與國。

廣鄰敵以內自臨。而信儀於秦王也。此臣之所謂託儀也。齊王曰。善。乃使解兵。張儀相魏一歲。卒於魏也。陳軫者。游說之士。與張儀俱事秦惠王。皆貴重爭寵。張儀惡陳軫於秦王曰。軫重幣輕使秦楚之閒。將爲國交也。今楚不加善於秦而善軫者。自爲厚而爲王薄也。且軫欲去秦而之楚。王胡不聽乎。王謂陳軫曰。吾聞子欲去秦之楚。有之乎。軫曰。然。王曰。儀之言果信矣。軫曰。非獨儀知之也。行道之士盡知之矣。昔子胥忠於其君。而天下爭以爲臣。曾參孝於其親。而天下願以爲子。故賣僕妾不出閭巷而售者。良僕妾也。出婦嫁於鄉曲者。良婦也。今軫不忠其君。楚亦何以軫爲忠乎。忠且見弃。軫不之楚何歸乎。王以其言爲然。遂善待之。居秦期年。秦惠王終相張儀。而陳軫奔楚。楚未之重也。而使陳軫使於秦。過梁。欲見犀首。犀首謝弗見。軫曰。吾爲事來。公不見軫。軫將行。

不得待異日。犀首見之。陳軫曰。公何好飮也。犀首曰。無事也。曰。吾請令公饜事可乎。曰。奈何。曰。田需約諸侯從親。楚王疑之未信也。公謂於王曰。臣與燕趙之王有故。數使人來曰。無事何不相見。願謁行於王。王雖許公。公請毋多車。以車三十乘。可陳之於庭。明言之燕趙。燕趙客聞之。馳車告其王。使人迎犀首。楚王聞之。大怒曰。田需與寡人約。而犀首之燕趙。是欺我也。怒而不聽其事。齊聞犀首之北。使人以事委焉。犀首遂行。三國相事。皆斷於犀首。軫遂至秦。韓魏相攻。朞年不解。秦惠王欲救之。問於左右。左右或曰救之便。或曰勿救便。惠王未能爲之決。陳軫適至秦。惠王曰。子去寡人之楚。亦思寡人不。陳軫對曰。王聞夫越人莊舃乎。王曰。不聞。曰。越人莊舃仕楚執珪。有頃而病。楚王曰。舃故越之鄙細人也。今仕楚執珪。貴富矣。亦思越不。中謝對曰。凡人之思。故在其病也。

彼思越則越聲。不思越則楚聲。使人往聽之。猶尙越聲也。今臣雖弃逐之楚。豈能無秦聲哉。惠王曰善。今韓魏相攻。期年不解。或謂寡人救之便。或曰勿救便。寡人不能決。願子爲子主計之餘。爲寡人計之。陳軫對曰。亦嘗有以夫卞（索隱作館）莊子刺虎聞於王者乎。莊子欲刺虎。館豎子止之曰。兩虎方且食牛。食甘必爭。爭則必鬭。鬭則大者傷。小者死。從傷而刺之。一舉必有雙虎之名。卞莊子以爲然。立須之。有頃。兩虎果鬭。大者傷。小者死。莊子從傷者而刺之。一舉果有雙虎之功。今韓魏相攻。朞年不解。是必大國傷。小國亾。從傷而伐之。一舉必有兩實。此猶莊子刺虎之類也。臣主與王何異也。惠王曰善。卒弗救。大國果傷。小國亡。秦興兵而伐。大尅之。此陳軫之計也。犀首者。魏之陰晉人也。名衍。姓公孫氏。與張儀不善。張儀爲秦之魏。魏王相張儀。犀首弗利。故令人謂韓公叔曰。

張儀已合秦魏矣。其言曰。魏攻南陽。秦攻三川。魏王所以貴張子者。欲得韓地也。且韓之南陽已舉矣。子何不少委焉以爲衍功。則秦魏之交可錯矣。然則魏必圖秦而弃儀。收韓而相衍。公叔以爲便。因委之犀首以爲功。果相魏。張儀去。義渠君朝於魏。犀首聞張儀復相秦。害之。犀首乃謂義渠君曰。道遠不得復過。請謁事情。曰。中國無事。秦得燒掇焚杅君之國。有事。秦將輕使重幣事君之國。其後五國伐秦。會陳軫謂秦王曰。義渠君者。蠻夷之賢君也。不如賂之以撫其志。秦王曰。善。乃以文繡千純婦（國策婦作好）女百人遺義渠君。義渠君致羣臣而謀曰。此公孫衍所謂邪。乃起兵襲秦。大敗秦人（中統本人作入索隱同）李伯（梁云伯策作帛古通）之下。張儀已卒之後。犀首入相秦。嘗佩五國之相印。爲約長。

太史公曰。三晉多權變之士。夫言從衡彊秦者。大抵皆三晉之人也。夫

張儀之行事甚於蘇秦然世惡蘇秦者以其先死而儀振暴其短以扶其說成其衡道要之此兩人眞傾危之士哉

某案蘇張二篇專記縱橫家言蘇秦合從以燕爲主張儀連衡以魏爲主

張儀列傳第十

史記七十

傳內叙游騰胡衍二事皆詐謀與通篇爲類然皆非樗里事

史記七十一

樗里子甘茂列傳第十一

樗里子者名疾秦惠王之弟也與惠王異母母韓女也樗里子滑稽多智秦人號曰智囊秦惠王八年爵樗里子右更使將而伐曲沃盡出其人取其城地入秦秦惠王二十五年使樗里子爲將伐趙虜趙將軍莊豹拔藺明年助魏章攻楚（錢云魏章即秦本紀之庶長章也）敗楚將屈丐取漢中地秦封樗里子號爲嚴君秦惠王卒太子武王立逐張儀魏章而以樗里子甘茂爲左右丞相秦使甘茂攻韓拔宜陽使樗里子以車百乘入周周以卒迎之意甚敬楚王怒讓周以其重秦客游騰爲周說楚王曰智伯之伐仇猶（梁云仇猶策作厹由呂作夙繇高誘注或作仇首韓作仇由漢志臨淮有厹由）遺之廣車因隨之以兵仇猶遂亾何則無備故也齊桓公伐蔡號曰誅楚其實襲蔡今秦虎狼之國使樗里子以車百乘入周周以仇猶蔡觀焉故使長戟居前彊

此文外曲致也樗里以骨肉親無所謂知也而秦人

弩在後名曰衛疾而實囚之且夫周豈能無憂其社稷哉恐一旦亾國以憂大王楚王乃悅秦武王卒昭王立樗里子又益尊重昭王元年樗里子將伐蒲蒲守恐請胡衍胡衍爲蒲謂樗里子曰公之攻蒲爲秦乎爲魏乎爲魏則善矣爲秦則不爲賴矣夫衛之所以爲衛者以蒲也今伐蒲入於魏衛必折而從之魏亾西河之外而無以取者兵弱也今幷衛於魏魏必彊魏彊之日西河之外必危矣且秦王將觀公之事害秦而利魏王必罪公樗里子曰奈何胡衍曰公釋蒲勿攻臣試爲公入言之以德衛君樗里子曰善胡衍入蒲謂其守曰樗里子知蒲之病矣其言曰必拔蒲衍能令釋蒲勿攻蒲守恐因再拜曰願以請因效金三百斤曰秦兵苟退請必言子於衛君使子爲南面故胡衍受金於蒲以自貴於衛於是遂解蒲而去還擊皮氏皮氏未降又去昭王七年樗里子

稱其知則以小數耳其言墓地後事則驗矣因言墓地連類而及居室與爲縈拂適有號名樗里不嫌橫決也

樗里傳與甘茂爲左右丞相插入甘茂茂傳因張儀樗里子求見秦惠王回映樗里此爲文家淺法然作手不能略也

佐魏章是秦楚盛衰關鍵二傳皆及之

左右丞相以復爲章法

此傳後幅以向壽爲主客此預起本

卒葬于渭南章臺之東曰後百歲是當有天子之宮夾我墓樗里子疾室在於昭王廟西渭南陰鄉樗里故俗謂之樗里子至漢興長樂宮在其東未央宮在其西武庫正直其墓秦人諺曰力則任鄙智則樗里

甘茂者下蔡人也事下蔡史舉先生學百家之說因張儀樗里子而求見秦惠王王見而說之使將而佐魏章略定漢中地惠王卒武王立張儀魏章去東之魏蜀侯煇相壯反秦使甘茂定蜀還而以甘茂爲左丞相以樗里子爲右丞相秦武王三年謂甘茂曰寡人欲容車通三川以窺周室而寡人死不朽矣甘茂曰請之魏約以伐韓王（本作而依國策改）令向壽輔行甘茂至謂向壽曰子歸言之於王曰魏聽臣矣然願王勿伐事成盡以爲子功向壽歸以告王王迎甘茂於息壤甘茂至王問其故對曰宜陽大縣也上黨南陽積之久矣名曰縣其實郡也今王倍數險行千

張儀始與司馬錯爭論主取韓不主取蜀及議定則儀往取巴蜀親行司馬錯之議決無忌克之心儀衍之行儒者所不道至其忠於謀國而不自持成見後世殆難其選

樗里子母韓女故私韓然本傳不見唯見此挾韓而議句

里攻之難昔曾參之處費魯人有與曾參同姓名者殺人人告其母曰曾參殺人其母織自若也頃之一人又告之曰曾參殺人其母尙織自若也頃又一人告之曰曾參殺人其母投杼下機踰牆而走夫以曾參之賢與其母之信也三人疑之其母懼焉今臣之賢不若曾參王之信臣又不如曾參之母信曾參也疑臣者非特三人臣恐大王之投杼也始張儀西幷巴蜀之地（梁云儀傳不書並蜀秦紀稱司馬錯滅蜀水經注惠王使儀錯等滅蜀華陽國志同是二人同往也）北開西河之外南取上庸天下不以多張子而以賢先王魏文侯令樂羊將而攻中山三年而拔之樂羊返而論功文侯示之謗書一篋樂羊再拜稽首曰此非臣之功也主君之力也今臣羈旅之臣也樗里子公孫奭（國策奭作衍誤）二人者挾韓而議之王必聽之是王欺魏王而臣受公仲侈（集解侈一作馮梁云田完世家韓馮徐云是公仲侈即國策韓之公仲朋也紀年又稱韓明馮朋音近侈明朋字近）之怨也

武王竟至周二句此收束周而
楚女也與樗里毋韓女也
對照向壽宜太后外族故
私楚而與甘茂相傾

王曰寡人不聽也請與子盟卒使丞相甘茂將兵伐宜陽五月而不拔樗里子公孫奭果爭之武王召甘茂欲罷而甘茂曰息壤在彼王曰有之因大悉起兵使甘茂擊之斬首六萬遂拔宜陽韓襄王使公仲侈入謝與秦平武王竟至周而卒於周其弟立爲昭王王母宣太后楚女也楚懷王怨前秦敗楚於丹陽而韓不救乃以兵圍韓雍氏韓使公仲侈告急於秦秦昭王新立太后楚人不肯救公仲因甘茂茂爲韓言於秦昭王曰公仲方有得秦救故敢扞楚也今雍氏圍秦師不下殽公仲且仰首而不朝公叔且以國南合於楚楚韓爲一魏氏不敢不聽然則伐秦之形成矣不識坐而待伐孰與伐人之利秦王曰善乃下師於殽以救韓楚兵去秦使向壽平宜陽而使樗里子甘茂伐魏皮氏向壽者宣太后外族也而與昭王少相長故任用向壽和楚（和本作如依集解改）楚聞秦之

甘茂黨魏此亦旁見之文

公必亡之言公乃必其無變也亡即無字正義乃妄說之

貴向壽而厚事向壽向壽爲秦守宜陽將以伐韓韓公仲使蘇代謂向壽曰禽困覆車公破韓辱公仲公仲收國復事秦自以爲必可以封今公與楚解口地封小令尹以杜陽秦楚合復攻韓韓必亾韓亾公仲且躬率其私徒以閼於秦願公孰慮之也向壽曰吾合秦楚非以當韓也子爲壽謁之公仲曰秦韓之交可合也蘇代對曰願有謁於公人曰貴其所以貴者貴王之愛習公也不如公孫奭梁云策作公孫郝又作赫又作顯其智能公也不如甘茂今二人者皆不得親於秦事而公獨與王主斷於國者何彼有以失之也公孫奭黨於韓而甘茂黨於魏故王不信也今秦楚爭彊而公黨於楚是與公孫奭甘茂同道也公何以異之此句與上公孫奭甘茂同道句複當依正義一說釋異爲改異人皆言楚之善變也而公必亾之國策無亡字是自爲責也責策作貴公不如與王謀其變也善韓以備楚如此則無患矣韓氏必先

武遂不可得此與甘茂立異

過楚集解作適楚是向壽本意固在私楚

以國從公孫奭而後委國於甘茂韓公之讎也今公言善韓以備楚是外舉不辟讎也向壽曰然吾甚欲韓合對曰甘茂許公仲以武遂反宜陽之民今公徒收之甚難向壽曰然則奈何武遂終不可得也對曰公奚不以秦爲韓求潁川於楚此韓之寄地也公求而得之是令行於楚而以其地德韓也公求而不得是韓楚之怨不解而交走秦也秦楚爭彊而公徐適（本作過依集解改）楚以收韓此利於秦向壽曰奈何對曰此善事也甘茂欲以魏取齊公孫奭欲以韓取齊今公取宜陽以爲功收楚韓以安之而誅齊魏之罪是以公孫奭甘茂無事也甘茂竟言秦昭王以武遂復歸之韓向壽公孫奭爭之不能得向壽公孫奭由此怨讒甘茂茂懼輟伐魏蒲阪亡去樗里子與魏講罷兵甘茂之亡秦奔齊逢蘇代代爲齊使於秦甘茂曰臣得罪於秦懼而遯逃無所容跡臣聞貧人女

與富人女會績貧人女曰我無以買燭而子之燭光幸有餘子可分我餘光無損子明而得一斯便焉今臣困而君方使秦而當路矣茂之妻子在焉願君以餘光振之蘇代許諾遂致使於秦已因說秦王曰甘茂非常士也其居於秦累世重矣自殽塞及至鬼谷（梁云秦策作谿谷）其地形險易皆明知之彼以齊約韓魏反以圖秦非秦之利也秦王曰然則柰何蘇代曰王不若重其贄厚其祿以迎之使彼來則置之鬼谷（國策作槐谷是）終身勿出秦王曰善即賜之上卿以相印迎之於齊甘茂不往蘇代謂齊湣王曰夫甘茂賢人也今秦賜之上卿以相印迎之甘茂德王之賜好爲王臣故辭而不往今王何以禮之齊王曰善即位之上卿而處之秦因復甘茂之家以市於齊齊使甘茂於楚楚懷王新與秦合婚而驩而秦聞甘茂在楚使人謂楚王曰願送甘茂於秦楚王問於范蜎（梁云蜎索隱引）

此段自范蜎口中論定甘茂

策作蝝今策作環皆以音形相近而異孟荀傳環淵人表藝文幷作蜎曰寡人欲置相於秦孰可對曰臣不足以識之楚王曰寡人欲相甘茂可乎對曰不可夫史舉下蔡之監門也大不爲事君小不爲家室以苟賤不廉聞於世甘茂事之順焉故惠王之明武王之察張儀之辯而甘茂事之取十官而無罪茂誠賢者也然不可相於秦夫秦之有賢相非楚國之利也且王前嘗用召滑涓於越而內句章昧之難本作內行章義之難依集解改此蓋越事而世家無之越國亂故楚南塞厲瀨門湖而郡江東計王之功所以能如此者越國亂而楚治也今王知用諸越而忘用諸秦臣以王爲鉅過矣然則王若欲置相於秦則莫若向壽者可夫向壽之於秦王親也少與之同衣長與之同車以聽事王必相向壽於秦則楚國之利也於是使使請秦相向壽於秦秦卒相向壽而甘茂竟不得復入秦卒於魏甘茂有孫曰甘羅甘羅者甘茂孫也茂既

死後。甘羅年十二。事秦相文信侯呂不韋。秦始皇帝使剛成君蔡澤於燕。三年而燕王喜使太子丹入質於秦。秦使張唐往相燕。欲與燕共伐趙。以廣河閒之地。張唐謂文信侯曰。臣嘗爲秦昭王伐趙。趙怨臣。曰得唐者與百里之地。今之燕必經趙。臣不可以行。文信侯不快。未有以彊也。甘羅曰。君侯何不快之甚也。文信侯曰。吾令剛成君蔡澤事燕三年。燕太子丹已入質矣。吾自請張卿相燕而不肯行。甘羅曰。臣請行之。文信侯叱曰。去。我身自請之而不肯。汝焉能行之。甘羅曰。夫項橐生七歲爲孔子師。今臣生十二歲於茲矣。君其試臣。何遽叱乎。於是甘羅見張卿曰。卿之功孰與武安君。卿曰。武安君南挫彊楚。北威燕趙。戰勝攻取。破城墮邑。不知其數。臣之功不如也。甘羅曰。應侯之用於秦也。孰與文信侯專。張卿曰。應侯不如文信侯專。甘羅曰。卿明知其不如文信侯專

縮合前文爲東上起下之樞紐

與曰知之甘羅曰應侯欲攻趙武安君難之去咸陽七里而立死於杜郵今文信侯自請卿相燕而不肯行臣不知卿所死處矣張唐曰請因孺子行令裝治行行有日甘羅謂文信侯曰借臣車五乘請爲張唐先報趙文信侯乃入言之於始皇曰昔甘茂之孫甘羅年少耳然名家之子孫諸侯皆聞之今者張唐欲稱疾不肯行甘羅說而行之今願先報趙請許遣之始皇召見使甘羅於趙趙襄王郊迎甘羅甘羅說趙王曰王聞燕太子丹入質秦歟曰聞之曰聞張唐相燕歟曰聞之燕太子丹入秦者燕不欺秦也張唐相燕者秦不欺燕也燕秦不相欺者伐趙危矣燕秦不相欺無異故欲攻趙而廣河閒王不如齎臣五城以廣河閒請歸燕太子與彊趙攻弱燕趙王立自割五城以廣河閒秦歸燕太子趙攻燕得上谷三十城令秦有十一甘羅還報秦乃封甘羅以爲上卿

收自醒作意

復以始甘茂田宅賜之

太史公曰樗里子以骨肉重固其理而秦人稱其智故頗采焉甘茂起下蔡閭閻顯名諸侯重彊齊楚甘羅年少然出一奇計聲稱後世雖非篤行之君子然亦戰國之策士也方秦之彊時天下尤趨謀詐哉

某案此篇以謀詐爲主

樗里子甘茂列傳第十一

穰侯列傳第十二

穰侯魏冄者秦昭王母宣太后弟也其先楚人姓芈氏秦武王卒無子立其弟為昭王昭王母故號為芈八子及昭王即位芈八子號為宣太后宣太后非武王母武王母號曰惠文后先武王死（索隱引秦紀昭王二年庶長壯與誅及惠文后皆不得良死是惠文后死昭王時與此傳乖違此當以傳為正若惠文后果不良死傳不宜略也）宣太后二弟其異父長弟曰穰侯姓魏氏名冄同父弟曰芈戎為華陽君而昭王同母弟曰高陵君涇陽君而魏冄最賢自惠王武王時任職用事武王卒諸弟爭立惟魏冄力為能立昭王昭王即位以冄為將軍衞咸陽誅季君之亂而逐武王后出之魏昭王諸兄弟不善者皆滅之威振（通鑑作震）秦國昭王少宣太后自治任魏冄為政

昭王七年樗里子死而使涇陽君質於齊趙人樓緩來相秦趙不利乃使仇液之秦請以魏冄為秦相仇液

魏冄舉白起及白起拔郢皆特錄穰侯之功皆白起成之

將行。其客宋公謂液曰。仇液國策作仇郝宋公國策作宋交皆見索隱秦不聽公。樓緩必怨公。公不若謂樓緩曰。請爲公毋急秦。秦王見趙請相魏冄之不急。且不聽公。公言而事不成。以德樓子。事成。魏冄故德公矣。於是仇液從之。而秦果免樓緩而魏冄相秦。欲誅呂禮。禮出犇齊。昭王十四年。魏冄舉白起。使代向壽將而攻韓魏。敗之伊闕。斬首二十四萬。虜魏將公孫喜。明年。又取楚之宛葉。魏冄謝病免相。以客卿壽燭爲相。其明年。燭免。復相冄。乃封魏冄於穰。復益封陶。集解一作陰號曰穰侯。穰侯封四歲。爲秦將攻魏。魏獻河東方四百里。拔魏之河內。取城大小六十餘。昭王十九年。秦稱西帝。齊稱東帝。月餘。呂禮來。而齊秦各復歸帝爲王。魏冄復相秦。六歲而免。免二歲。復相秦。四歲。而使白起拔楚之郢。秦置南郡。乃封白起爲武安君。白起者。穰侯之所任舉也。相善。於是穰侯之富。富於王室。昭王

罷梁圍及此助趙伐齊二事皆爲取剛壽起本

三十二年。穰侯爲相國。將兵攻魏。走芒卯。入北宅。遂圍大梁。梁大夫須賈說穰侯曰。臣聞魏之長吏謂魏王曰。昔梁惠王伐趙。戰勝三梁。拔邯鄲。趙氏不割。而邯鄲復歸。齊人攻衛。拔故國。殺子良。衛人不割。而故地復反。衛趙之所以國全兵勁。而地不幷於諸侯者。以其能忍難而重出地也。宋中山數伐割地。而國隨以亾。臣以爲衛趙可法。而宋中山可爲戒也。秦貪戾之國也。而毋親。蠶食魏氏。又盡晉國。戰勝暴子。割八縣。地未畢入。兵復出矣。夫秦何厭之有哉。今又走芒卯。入北宅。此非敢攻梁也。且劫王以求多割地。王必勿聽也。今王背楚趙而講秦。楚趙怒而去王。與王爭事秦。秦必受之。秦挾楚趙之兵以復攻梁。則國求無亾。不可得也。願王之必無講也。王若欲講。少割而有質。不然必見欺。此臣之所聞於魏也。願君王之以是慮事也。札記云君謂穰侯王字衍周書曰。惟命不于常。此

張廉卿云骨騰肉飛

陶邑必亡索隱作魏者非是下云爲陶開兩道者以私利害動之與下欲廣陶封相發

言幸之不可數也夫戰勝暴子割八縣此非兵力之精也又非計之工也天幸爲多矣今又走芒卯入北宅以攻大梁是以天幸自爲常也智者不然臣聞魏氏悉其百縣勝甲以上戍大梁臣以爲不下三十萬以三十萬之衆守梁七仞之城臣以爲湯武復生不易攻也夫輕背楚趙之兵陵七仞之城戰三十萬之衆而志必舉之臣以爲自天地始分以至于今未嘗有者也攻而不拔秦兵必罷陶邑必亡則前功必弃矣今魏氏方疑可以少割收也願君逮楚趙之兵未至於梁亟以少割收魏魏方疑而得以少割爲利必欲之則君得所欲矣楚趙怒於魏之先己也必爭事秦從以此散而君後擇焉且君之得地豈必以兵哉割晉國秦兵不攻而魏必效絳安邑又爲陶開兩道幾盡故宋衛必效單父秦兵可全而君制之何索而不得何爲而不成願君熟慮之而無行危穰

侯曰善乃罷梁圍明年魏背秦與齊從親秦使穰侯伐魏斬首四萬走魏將暴鳶得魏三縣穰侯益封明年穰侯與白起客卿胡陽復攻趙韓魏破芒卯於華陽下斬首十萬取魏之卷蔡陽長社趙氏觀津且與趙觀津益趙以兵伐齊齊襄王懼使蘇代爲齊陰遺穰侯書曰臣聞往來者言曰秦將益趙甲四萬以伐齊臣竊必之敝邑之王曰秦王明而熟於計穰侯智而習於事必不益趙甲四萬以伐齊是何也夫三晉之相與也秦之深讎也百相背也百相欺也不爲不信不爲無行今破齊以肥趙趙秦之深讎不利於秦此一也秦之謀者必曰破齊弊晉楚而後制晉楚之勝夫齊罷國也以天下攻齊如以千鈞之弩決潰癰也必死安得弊晉楚此二也秦少出兵則晉楚不信也多出兵則晉楚爲制於秦齊恐不走秦必走晉楚此三也秦割齊以啖晉楚晉楚案之以兵秦

全傳結案於此通篇歸宿全篇都爲此句作勢張廉卿云見穰侯咎由自取而惋惜之意亦見

反受敵此四也是晉楚以秦謀齊以齊謀秦也何晉楚之智而秦齊之愚此五也故得安邑以善事之亦必無患矣秦有安邑韓氏必無上黨矣取天下之腸胃與出兵而懼其不反也孰利臣故曰秦王明而熟於計穰侯智而習於事必不益趙甲四萬以伐齊矣於是穰侯不行引兵而歸昭王三十六年相國穰侯言客卿竈欲伐齊取剛壽以廣其陶邑於是魏人范睢自謂張祿先生譏穰侯之伐齊乃越三晉以攻齊也以此時奸說秦昭王昭王於是用范睢范（通志此范字作言屬上讀）睢言宣太后專制穰侯擅權於諸侯涇陽君高陵君之屬太侈富於王室於是秦昭王悟乃免相國令涇陽之屬皆出關就封邑穰侯出關輜車千乘有餘穰侯卒於陶而因葬焉秦復收陶爲郡

太史公曰穰侯昭王親舅也而秦所以東益地弱諸侯嘗稱帝於天下

天下皆西鄉稽首者穰侯之功也及其貴極富溢一夫開說身折勢奪而以憂死況於羈旅之臣乎

某案此篇以范雎奪穰侯權勢爲主通篇神理趨重末段

穰侯列傳第十二

史記七十二

穰侯相秦此特筆穰侯傳云白起者穰侯之所任舉也相善白起所立功自穰侯用事時始其獲禍由應侯將相黨仇之所由分也

白起王翦列傳第十三

白起者。郿人也。善用兵。事秦昭王。昭王十三年。而白起爲左庶長將而擊韓之新城。是歲。穰侯相秦。舉任鄙以爲漢中守。某案任鄙守漢中於起無與疑此鄙字爲衍文蓋穰侯舉白起守漢中也穰侯傳云白起者穰侯之所任舉也是其證又案此說誤任鄙是年爲漢中守見於本紀其明年。白起爲左更。攻韓魏於伊闕。斬首二十四萬。又虜其將公孫喜。拔五城。起遷爲國尉。涉河取韓安邑以東。到乾河。明年。白起爲大良造。攻魏。拔之。取城小大六十一。明年。起與客卿錯攻垣城。拔之。後五年。白起攻趙。拔光狼城。後七年。白起攻楚。拔鄢鄧五城。其明年。攻楚。拔郢。燒夷陵。遂東至竟陵。楚王亡去郢。東走徙陳。秦以郢爲南郡。白起遷爲武安君。武安君因取楚。定巫黔中郡。昭王三十四年。白起攻魏。拔華陽。走芒卯。而虜三晉將。斬首十三萬。與趙將賈偃戰。沈其卒二萬人於河中。昭王四十三年。白起攻韓陘城。拔五城。斬首五萬。四十四年。白起攻南陽太行道。絕之。四十五年伐韓之野王。野王降秦。上黨道絕。其守馮亭與民謀曰。鄭道已絕。韓必不可得為民。秦兵日進。韓不能應。不如以上黨歸趙。趙若受我。秦怒必攻趙。趙被兵必親韓。韓趙為一。則可以當秦。因使人報趙。趙孝成王與平陽君平原君計之。（錢云平陽君趙豹也見趙世家）平陽君曰。不如勿受。受之禍大於所得。平原君曰。無故得一郡。受之便。趙受之。（通志趙下有乃字）因封馮亭為華陽君。四十六年。秦攻韓緱氏藺。拔之。四十七年。秦使左庶長王齕攻韓。取上黨。上黨民走趙。趙軍長平。以按據上黨民。四月。齕因攻趙。趙使廉頗將。趙軍士卒犯秦斥兵。秦斥兵斬趙裨將茄。六月。陷趙軍。取二鄣四尉。七月。趙軍築壘壁而守之。秦又攻其壘。取二尉。敗其陣。（集解陣作乘蓋謂車乘但此乃攻壘似陣字是）奪西壘壁。廉頗堅壁以待秦。秦數挑戰。趙兵

叙戰事曲折詳盡而詞特簡

不出趙王數以爲讓而秦相應侯又使人行千金於趙爲反間曰秦之所惡通鑑惡作畏是獨畏馬服子趙括將耳廉頗易與且降矣趙王既怒廉頗軍多失亾軍數敗又反堅壁不敢戰而又聞秦反間之言因使趙括代廉頗將以擊秦秦聞馬服子將乃陰使武安君白起爲上將軍而王齕爲尉裨將令軍中有敢泄武安君將者斬趙括至則出兵擊秦軍秦軍詳敗而走張二奇兵以劫之趙軍逐勝追造秦壁壁堅拒不得入而秦奇兵二萬五千人絶趙軍後又一軍五千騎絶趙壁間趙軍分而爲二糧道絶而秦出輕兵擊之趙戰不利因築壁堅守以待救至秦王聞趙食道絶王自之河內賜民爵各一級發年十五以上悉詣長平遮絶趙救及糧食至九月趙卒不得食四十六日皆內陰相殺食來攻秦壘欲出爲四隊四五復之不能出其將軍趙括出銳卒自搏戰秦軍射殺趙

括括軍敗卒四十萬人降武安君武安君計曰前秦已拔上黨（通志已作以以已同字）上黨民不樂爲秦而歸趙趙卒反覆非盡殺之恐爲亂乃挾詐而盡阬殺之遺其小者二百四十人歸趙前後斬首虜四十五萬人趙人大震四十八年十月秦復定上黨郡秦分軍爲二王齕攻皮牢拔之司馬梗定太原韓趙恐使蘇代厚幣說秦相應侯曰武安君禽馬服子乎曰然又曰卽圍邯鄲乎曰然趙亾則秦王王矣武安君爲三公武安君所爲秦戰勝攻取者七十餘城南定鄢郢漢中北禽趙括之軍雖周召呂望之功不益於此矣今趙亾秦王王則武安君必爲三公君能爲之下乎雖無欲爲之下固不得已矣秦嘗攻韓圍邢丘（鮑彪云邢丘當作陘）困上黨上黨之民皆反爲趙天下不樂爲秦民之日久矣今入趙（入乃亡之壞字通鑑通志幷作亡王校同）北地入燕東地入齊南地入韓魏則君之所得民亾幾何人固

此句爲後賜死張本與起
穰侯相秦句爲呼應

不如因而割之無以爲武安君功也於是應侯言於秦王曰秦兵勞請
許韓趙之割地以和且休士卒王聽之割韓垣雍趙六城以和正月皆
罷兵武安君聞之由是與應侯有隙其九月秦復發兵使五大夫王陵
攻趙邯鄲是時武安君病不任行四十九年正月陵攻邯鄲少利秦益
發兵佐陵陵兵亾五校武安君病愈秦王欲使武安君代陵將武安君
言曰邯鄲實未易攻也且諸侯救日至彼諸侯怨秦之日久矣今秦雖
破長平軍而秦卒死者過半國內空遠絕河山而爭人國都趙應其內
諸侯攻其外破秦軍必矣不可秦王自命不行乃使應侯請之武安君
終辭不肯行遂稱病秦王使王齕代陵將八九月圍邯鄲不能拔楚使
春申君及魏公子將兵數十萬攻秦軍秦軍多失亾武安君言曰秦不
聽臣計今如何矣秦王聞之怒彊起武安君武安君遂稱病篤應侯請

此段與蒙恬斷地脈李廣殺降不侯事略同皆史文沈痛處

秦始皇三句方提起忽頓斷其神氣與篇末盡并天下相呼吸何勢亦雄遠無

之不起於是免武安君為士伍遷之陰密武安君病未能行居三月諸侯攻秦軍急秦軍數卻使者日至秦王乃使人遣白起不得留咸陽中武安君既行出咸陽西門十里至杜郵秦昭王與應侯羣臣議曰白起之遷其意尚怏怏不服有餘言秦王乃使使者賜之劍自裁武安君引劍將自剄曰我何罪於天而至此哉良久曰我固當死長平之戰趙卒降者數十萬人我詐而盡阬之是足以死遂自殺武安君之死也以秦昭王五十年十一月死而非其罪秦人憐之鄉邑皆祭祀焉王翦者頻陽東鄉人也少而好兵事秦始皇十一年翦將攻趙閼與破之拔九城十八年翦將攻趙歲餘遂拔趙趙王降盡定趙地為郡明年燕使荊軻為賊於秦秦王使王翦攻燕燕王喜走遼東翦遂定燕薊而還秦使翦子王賁擊荊荊兵敗還擊魏魏王降遂定魏地秦始皇既滅三晉

比此奇氣也

走燕王而數破荊師秦將李信者年少壯勇嘗以兵數千逐燕太子丹至於衍水中卒破得丹始皇以爲賢勇於是始皇問李信吾欲攻取荊於將軍度用幾何人而足李信曰不過用二十萬人始皇問王翦王翦曰非六十萬人不可始皇曰王將軍老矣何怯也李將軍果勢壯勇（勢疑爲摯之訛即鷙字也集解作新非是）其言是也遂使李信及蒙恬將二十萬南伐荊王翦言不用因謝病歸老於頻陽李信攻平與（梁云與乃輿之譌平輿汝南縣名）蒙恬攻寢大破荊軍信又攻鄢郢破之於是引兵而西與蒙恬會城父荊人因隨之三日三夜不頓舍大破李信軍入兩壁殺七都尉秦軍走始皇聞之大怒（張依歐公爲君難論引校改怒爲慚）自馳如頻陽見謝王翦曰寡人以不用將軍計李信果辱秦軍今聞荊兵日進而西將軍雖病獨忍棄寡人乎王翦謝曰老臣罷病悖亂唯大王更擇賢將始皇謝曰已矣將軍勿復言王翦

發明秦王之雄猜與白起賜死相發面折始皇最奇警始皇聞此等語知其無大志故善笑而不之罪亦與白起事相發昭王與始皇前後一轍也

曰大王必不得已用臣非六十萬人不可始皇曰爲聽將軍計耳於是王翦將兵六十萬人始皇自送至灞上王翦行請美田宅園池甚衆始皇曰將軍行矣何憂貧乎王翦曰爲大王將有功終不得封侯故及大王之嚮臣臣亦及時以請園池爲子孫業耳始皇大笑王翦既行行字依通鑑補至關使使還請善善集解一作落田者五輩或曰將軍之乞貸亦已甚矣王翦曰不然夫秦王怚集解怚一作粗中中字依通鑑補而不信人今空秦國甲士而專委於我集解專作摶剸皆專之別體我不多請田宅爲子孫業以自堅顧令秦王坐而疑我矣矣本作邪依王柯本改通鑑通志幷同王翦東代李信擊荆東本作果依御覽改舊刻同荆聞王翦益軍而來乃悉國中兵以拒秦王翦至堅壁而守之不肯戰荆兵數出挑戰終不出王翦日休士洗沐而善飲食撫循之親與士卒同食久之王翦使人問軍中戲乎對曰方投石超距集解超作拔據裴說蓋兩通於是

此下鎮壓前文堅勁無匹

王翦已死句張廉卿云一語括盡堅老無匹

與白起自言殺降當死相映

王翦曰士卒可用矣荊數挑戰而秦不出乃引而東翦因舉兵追之令壯士擊大破荊軍至蘄南殺其將軍項燕荊兵遂敗走秦因乘勝略定荊地城邑歲餘虜荊王負芻竟平荊地爲郡縣因南征百越之君而王翦子王賁與李信破定燕齊地秦始皇二十六年盡并天下王氏蒙氏功爲多名施於後世秦二世之時王翦及其子賁皆已死而又滅蒙氏陳勝之反秦秦使王翦之孫王離擊趙圍趙王及張耳鉅鹿城或曰王離秦之名將也今將彊秦之兵攻新造之趙舉之必矣客曰不然夫爲將三世者必敗必敗者何也以（以本作必依通志改）其所殺伐多矣其後受其不祥（中統本祥作詳）今王離已三世將矣居無何項羽救趙擊趙軍果虜王離王離軍遂降諸侯

太史公曰鄙語云尺有所短寸有所長白起料敵合變出奇無窮聲震

天下。然不能救患於應侯。王翦為秦將。夷六國。當是時。翦為宿將。始皇師之。然不能輔秦建德。固其根本。偷合取容。以至圽身。及孫王離為項羽所虜。不亦宜乎。彼各有所短也。

某案此篇以良將難自全為主。亦以發明秦之寡恩也

白起王翦列傳第十三

孟子荀卿列傳第十四

太史公曰。余讀孟子書。至梁惠王問何以利吾國。未嘗不廢書而歎也。曰。嗟乎利誠亂之始也。夫子罕言利者。常防其原也。故曰。放於利而行多怨。自天子至於庶人。好利之弊何以異哉。

孟軻。鄒人也。受業子思之門人。列女傳漢藝文志風俗通孟題辭皆謂孟子親受業子思蓋皆本史記爲說漢人無以爲受業子思門人者王劭衍人字是近人以世家年表推其年世不相及史記紀年傳寫多誤難可依準道既通。游事齊宣王。宣王不能用。適梁。梁惠王不果所言。則見以爲迂遠而闊於事情。當是之時。秦用商君。富國強兵。楚魏用吳起。戰勝弱敵。齊威王宣王用孫子田忌之徒。而諸侯東面朝齊。天下方務於合從連衡。以攻伐爲賢。而孟軻乃述唐虞三代之德。是以所如通志如作好恐是夾漈肊改當依史本文者不合。退而與萬章之徒。序詩書。述仲尼之意。作孟子七篇。當依漢志作十一篇趙岐刪去四篇後乃僅存七篇耳此七篇字與上門人字皆後人妄

陡入騶子突兀正叙孟子止數語後文全從對面旁面設色

姚郎中嘗言作文如小兒放紙鳶愈放愈高止在手中綫牢耳此文叙鄒衍著書指要即姚氏紙鳶之說也

改也其後有騶子之屬齊有三騶子其前騶忌以鼓琴干威王因及國政封為成侯而受相印先孟子其次騶衍後孟子騶衍睹有國者益淫侈不能尚德若大雅整之於身施及黎庶矣乃深觀陰陽消息而作怪迂之變終始大聖之篇十餘萬言其語閎大不經必先驗小物推而大之至於無垠先序今以上至黃帝學者所共術大竝世盛衰集解竝蒲浪反因載其禨祥度制推而遠之至天地未生窈冥不可考而原也先列中國名山大川通谷禽獸水土所殖物類所珍因而推之及海外人之所不能睹稱引天地剖判以來五德轉移治各有宜而符應若茲以為儒者所謂中國者於天下乃八十一分居其一分耳中國名曰赤縣神州赤縣神州內自有九州禹之序九州是也不得為州數中國外如赤縣神州者九乃所謂九州也於是有裨海環之人民禽獸莫能相通者如一區

其游諸侯句頓斷

收入孟軻又以仲尼陪說乃止用一句奇矯無對

若將牛鼎一層置在伯夷孔子孟軻前便是凡近譏周云觀太史此論是其愛奇之甚蓋歎其文奇也

中者乃為一州如此者九乃有大瀛海環其外天地之際焉其術皆此類也然要其歸必止乎仁義節儉君臣上下六親之施始也濫耳（錢云始雖泛濫而要歸于仁義節儉司馬相如傳贊云相如雖多虛辭濫說然其要歸引之節儉語意正相類）王公大人初見其術懼（索隱音劬錢云懼即瞿字）然顧化其後不能行之是以騶子重於齊適梁梁惠王郊迎執賓主之禮適趙平原君側行襒（本作撇依索隱改通志凌本並同）席如燕昭王擁彗先驅請列弟子之座而受業築碣石宮身親往師之作主運其游諸侯見尊禮如此豈與仲尼菜色陳蔡孟軻困於齊梁同乎哉故武王以仁義伐紂而王伯夷餓不食周粟衛靈公問陳而孔子不答梁惠王謀欲攻趙孟軻稱大王去邠此豈有意阿世俗苟合而已哉持方枘欲內圜鑿其能入乎或曰伊尹負鼎而勉湯以王百里奚飯（宋本飯作飰通志同）牛車下而繆公用霸作先合然後引之大道騶衍其言雖不軌儻亦有牛

稷下先生以下縱筆摯起後文愈拓愈遠文有以背爲向以縱爲禽者名家故類能之然 如此文之奇變則後來無人到也

鼎之意乎自騶衍與齊之稷下先生如淳于髡愼到環淵接子田駢騶奭之徒各著書言治亂之事以干世主豈可勝道哉淳于髡齊人也博聞彊記學無所主其諫說慕晏嬰之爲人也然而承意觀色爲務客有見髡於梁惠王惠王屏左右獨坐而再見之終無言也惠王怪之以讓客曰子之稱淳于先生管晏不及及見寡人寡人未有得也豈寡人不足爲言邪（王云爲猶與也）何故哉客以謂髡髡曰固也吾前見王王志在驅逐後復見王王志在音聲吾是以默然客具以報王王大駭曰嗟乎淳于先生誠聖人也前淳于先生之來人有獻善馬者寡人未及視會先生至後先生之來人有獻謳者未及試亦會先生來寡人雖屏人然私心在彼有之後淳于髡見壹語連三日三夜無倦惠王欲以卿相位待之髡因謝去於是送以安車駕駟束帛加璧黃金百鎰終身不仕愼到趙

自如淳于髡一段此照父所云是總叉是跌宕者也此即收束前文叉是文外曲致史公與到處往往具數種筆墨

騶衍之術一段總上遞入荀卿文字縝密

數語中筆勢浩穰

田駢接子齊人環淵楚人皆學黃老道德之術因發明序其指意故慎到著十二論環淵著上下篇而田駢接子皆有所論焉騶奭者齊諸騶子亦頗采騶衍之術以紀文於是齊王嘉之自如淳于髡以下皆命曰列大夫爲開第康莊之衢高門大屋尊寵之覽天下諸侯賓客言齊能致天下賢士也荀卿趙人年五十始來游學於齊騶衍之術迂大而閎辨奭也文具難施淳于髡久與處時有得善言故齊人頌曰談天衍雕龍奭炙轂過髡別錄過作輠釋爲車之盛膏器札記云楇盛膏器讀若過廣韵作輠過乃假借字某案別錄之輠卽說文之楇索隱謂過與鍋字相近誤楇爲鍋則傳寫之失耳田駢之屬皆已死齊襄王時而荀卿最爲老師齊尚修列大夫之缺而荀卿三爲祭酒焉齊人或讒荀卿荀卿乃適楚而春申君以爲蘭陵令春申君死而荀卿廢因家蘭陵李斯嘗爲弟子已而相秦荀卿嫉濁世之政亡國亂君相屬不遂大道而營於巫祝

（某案淮南原道篇精神亂營高誘注營惑也）信禨祥鄙儒小拘如莊周等又滑稽亂俗於是推儒墨道德之行事興壞序列著數萬言而卒因葬蘭陵而趙亦有公孫龍（此別一公孫龍乃[illegible]人見平原君傳索隱以爲孔子弟子時代不相及殆誤）爲堅白同異之辯劇子之言（集解引應劭姓氏注劇作處漢志注引史文云趙有處子恐是誤記處劇字通借）魏有李悝盡地力之教楚有尸子（集解云尸佼晉人梁云漢志魯人）長盧阿之吁子焉（索隱引別錄吁作芈札記謂吁本或作哶哶爲芈之俗見玉篇其說是也漢志芈子名嬰齊人正義讀漢志芈子爲吁音）自如孟子至于吁子世多有其書故不論其傳云蓋墨翟宋之大夫善守禦爲節用或曰竝孔子時或曰在其後

某案此篇以所如不合爲主用鄒衍淳于等反形孟子用荀子正影孟子極淋漓激宕之致

孟子荀卿列傳第十四

此雖牽連他事然與孟嘗相發不爲浪語

孟嘗君列傳第十五

孟嘗君名文姓田氏文之父曰靖郭君田嬰田嬰者齊威王少子而齊宣王庶弟也田嬰自威王時任職用事與成侯鄒忌及田忌將而救韓伐魏成侯與田忌爭寵成侯賣田忌田忌懼襲齊之邊邑不勝亡走會威王卒宣王立知成侯賣田忌乃復召田忌以爲將宣王二年田忌與孫臏田嬰俱伐魏敗之馬陵虜魏太子申而殺魏將龐涓宣王七年田嬰使於韓魏韓魏服於齊嬰與韓昭侯魏惠王會齊宣王東阿南索隱引紀年東作平盟而去明年復與梁惠王會甄是歲梁惠王卒宣王九年田嬰相齊齊宣王與魏襄王會徐州而相王也楚威王聞之怒田嬰明年楚伐敗齊師於徐州而使人逐田嬰田嬰使張丑說楚威王威王乃止田嬰相齊十一年宣王卒湣王即位即位三年而封田嬰於薛初田嬰有子

孟嘗歷履其父固見明智
亦與後叛君事相發

四十餘人其賤妾有子名文文以五月五日生嬰告其母曰勿舉也其母竊舉生之及長其母因兄弟而見其子文於田嬰田嬰怒其母曰吾令若去此子而敢生之何也文頓首因曰君所以不舉五月子者何故嬰曰五月子者長與戶齊將不利其父母文曰人生受命於天乎將受命於戶邪嬰默然文曰必受命於天君何憂焉必受命於戶則可高其戶耳誰能至者嬰曰子休矣久之文承間問其父嬰曰子之子爲何曰爲孫孫之孫爲何曰爲玄孫玄孫之孫爲何曰不能知也文曰君用事相齊至今三王矣齊不加廣而君私家富累萬金門下不見一賢者文聞將門必有將相門必有相今君後宮蹈綺縠而士不得裋本作短依通志改索隱音豎褐僕妾餘粱肉而士不厭糟糠今君又尚厚積餘藏欲以遺所不知何人而忘公家之事日損文竊怪之於是嬰乃禮文使主家待賓客

入孟嘗君卽先敘招致賓客及亡人有罪四公子皆以養士爲主且見孟嘗所得多姦人也

此淺甚主客皆無足采矣

見孟嘗無識卒困於秦

賓客日進名聲聞於諸侯諸侯皆使人請薛公田嬰以文爲太子嬰許之嬰卒謚爲靖郭君而文果代立於薛是爲孟嘗君孟嘗君在薛招致諸侯賓客及亾人有罪者皆歸孟嘗君孟嘗君舍業厚遇之以故傾天下之士食客數千人無貴賤一與文等孟嘗君待客坐語而屏風後常有侍史主記君所與客語問親戚居處客去孟嘗君已使使存問獻遺其親戚孟嘗君曾待客夜食有一人蔽火光客怒以飯不等輟食辭去孟嘗君起自持其飯比之客慙自剄士以此多歸孟嘗君孟嘗君於客無所擇（客上依通志增於字）皆善遇之人人各自以爲孟嘗君親已（毛本親上有將字乃誤衍）

（通鑑通志并無）秦昭王聞其賢乃先使涇陽君爲質於齊以求見孟嘗君孟嘗君將入秦賓客莫欲其行諫不聽蘇代謂曰今旦代從外來見木禺人與土禺人相與語木禺人曰天雨子將敗矣土禺人曰我生於土敗則

歸士今天雨流子而行未知所止息也今秦虎狼之國也而君欲往如有不得還（王云如有如或也）君得無爲土禺人所笑乎孟嘗君乃止齊湣王二十五年復卒使孟嘗君入秦昭王即以孟嘗君爲秦相人或說秦昭王曰孟嘗君賢而又齊族也今相秦必先齊而後秦秦其危矣於是秦昭王乃止囚孟嘗君謀欲殺之孟嘗君使人抵昭王幸姬求解幸姬曰妾願得君狐白裘此時孟嘗君有一狐白裘直千金天下無雙入秦獻之昭王更無他裘孟嘗君患之徧問客莫能對最下坐有能爲狗盜者曰臣能得狐白裘乃夜爲狗以入秦宮藏中取所獻狐白裘至以獻秦王幸姬幸姬爲言昭王昭王釋孟嘗君孟嘗君得出即馳去更封傳變名姓以出關夜半至函谷關秦昭王後悔出孟嘗君求之已去即使人馳傳逐之孟嘗君至關關法雞鳴而出客孟嘗君恐追至客之居下坐者

始孟嘗君五句收前文有力見孟嘗門下無士

此二句論斷

孟嘗聞人譏議遂滅一縣此所謂暴桀也

有能為雞鳴而雞盡鳴遂發傳出出如食頃秦追果至關已後孟嘗君出乃還始孟嘗君列此二人於賓客賓客盡羞之及孟嘗君有秦難卒二人拔之自是之後客皆服孟嘗君過趙趙平原君客之趙人聞孟嘗君賢出觀之皆笑曰始以薛公為魁梧然也（魁下依通志補梧字）今視之乃眇小丈夫耳孟嘗君聞之怒客與俱者下斫擊殺數百人遂滅一縣以去齊湣王不自得（索隱本得作德德即得之假字）以其遣孟嘗君孟嘗君至則以為齊相任政孟嘗君怨秦將以齊為韓魏攻楚因與韓魏攻秦而借兵食於西周蘇代為西周謂曰君以齊為韓魏攻楚九年取宛葉以北以彊韓魏今復攻秦以益之韓魏南無楚憂西無秦患則齊危矣韓魏必輕齊畏秦臣為君危之君不如令敝邑深合於秦（國策深作陰此深字乃史公字法下破秦以彊韓魏國策彊作張史公改張為彊）而君無攻又無借兵食君臨函谷而無攻令敝邑以君之情

寫孟嘗挾私利害處有聲

魏子收邑入一段爲馮諼影照魏子所與賢者能自剄以明孟嘗不作亂而孟嘗乃怒退魏子此明孟嘗之不知人又與後文孟嘗與燕破齊反對

謂秦昭王曰薛公必不破秦以彊韓魏其攻秦也欲王之令楚王割東國以與齊而秦出楚懷王以爲和君令敝邑以此惠秦秦得無破而以東國自免也秦必欲之楚王得出必德齊齊得東國益彊而薛世世無患矣秦不大弱而處三晉之西三晉必重齊薛公曰善因令韓魏賀秦使三國無攻而不借兵食於西周矣是時楚懷王入秦秦留之故欲必出之秦不果出楚懷王孟嘗君相齊其舍人魏子爲孟嘗君收邑入三反而不致一入孟嘗君問之對曰有賢者竊假與之以故不致入孟嘗君怒而退魏子居數年人或毀孟嘗君於齊湣王曰孟嘗君將爲亂及田甲劫湣王湣王意疑孟嘗君孟嘗君乃奔魏子所與粟賢者聞之乃上書言孟嘗君不作亂請以身爲盟遂剄宮門以明孟嘗君湣王乃驚而蹤跡驗問孟嘗君果無反謀乃復召孟嘗君孟嘗君因謝病歸老於

且反齊王之信信謂約信齊秦相約信將合而孟嘗與湣王相惡故務反之使齊王失信於秦下言齊無秦則天下必集齊齊王孰與爲國是孟嘗本願也孟嘗遺穰侯書勸使伐齊所以破齊秦之交其言深中穰侯之私與蘇代說孟嘗正同一伎倆

薛。湣王許之。其後。秦亡將呂禮來相齊。依通志相上補來字欲困蘇代。代乃謂孟嘗君曰。周最局本最作最是於齊。至厚也。而齊王逐之。而聽親弗。索隱依國策寫作祝弗此傳寫之誤相呂禮者。欲取秦也。齊秦合。則親弗與呂禮重矣。有用齊。秦必輕君。君不如急北兵。趨趙。以和秦魏。收周最以厚行。且反齊王之信。又禁天下之變。齊無秦。則天下集齊。親弗必走。則齊王孰與爲其國也。於是孟嘗君從其計。而呂禮嫉害於孟嘗君。孟嘗君懼。乃遺秦相穰侯魏冉書曰。吾聞秦欲以呂禮收齊。齊天下之彊國也。子必輕矣。齊秦相取以臨三晉。呂禮必并相矣。是子通齊以重呂禮也。若齊免於天下之兵。其讎子必深矣。子不如勸秦王伐齊。齊破。吾請以所得封子。齊破。秦畏晉之彊。秦必重子以取晉。晉國敝於齊而畏秦。晉必重子以取秦。是子破齊以爲功。挾晉以爲重。是子破齊定封。秦晉交重子。若齊不破。呂禮復

此傳附馮驩事見精采

用子必大窮於是穰侯言於秦昭王伐齊而呂禮亾後齊湣王滅宋益驕欲去孟嘗君孟嘗君恐乃如魏魏昭王以爲相西合於秦趙與燕共伐破齊齊湣王亾在莒遂死焉齊襄王立而孟嘗君中立爲諸侯（舊刻本爲作於誤也局本沿用失之史記各本及通志通鑑并作爲）無所屬齊襄王新立畏孟嘗君與連和復親薛公文卒謚爲孟嘗君（梁云謚者號也喩巴蜀檄謚爲至愚王褒賦謚爲洞簫）諸子爭立而齊魏共滅薛孟嘗君（依通鑑通志補君字）絕嗣無後也初馮驩聞孟嘗君好客躡蹻而見之孟嘗君曰先生遠辱何以教文也馮驩曰聞君好士以貧身歸於君孟嘗君置傳舍十日孟嘗君問傳舍長曰客何所爲荅曰馮先生甚貧猶有一劍耳又蒯緱彈其劍而歌曰長鋏歸來乎食無魚孟嘗君遷之幸舍食有魚矣五日又問傳舍長荅曰客復彈劍而歌曰長鋏歸來乎出無輿孟嘗君遷之代舍出入乘輿車矣五日孟嘗君復問傳舍

長舍長答曰先生又嘗彈劍而歌曰長鋏歸來乎無以爲家孟嘗君不悅居期年馮驩無所言孟嘗君時相齊封萬戶於薛其食客三千人（通志人上有餘字）邑入不足以奉客使人出錢於薛歲餘不入貸錢者多不能與其息客奉將不給孟嘗君憂之問左右何人可使收債於薛者傳舍長曰代舍客馮公形容狀貌（宋本貌作兒）甚辯長者無他伎能宜可令收債孟嘗君乃進馮驩而請之曰賓客不知文不肖幸臨文者三千餘人邑入不足以奉賓客故貸息錢於薛（貸本作出依游王本改下言孟嘗君所以貸錢正作貸）薛歲不入民頗不與其息今客食恐不給願先生責之馮驩曰諾辭行至薛召取孟嘗君錢者皆會得息錢十萬乃多釀酒買肥牛召諸取錢者能與息者皆來不能與息者亦來皆持取錢之券書合之齊爲會（皆持取錢之券書合之句齊爲會句按周禮小宰聽賣買以質劑注兩書一札同而別長曰質短曰劑或疑此齊乃劑字當上屬然下文持券如前合之則此文當以合

之爲句齊字當下屬日殺牛置酒。酒酣。乃持券如前合之。能與息者與爲期。貧不能與息者。取其券而燒之。曰孟嘗君所以貸錢者。爲民之無者以爲本業也。所以求息者。爲無以奉客也。今毛本今作令富給者以要期。貧窮者燔券書以捐之。諸君彊飲食。有君如此。豈可負哉。坐者皆起再拜。孟嘗君聞馮驩燒券書。怒而使使召驩。驩至。孟嘗君曰。文食客三千人。故貸錢於薛。文奉邑少。而民尚多不以時與其息。客食恐不足。故請先生收責之。聞先生得錢。卽以多具牛酒而燒券書何。馮驩曰。然。不多具牛酒。卽不能畢會。無以知其有餘不足。有餘者爲要期。不足者雖守而責之十年。息愈多。急卽以逃亡自捐之。若急。終無以償。上則爲君好利。不愛士民。下則有離上抵負之名。非所以厲士民彰君聲也。焚無用虛債之券。捐不可得之虛計。令薛民親君而彰君之善聲也。君有何疑焉。孟嘗君乃拊手而謝之。齊王惑秦楚之毀。通志句上有時字疑夾漈所增鄭於史文往往有增改也以爲孟嘗君名高其主。而擅齊國之權。遂廢孟嘗君。諸客見孟嘗君廢。皆去。馮驩曰。借臣車一乘。可以入秦者。必令君重於國。而奉邑益廣。可乎。孟嘗君乃約車幣而遣之。馮驩乃西說秦王曰。天下之游士。憑毛本作馮軾結靷西入秦者。無不欲彊秦而弱齊。憑軾結靷東入齊者。無不欲彊齊而弱秦。此雄雌之國也。勢不兩立爲雄。雄者得天下矣。秦王跽而問之曰。何以使秦無爲雌而可。馮驩曰。王亦知齊之廢孟嘗君乎。秦王曰。聞之。馮驩曰。使齊重於天下者。孟嘗君也。今齊王以毀廢之。其心怨。必背齊。背齊入秦。則齊國之情。人事之誠。盡委之秦。齊地可得也。豈直爲雄也。君急使使載幣陰迎孟嘗君。不可失時也。如有齊覺悟。復用孟嘗君。則雌雄之所在。未可知也。秦王大悅。乃遣車十乘。黃金百鎰。以迎孟嘗君。馮驩辭以先行。至齊。說齊王曰。天下之游士憑軾結靷東入齊者。無不欲彊齊而弱秦者。憑軾結靷西入秦者。無不欲彊秦而弱齊者。夫秦齊雄雌之國。秦彊則齊弱矣。此勢不兩雄。今臣竊聞秦遣使車十乘。載黃金百鎰。以迎孟嘗君。孟嘗君不西則已。西入相秦。則天下歸之。秦爲雄而齊爲雌。雌則臨淄卽墨危矣。王何不先秦使之未到。復孟嘗君而益與之邑以謝之。孟嘗君必喜而受之。秦雖彊國。豈可以請人相而迎之哉。折秦之謀。而絕其霸彊之略。齊王曰。善。乃使人至境候秦使。秦使車適入齊境。使還馳告之。王召孟嘗君而復其相位。而與其故邑之地。又益以千戶。秦之使者聞孟嘗君復相齊。還車而去矣。自齊王毀廢孟嘗君。諸客皆去。後召而復之。馮驩迎之。未到。孟嘗君太息歎曰。文常好客。遇客無所敢失。食客三千有餘人。先生所知也。客見文一日廢。皆背文而去莫顧文者。今賴先生得復其位。客亦有何面目復見文乎。如復見文者。必唾其面而大辱之。馮驩結轡下拜。孟嘗君下車接之曰。先生爲客謝乎。馮驩曰。非爲客謝也。爲君之言失。夫物有必至。事有固然。君知之乎。孟嘗君曰。愚不知所謂也。曰。生者必有死。（通志句上有夫字）物之必至也。富貴多士。貧賤寡友。事之固然也。君獨不見夫朝趨市者乎。明旦。側肩爭門而入。日暮之後。過市朝者掉臂而不顧。非好朝而惡暮。（通志句下有也字）所期物忘其中。（忘亡之借字。索隱忘者無也。是亦讀爲亡）今君失位。賓客皆去。不足以怨士而徒絕賓客之路。願君遇客如故。孟嘗君再拜曰。敬從命矣。聞先生之言敢不奉教焉。

太史公曰。吾嘗過薛。其俗閭里率多暴桀子弟。與鄒魯殊。問其故。曰。孟嘗君招致天下任俠姦人入薛中。蓋六萬餘家矣。世之傳孟嘗君好客

自喜名不虛矣

某案此篇以好客自喜名爲主其好客自喜名則能招致任俠姦人而已魏子馮驩任俠之雄其他雞鳴狗盜姦人而已收處摹寫勢利俗情與孟嘗君褊衷皆入骨

孟嘗君列傳第十五

張廉卿云、滿紙奇縱票姚之氣、起滅變化、入鬼出神、疑有風霆、繞其筆端、

平原君虞卿列傳第十六

平原君趙勝者、趙之諸公子也、諸子中勝最賢、喜賓客、賓客蓋至者數千人、平原君相趙惠文王及孝成王、三去相、三復位、封於東武城、平原君家樓臨民家、民家有躄者、槃散行汲、平原君美人居樓上、臨見大笑之、明日、躄者至平原君門、請曰、臣聞君之喜士、士不遠千里而至者、以君能貴士而賤妾也、臣不幸有罷癃之病、而君之後宮臨而笑臣、臣願得笑臣者頭、平原君笑應曰、諾、躄者去、平原君笑曰、觀此豎子、乃欲以一笑之故殺吾美人、不亦甚乎、終不殺、居歲餘、賓客門下舍人稍稍引去者過半、平原君怪之曰、勝所以待諸君者、未嘗敢失禮、而去者何多也、門下一人前對曰、以君之不殺笑躄者、以君為愛色而賤士、士即去耳、於是平原君乃斬笑躄者美人頭、自造門進躄者、因謝焉、其後門下

乃復稍稍來。是時齊有孟嘗。魏有信陵。楚有春申。故爭相傾以待士。秦之圍邯鄲。趙使平原君求救合從於楚。約與食客門下有勇力文武備具者二十人偕。平原君曰。使文能取勝。則善矣。文不能取勝。則歃血於華屋之下。必得定從而還。士不外索。取於食客門下足矣。得十九人。餘無可取者。無以滿二十人。門下有毛遂者。前自贊於平原君曰。遂聞君將合從於楚。約與食客門下二十人偕。不外索。今少一人。願君即以遂備員而行矣。平原君曰。先生處勝之門下。幾年於此矣。毛遂曰。三年於此矣。平原君曰。夫賢士之處世也。譬若錐之處囊中。其末立見。今先生處勝之門下。三年於此矣。左右未有所稱誦。勝未有所聞。是先生無所有也。先生不能。先生留。毛遂曰。臣乃今日請處囊中耳。使遂蚤得處囊中。乃穎脫而出。非特其末見而已。平原君竟與毛遂偕。十九人相與目笑之而未發也。局本作廢依通志改王云廢發之借字毛遂比至楚。與十九人論議。十九人皆服。平原君與楚合從。言其利害。日出而言之。日中不決。十九人謂毛遂曰。先生上。毛遂按劍歷階而上。謂平原君曰。從之利害。兩言而決耳。今日出而言從。日中不決。何也。楚王謂平原君曰。客何爲者也。平原君曰。是勝之舍人也。楚王叱曰。胡不下。吾乃與而君言。汝何爲者也。毛遂按劍而前曰。王之所以叱遂者。以楚國之衆也。今十步之內。王不得恃楚國之衆也。王之命縣於遂手。吾君在前。叱者何也。且遂聞湯以七十里之地王天下。文王以百里之壤而臣諸侯。豈其士卒衆多哉。誠能據其勢而奮其威也。也字依通鑑增今楚地方五千里。持戟百萬。此霸王之資也。以楚之彊。天下弗能當。白起小豎子耳。率數萬之衆。興師以與楚戰。一戰而舉鄢郢。再戰而燒夷陵。三戰而辱王之先人。此百世之怨。而趙

偕毛遂諭十九人斷平原君

楚救結上定從魏救開下頭控處乃具數美

之所羞。而王弗知惡焉。通鑑知作之 合從者爲楚。非爲趙也。吾君在前。叱者何也。楚王曰。唯唯。誠若先生之言。謹奉社稷而以從。毛遂曰。從定乎。楚、王曰。定矣。毛遂謂楚王之左右曰。取雞狗馬之血來。毛遂奉銅槃而跪進之楚王曰。王當歃血而定從。次者吾君。次者遂。遂定從於殿上。毛遂左手持槃血。而右手招十九人曰。公相與歃此血於堂下。公等錄錄。索隱錄錄隨從之兒也。錢云說文本作娽。故王劭以錄爲借字。梁云廣韵引史作娽 所謂因人成事者也。平原君已定從而歸。歸至於趙曰。勝不敢復相士。勝相士多者千人。寡者百數。自以爲不失天下之士。今乃於毛先生而失之也。毛先生一至楚。而使趙重於九鼎大呂。毛先生以三寸之舌。彊於百萬之師。勝不敢復相士。遂以爲上客。平原君既返趙。楚使春申君將兵赴救趙。魏信陵君亦矯奪晉鄙軍往救趙。皆未至。秦急圍邯鄲。邯鄲急且降。平原君甚患之。邯鄲傳舍吏子李同說平原君曰。君不憂趙亡邪。平原君曰。趙亡則勝爲虜。何爲不憂乎。李同曰。邯鄲之民。炊骨易子而食。可謂急矣。而君之後宮以百數。婢妾被綺縠。餘粱肉。而民褐衣不完。（通志褐衣二字倒）糟糠不厭。民困兵盡。或剡木爲矛矢。而民器物鍾磬自若。使秦破趙。君安得有此。使趙得全。君何患無有。今君誠能令夫人以下編於士卒之閒。分功而作。家之所有盡散以饗士。士方其危苦之時。易德耳。於是平原君從之。得敢死之士三千人。李同遂與三千人赴秦軍。秦軍爲之卻三十里。亦會楚魏救至。秦兵遂罷。邯鄲復存。李同戰死。封其父爲李侯。虞卿欲以信陵君之存邯鄲爲平原君請封。公孫龍聞之。夜駕見平原君曰。龍聞虞卿欲以信陵君之存邯鄲爲君請封。有之乎。平原君曰。然。龍曰。此甚不可。且王舉君而相趙者。非以君之智能爲趙國無有（毛本有作憂）也。割東武城

鄒衍於至道不足言也而公孫龍則平原君所待士之最高者乃爲衍所絀以此見平原門下之無士也

而封君者。非以君爲有功也。而以國人無勳。乃以君爲親戚故也。君受相印不辭無能。割地不言無功者。亦自以爲親戚故也。今信陵君存邯鄲而請封。是親戚受城而國人計功也。此甚不可。且虞卿操其兩權。事成操右券以責。事不成以虛名德君。君必勿聽也。平原君遂不聽虞卿。平原君以趙孝成王十五年卒。子孫代後。竟與趙俱亾。平原君厚待公孫龍。公孫龍善爲堅白之辯。及鄒衍過趙言至道。乃絀公孫龍。虞卿者。游說之士也。躡蹻檐簦說趙孝成王。一見賜黃金百鎰白璧一雙。再見爲趙上卿。故號爲虞卿。秦趙戰於長平。趙不勝。亾一都尉。趙王召樓昌與虞卿曰。軍戰不勝。尉復死。寡人使束甲而趨之。何如。樓昌曰。無益也。不如發重使爲媾。虞卿曰。昌言媾者。（國策昌上有夫字）以爲不媾軍必破也。而制媾者在秦。且王之論秦也。欲破趙之軍乎不邪。（國策不上有其字）王曰。秦不遺餘力矣。必且欲破趙軍。虞卿曰。王聽臣。發使出重寶以附楚魏。楚魏欲得王之重寶。必內吾使。趙使入楚魏。秦必疑天下之合從。（國策句下有也字）且必恐。如此則媾乃可為也。趙王不聽。與平陽君為媾。發鄭朱入秦。秦內之。趙王召虞卿曰。寡人使平陽君為媾於秦。秦已內鄭朱矣。卿以為奚如。虞卿對曰。王不得媾。軍必破矣。天下賀戰勝者皆在秦矣。鄭朱貴人也。入秦。秦王與應侯必顯重以示天下。楚魏以趙為媾。必不救王。秦知天下不救王。則媾不可得成也。應侯果顯鄭朱以示天下賀戰勝者。終不肯媾。長平大敗。遂圍邯鄲。為天下笑。秦既解邯鄲圍。而趙王入朝。使趙郝約事於秦。割六縣而媾。虞卿謂趙王曰。秦之攻王也。倦而歸乎。王以其力尚能進。愛王而弗攻乎。王曰。秦之攻我也。不遺餘力矣。必以倦而歸也。虞卿曰。秦以其力攻其所不能取。倦而歸。王又以其力之所不能取以送之。是助秦自攻也。來年秦復攻王。王無救矣。王以虞卿之言告趙郝。趙郝曰。虞卿誠能盡秦力之所至乎。誠知秦力之所不能進。此彈丸之地弗予。令秦來年復攻王。王得無割其內而媾乎。王曰。請聽子割矣。子能必來年秦之不復攻我乎。必下依國策刪使字趙郝對曰。此非臣之所敢任也。他日三晉之交於秦。相善也。今秦善韓魏而攻王。國策善作釋攻上有獨字王之所以事秦必不如韓魏也。今臣爲足下解負親之攻。開關通幣。齊交韓魏。至來年而王獨取攻於秦。此王之所以事秦必在韓魏之後也。此非臣之所敢任也。王以告虞卿。虞卿對曰。郝言不媾。來年秦復攻王。王得毋割其內而媾乎。今媾。郝又以不能必秦之不復攻也。今雖割六城。何益。來年復攻。又割其力之所不能取而媾。此自盡之術也。不如無媾。秦雖善攻。不能取六縣。趙雖不能守。終不失六城。秦倦而歸。兵必罷我以六城收天下以攻罷秦是我失之於天下而取償於秦也吾國尙利孰與坐而割地自弱以彊秦哉今郝曰秦善韓魏而攻趙者必以爲韓魏不救趙也而王之軍必孤有以（以上十六字衍文當依國策校刪新序同）王之事秦不如韓魏也是使王歲以六城事秦也卽坐而城盡來年秦復求割地王將與之乎弗與是弃前功而挑秦禍也與之則無地而給之語曰彊者善攻弱者不能守今坐而聽秦秦兵不弊而多得地是彊秦而弱趙也以益彊之秦而割愈弱之趙其計故不止矣且王之地有盡而秦之求無已以有盡之地而給無已之求其勢必無趙矣趙王計未定樓緩從秦來趙王與樓緩計之曰予秦地何如毋予孰吉緩辭讓曰此非臣之所能知也王曰雖然試言公之私樓緩對曰王亦聞夫公甫文伯母乎公甫文伯仕於魯病死女子爲自殺於房中者二人其母聞之弗哭

也。其相室曰。焉有子死而弗哭者乎。其母曰。孔子賢人也。逐於魯而是人不隨也。今死而婦人爲之自殺者二人。若是者。必其於長者薄而於婦人厚也。故從母言之。是爲賢母。從妻言之。是必不免爲妒妻。故其言一也。言者異則人心變矣。今臣新從秦來而言勿予。則非計也。言予之。恐王以臣爲爲秦也。故不敢對。使臣得爲大王計。不如予之。王曰。諾。虞卿聞之。入見王曰。此飾說也。王昚勿予。樓緩聞之。往見王。王又以虞卿之言告樓緩。樓緩對曰。不然。虞卿得其一。不得其二。夫秦趙搆難而天下皆說。何也。曰。吾且因彊而乘弱矣。今趙兵困於秦。天下之賀戰勝者則必盡在於秦矣。故不如亟割地爲和。以疑天下而慰秦之心。(國策無而字之字)不然。天下將因秦之怒。(怒上依通鑑補彊字國策同)乘趙之弊。瓜分之。趙且亾。何秦之圖乎。(國策無乎字)故曰。虞卿得其一。不得其二。願王以此決之。勿復計也虞卿聞之往見王曰危哉樓子之所以爲秦者王云危讀爲詭是愈疑天下而何慰秦之心哉獨不言其示天下弱乎且臣言勿予者非固勿予而已也秦索六城於王而王以六城賂齊齊秦之深讎也得王之六城并力西擊秦齊之聽王不待辭之畢也則是王失之於齊而取償於秦也而齊趙之深讎可以報矣而示天下有能爲也王以此發聲兵未窺於境臣見秦之重賂至趙而反媾於王也從秦爲媾韓魏聞之必盡重王重王必出重寶以先於王則是王一舉而結三國之親而與秦易道也趙王曰善則使虞卿東見齊王與之謀秦虞卿未返秦使者已在趙矣樓緩聞之亾去趙於是封虞卿以一城居頃之而魏請爲從趙孝成王召虞卿謀過平原君平原君曰願卿之論從也虞卿入見王王曰魏請爲從對曰魏過王曰寡人固未之許對曰王過王曰魏請從卿曰魏過

前畫策之功皆爲窮困作反激之局故知文章之妙全在體勢

寡人未之（通志之作有）許。又曰寡人過。然則從終不可乎。對曰。臣聞小國之與大國從事也。有利則大國受其福。有敗則小國受其禍。今魏以小國請其禍。而王以大國辭其福。臣故曰王過。魏亦過。竊以爲從便。王曰善。乃合魏爲從。虞卿既以魏齊之故。不重萬戶侯卿相之印。與魏齊閒行。卒去趙。困於梁。魏齊已死。不得意。乃著書。上採春秋。下觀近世。曰節義稱號揣摩政謀。凡八篇。以刺譏國家得失。世傳之曰虞氏春秋。

太史公曰。平原君。翩翩濁世之佳公子也。然未睹大體。鄙語曰。利令智昏。平原君貪馮亭邪說。使趙陷長平兵四十餘萬衆。邯鄲幾亡。虞卿料事揣情。爲趙畫策。何其工也。及不忍魏齊。卒困於大梁。庸夫且知其不可。況賢人乎。然虞卿非窮愁。亦不能著書以自見於後世云。

某案此篇言平原君不能相士。末附虞卿者。謂卿烈士。而平原君不

能振其厄困也又虞卿棄相印而交魏齊亦與平原事相發

平原君虞卿列傳第十六

魏公子列傳第十七　　史記七十七

魏公子無忌者。魏昭王少子。而魏安釐王異母弟也。昭王薨。安釐王即位。封公子爲信陵君。是時范睢亾魏相秦。以怨魏齊故。秦兵圍大梁。破魏華陽下軍。走芒卯。魏王及公子患之。公子爲人仁而下士。士無賢不肖皆謙而禮交之。不敢以其富貴驕士。士以此方數千里爭往歸之。致食客三千人。當是時。諸侯以公子賢。多客。不敢加兵謀魏十餘年。公子與魏王博。而北境傳舉烽。言趙寇至。且入界。魏王釋博。欲召大臣謀。公子止王曰。趙王田獵耳。非爲寇也。復博如故。王恐。心不在博。居頃。復從北方來傳言曰。趙王獵耳。非爲寇也。魏王大驚曰。公子何以知之。公子曰。臣之客有能深（譙周本深作探）得趙王陰事者。趙王所爲。客輒以報臣。臣以此知之。是後魏王畏公子之賢能。不敢任公子以國政。魏有隱士曰侯嬴年七十，家貧，爲大梁夷門監者。公子聞之，往請，欲厚遺之。不肯受，曰：臣脩身絜行數十年，終不以監門困故而受公子財。公子於是乃置酒大會賓客。坐定，公子從車騎，虛左，自迎夷門侯生。侯生攝敝衣冠，直上載公子上坐，不讓，欲以觀公子。公子執轡愈恭。侯生又謂公子曰：臣有客在市屠中，願枉車騎過之。公子引車入市，侯生下見其客朱亥，俾倪故久立，正義俾倪不正視也與其客語，微察公子。公子顏色愈和。當是時，魏將相宗室賓客滿堂，待公子舉酒。市人皆觀公子執轡。從騎皆竊罵侯生。侯生視公子色終不變，乃謝客就車。至家，公子引侯生坐上坐，徧贊賓客，賓客皆驚。酒酣，公子起，爲壽侯生前。侯生因謂公子曰：今日嬴之爲集解爲一作羞公子亦足矣。嬴乃夷門抱關者也，而公子親枉車騎，自迎嬴於衆人廣坐之中，不宜有所過，今公子故過之。然嬴欲就公子之名，故久立

公子車騎市中過客以觀公子公子愈恭市人皆以嬴爲小人而以公
子爲長者能下士也於是罷酒侯生遂爲上客侯生謂公子曰臣所過
屠者朱亥此子賢者世莫能知故隱屠閒耳公子往數請之朱亥故不
復謝公子怪之魏安釐王二十年秦昭王已破趙長平軍又進兵圍邯
鄲公子姊爲趙惠文王弟平原君夫人數遺魏王及公子書請救於魏
魏王使將軍晉鄙將十萬衆救趙秦王使使者告魏王曰吾攻趙旦暮
且下而諸侯敢救者已拔趙必移兵先擊之魏王恐使人止晉鄙留軍
壁鄴名爲救趙實持兩端以觀望平原君使者冠蓋相屬於魏讓魏公
子曰勝所以自附爲婚姻者以公子之高義爲能急人之困今邯鄲旦
暮降秦而魏救不至安在公子能急人之困也且公子縱輕勝弃之降
秦獨不憐公子姊邪公子患之數請魏王及賓客辯士說王萬端魏王

畏秦。終不聽公子。公子自度終不能得之於王。計不獨生而令趙亾。乃請賓客。約車騎百餘乘。欲以客往赴秦軍。與趙俱死。行過夷門。見侯生。具告所以欲死秦軍狀。辭決而行。侯生曰。公子勉之矣。老臣不能從。公子行數里。心不快。曰。吾所以待侯生者備矣。天下莫不聞。今吾且死而侯生曾無一言半辭送我。我豈有所失哉。復引車還問侯生。侯生笑曰。臣固知公子之還也。曰。公子喜士。名聞天下。今有難。無他端而欲赴秦軍。譬若以肉投餒虎。何功之有哉。尚安事客。然（舊刻本然作往）公子遇臣厚。公子往而臣不送。以是知公子恨之復返也。公子再拜。因問（二字通鑑作問計）侯生乃屏人閒語（王云閒私也）曰。嬴聞晉鄙之兵符常在王臥內。而如姬最幸。出入王臥內。力能竊之。嬴聞如姬父爲人所殺。如姬資之三年。自王以下。欲求報其父仇。莫能得。如姬爲公子泣。公子使客斬其仇頭。敬進如

於是公子泣三句張廉卿云意態橫溢

姬。如姬之欲爲公子死。無所辭。顧未有路耳。公子誠一開口請如姬。如姬必許諾。則得虎符奪晉鄙軍。北救趙而西卻秦。此五霸之伐也。公子從其計。請如姬。如姬果盜晉鄙兵符與公子。公子行。侯生曰。將在外主令有所不受。以便國家。公子卽合符。而晉鄙不授公子兵而復請之。事必危矣。臣客屠者朱亥可與俱。此人力士。晉鄙聽。大善。不聽。可使擊之。於是公子泣。侯生曰。公子畏死邪。何泣也。公子曰。晉鄙嚄唶宿將。往恐不聽。必當殺之。是以泣耳。豈畏死哉。於是公子請朱亥。朱亥笑曰。臣乃市井鼓刀屠者。而公子親數存之。所以不報謝者。以爲小禮無所用。今公子有急。此乃臣效命之秋也。遂與公子俱。公子過謝侯生。侯生曰。臣宜從。老不能。請數公子行日。以至晉鄙軍之日。北鄉自剄。以送公子。公子遂行。至鄴。矯魏王令代晉鄙。晉鄙合符。疑之。舉手視公子曰。今吾擁

張廉卿云千頭萬緒一一照應雖拉雜幷敘而條理秩然不亂熙甫所謂如大塘打緯千船不相妨礙者此脈絡貫輸處

十萬之衆屯於境上國之重任今單車來代之何如哉欲無聽朱亥袖四十斤鐵椎椎殺晉鄙公子遂將晉鄙軍勒兵下令軍中曰父子俱在軍中父歸兄弟俱在軍中兄歸獨子無兄弟歸養得選兵八萬人進兵擊秦軍秦軍解去遂救邯鄲存趙趙王及平原君自迎公子於界平原君負韊矢爲公子先引趙王再拜曰自古賢人有未及公子者也當此之時平原君不敢自比於人公子與侯生決至軍侯生果北鄉自剄魏王怒公子之盜其兵符矯殺晉鄙公子亦自知也已卻秦存趙使將將其軍歸魏而公子獨與客留趙趙孝成王德公子之矯奪晉鄙兵而存趙乃與平原君計以五城封公子公子聞之意驕矜而有自功之色客有說公子曰物有不可忘或有不可不忘夫人有德於公子公子不可忘也公子有德於人願公子忘之也且矯魏王令奪晉鄙兵以救趙於

趙則有功矣。於魏則未爲忠臣也。公子乃自驕而功之。竊爲公子不取也。於是公子立自責。似若無所容者。趙王埽除自迎。執主人之禮。引公子就西階。公子側行辭讓。從東階上。自言辠過。以負於魏。無功於趙。趙王侍酒至暮。口不忍獻五城。以公子退讓也。公子竟留趙。趙王以鄗爲公子湯沐邑。魏亦復以信陵奉公子。公子留趙。公子聞趙有處士毛公藏於博徒。薛公藏於賣漿家。集解漿一作醪別錄同公子欲見兩人。兩人自匿不肯見公子。公子聞所在。乃閒步往從此兩人游。甚歡。平原君聞之。謂其夫人曰。始吾聞夫人弟公子天下無雙。今吾聞之。乃妄從博徒賣漿者游。公子妄人耳。夫人以告公子。公子乃謝夫人去。曰。始吾聞平原君賢。故負魏王而救趙。以稱平原君。平原君之遊。徒豪舉耳。不求士也。無忌自在大梁時。嘗聞此兩人賢。至趙。恐不得見。以無忌從之游。尚恐其不

我欲也。今平原君乃以爲羞。其不足從游。乃裝爲去。夫人具以語平原
君。平原君乃免冠謝。固留公子。平原君門下聞之。半去平原君歸公子。
天下士復往歸公子。公子傾平原君客。公子留趙十年不歸。秦聞公子
在趙。日夜出兵東伐魏。魏王患之。使使往請公子。公子恐其怒之。乃誡
門下有敢爲魏王使通者死。賓客皆背魏之趙。莫敢勸公子歸。毛公薛
公兩人往見公子曰。公子所以重於趙。名聞諸侯者。徒以有魏也。今秦
攻魏。魏急而公子不恤。使秦破大梁而夷先王之宗廟。公子當何面目
立天下乎。語未及卒。公子立變色。告車趣駕歸救魏。魏王見公子相與
泣。而以上將軍印授公子。公子遂將。魏安釐王三十年。公子使使遍告
諸侯。諸侯聞公子將。各遣將將兵救魏。公子率五國之兵破秦軍於河
外。走蒙驁。遂乘勝逐秦軍至函谷關。抑秦兵。秦兵不敢出。當是時。公子

威振天下。諸侯之客進兵法。公子皆名之。故世俗稱魏公子兵法。秦王患之。乃行金萬斤於魏。求晉鄙客。令毁公子於魏王曰。公子亡在外十年矣。今爲魏將。諸侯將皆屬。諸侯徒聞魏公子。不聞魏王。公子亦欲因此時定南面而王。諸侯畏公子之威。方欲共立之。秦數使反閒。僞賀公子得立爲魏王未也。魏王日聞其毁。不能不信。後果使人代公子將。公子自知再以毁廢。乃謝病不朝。與賓客爲長夜飲。飲醇酒。多近婦女。日夜爲樂飲者四歲。竟病酒而卒。其歲魏安釐王亦薨。秦聞公子死。使蒙驁攻魏。拔二十城。初置東郡。其後秦稍蠶食魏。十八歲而虜魏王。屠大梁。高祖始微少時。數聞公子賢。及即天子位。每過大梁。常祠公子。高祖十二年。從擊黥布還。爲公子置守冢五家。世世歲以四時奉祠公子。

太史公曰。吾過大梁之墟。求問其所謂夷門。夷門者。城之東門也。天下

諸公子亦有喜士者矣然信陵君之接巖穴隱者不恥下交有以也名冠諸侯不虛耳高祖每過之而令民奉祠不絕也

某案此篇以再以毀廢爲主餘叙下士將兵皆烟雲也

魏公子列傳第十七

春申君列傳第十八

春申君者。楚人也。名歇。姓黃氏。游學博聞。事楚頃襄王。頃襄王以歇爲辯。使於秦。秦昭王使白起攻韓魏。敗之於華陽。禽魏將芒卯。韓魏服而事秦。秦昭王方令白起與韓魏共伐楚。未行。而楚使黃歇適至於秦。聞秦之計。當是之時。秦已前使白起攻楚。取巫黔中之郡。拔鄢郢。東至竟陵。楚頃襄王東徙。治於陳縣。黃歇見楚懷王之爲秦所誘而入朝。遂見欺。留死於秦。頃襄王其子也。秦輕之。恐壹舉兵而滅楚。歇乃上書說秦昭王曰。天下莫彊於秦楚。今聞大王欲伐楚。此猶兩虎相與鬭。兩虎相與鬭。而駑犬受【索隱劉氏云受猶承也】其弊。不如善楚。臣請言其說。臣聞物至則反。冬夏是也。致至則危。累棊是也。今大國之地。偏天下。有其二垂。此從生民以來。萬乘之地。未嘗有也。先帝文王莊王之身。【梁云策作文王武王之身此誤】三世不忘接地於齊以絕從親之要今王使盛橋守事于韓盛橋（梁云策作成橋）以其地入秦是王不用甲不信威而得百里之地王可謂能矣（始皇紀作成蟜）王又舉甲而攻魏杜大梁之門舉河內拔燕酸棗虛桃入邢魏之兵雲翔而不敢救王之功亦多矣王休甲息衆二年而後復之又幷蒲衍首垣以臨仁平丘黃濟陽嬰城（錢云嬰城自守不敢戰也）而魏氏服王又割濮磿（毛作磨誤）之北注齊秦之要絕楚趙之脊天下五合六聚而不敢救王之威亦單矣王若能持功守威絀攻取之心而肥仁義之地使無後患三王不足四五伯不足六也王若負人徒之衆仗兵革之彊乘毀魏之威而欲以力臣天下之主臣恐其有後患也詩曰靡不有初鮮克有終易曰狐涉水濡其尾此言始之易終之難也何以知其然也昔智氏見伐趙之利而不知榆次之禍吳見伐齊之便而不知干隧之敗此二國者非無大

功也沒利於前、（錢云昧與沒同趙世家昧死以匿戰國策作沒死）而易患於後也。吳之信越也、從而伐齊。既勝齊人於艾陵。還爲越王禽三渚之浦。智氏之信韓魏也。從而伐趙。攻晉陽城。勝有日矣。韓魏叛之。殺智伯瑤於鑿臺之下。（梁云續郡國志作鑿壺檀弓臺駘鄭注臺當爲壺釋文壺音胡後漢書曹操殺侍中臺崇山陽公載記臺作壺）今王妒楚之不毀也。而忘毀楚之彊韓魏也。臣爲王慮而不取也。詩曰。大武遠宅而不涉。從此觀之。楚國援也。鄰國敵也。詩云。趯趯毚兔。遇犬獲之。他人有心。余忖度之。今王中道而信韓魏之善王也。此正吳之信越也。臣聞之。敵不可假。時不可失。臣恐韓魏卑辭除患。而實欲欺大國也。何則。王無重世之德於韓魏。而有累世之怨焉。夫韓魏父子兄弟接踵而死於秦者。將十世矣。本國殘。社稷壞。宗廟毀。刳腹絕腸。折頸摺頤。首身分離。暴骸骨於草澤。頭顱僵仆。相望於境。父子老弱係脰束手爲羣虜者。相及於路。鬼神孤傷。梁云孤傷策作狐祥新序作潰洋無所血食。人民不聊生。族類離散流亡爲僕妾者。盈滿海內矣。故韓魏之不亡。秦社稷之憂也。今王資之與攻楚。不亦過乎。且王攻楚。將惡出兵。王將借路於仇讎之韓魏乎。兵出之日而王憂其不返也。是王以兵資於仇讎之韓魏也。王若不借路於仇讎之韓魏。必攻隨水右壤。隨水右壤。此皆廣川大水。山林谿谷。不食之地也。王雖有之。不爲得地。是王有毀楚之名。而無得地之實也。且王攻楚之日。四國必悉起兵以應王。秦楚之兵搆而不離。魏氏將出而攻留方與銍湖陵碭蕭相。故宋必盡。齊人南面攻楚。泗上必舉。此皆平原四達膏腴之地。而使獨攻。王破楚以肥韓魏於中國。而勁齊。韓魏之彊足以校於秦。齊南以泗水爲境。東負海。北倚河。而無後患。天下之國莫彊於齊魏。齊魏得地葆利。而詳事下吏。一年之後。爲帝未能。其於禁王之爲帝有餘矣。夫以王壤土之博。人徒之衆。兵革之彊。壹舉事而樹怨於楚。遲令韓魏歸帝重於齊。索隱遲猶乃也是王失計也。臣爲王慮。莫若善楚。秦楚合而爲一。以臨韓。韓必斂手。王施國策施作襟以東山之險。帶以曲河之利。韓必爲關內之侯。若是而王以十萬戍鄭。梁氏寒心。許鄢陵嬰城。而上蔡召陵不往來也。如此而魏亦關內侯矣。王壹善楚。而關內兩萬乘之主。注地於齊。齊右壤可拱手而取也。王之地一經兩海。要約天下。是燕趙無齊楚。齊楚無燕趙也。然後危動燕趙。直搖齊楚。此四國者。不待痛而服矣。昭王曰善。於是乃止白起而謝韓魏。發使賂楚。約爲與國。黃歇受約歸楚。楚使歇與太子完入質於秦。秦留之數年。楚頃襄王病。太子不得歸。而楚太子與秦相應侯善。於是黃歇乃說應侯曰。相國誠善楚太子乎。應侯曰。然。歇曰。今楚王恐不起疾。秦不如歸其太子。太子得立。其事秦必重。而德相國無窮。是親與國而得儲萬乘也。若不歸。則咸陽一布衣耳。楚更立太子。必不事秦。夫失與國而絕萬乘之和。非計也。願相國孰慮之。應侯以聞秦王。秦王曰。令楚太子之傅先往問楚王之疾。返而後圖之。黃歇為楚太子計曰。秦之留太子也。欲以求利也。今太子力未能有以利秦也。歇憂之甚。而陽文君子二人在中。王若卒大命。太子不在。陽文君子必立為後。太子不得奉宗廟矣。不如亡秦。與使者俱出。臣請止。以死當之。楚太子因變衣服為楚使者御以出關。而黃歇守舍。常為謝病。度太子已遠。秦不能追。歇乃自言秦昭王曰。楚太子已歸。出遠矣。歇當死。願賜死。昭王大怒。欲聽其自殺也。應侯曰。歇為人臣。出身以徇其主。太子立。必用歇。故不如無罪而歸之。以親楚。秦因遺黃歇。歇至楚。三月。楚頃襄王卒。太子完立。是為考烈王。考烈王元年。以黃歇為相。封爲春申君。賜淮北地十二縣。後十五歲。黃歇言之楚王曰。淮北地邊齊。其事急。請以爲郡便。因幷獻淮北十二縣。請封於江東。考烈王許之。春申君因城故吳墟。以自爲都邑。春申君既相楚。是時齊有孟嘗君。趙有平原君。魏有信陵君。方爭下士。招致賓客。以相傾奪。輔國持權。春申君爲楚相四年。秦破趙之長平軍四十餘萬。五年。圍邯鄲。邯鄲告急於楚。楚使春申君將兵往救之。秦兵亦去。春申君歸。春申君相楚八年。爲楚北伐滅魯。以荀卿爲蘭陵令。當是時。楚復彊。趙平原君使人於春申君。春申君舍之於上舍。趙使欲夸楚。爲瑇瑁簪。刀劍室以珠玉飾之。請命春申君客。春申君客三千餘人。其上客皆躡珠履以見趙使。趙使大慙。春申君相十四年。秦莊襄王立。以呂不韋爲相。封爲文信侯。取東周。春申君相二十二年。諸侯患秦攻伐無已時。乃相與合從。西伐秦而楚王爲從長。春申君用事。至函谷關。秦出兵攻。諸侯兵皆敗走。楚考烈王以咎春申君。春申君以此益疏。客有觀津人朱英謂春申君曰。人皆以楚爲彊。而君用之弱。其於英不然。先君時善秦二十年。而不攻楚。何也。秦踰黽隘之塞而攻楚。不便。假道於兩周。背韓魏而攻楚。不可。今則不然。魏旦暮亾。不能愛許鄢陵。其許魏割以與秦。秦兵去陳百六十里。臣之所觀者。見秦楚之日鬭也。楚於是去陳徙壽春。而秦徙衛野王。作置東郡。春申君由此就封於吳。行相事。楚考烈王無子。春申君患之。求婦人宜子者進之。甚衆。卒無子。趙人李園持其女弟。欲進之楚王。聞其不宜子。恐久毋寵。李園求事春申君爲舍人。已而謁歸。故失期。還謁春申君問之狀。對曰。齊王使使求臣之女弟。與其使者飲。故失期。春申君曰。娉入乎。對曰。未也。春申君曰。可得見乎。曰。可。於是李園乃進其女弟。

既幸於春申君知其有身李園乃與其女弟謀園女弟承閒以說春申君曰楚王之貴幸君雖兄弟不如也今君相楚二十餘年而王無子即百歲後將更立兄弟則楚更立君後亦各貴其故所親君又安得長有寵乎非徒然也君貴用事久多失禮於王兄弟兄弟誠立禍且及身何以保相印江東之封乎今妾自知有身矣而人莫知妾幸君未久誠以君之重而進妾於楚王王必幸妾妾賴天有子男則是君之子爲王也楚國盡可得孰與身臨不測之罪乎春申君大然之乃出李園女弟謹舍而言之楚王楚王召入幸之遂生子男立爲太子以李園女弟爲王后楚王貴李園園用事李園既入其女弟立爲王后子爲太子恐春申君語泄而益驕陰養死士欲殺春申君以滅口而國人頗有知之者春申君相二十五年楚考烈王病朱英謂春申君曰世有毋望之福又有

毋望之禍。今君處毋望之世。事毋望之主。安可以無毋望之人乎。春申
君曰。何謂毋望之福。曰。君相楚二十餘年矣。雖名相國。實楚王也今楚
王病。旦暮且卒。而君相少主。因而代立當國。如伊尹周公。王長而反政。
不卽遂南面稱孤而有楚國。此所謂毋望之福也。春申君曰何謂毋望
之禍。曰李園不治國。而君之仇也。梁云君之仇策作王之舅不爲兵而養死士之日
久矣。楚王卒。李園必先入據權而殺君以滅口。此所謂毋望之禍也。春
申君曰。何謂毋望之人。對曰君置臣郎中楚王卒。李園必先入。臣爲君
殺李園。此所謂毋望之人也。春申君曰。足下置之。李園弱人也。僕又善
之。且又何至於此。朱英知言不用。恐禍及身。乃亾去。後十七日。楚考烈
王卒。李園果先入。伏死士於棘門之內。春申君入棘門。園死士俠刺春
申君。斬其頭。投之棘門外。於是遂使吏盡滅春申君之家。而李園女弟

張廉卿云贊首句與珠履事相發

初幸春申君有身而入之王所生子者遂立。是爲楚幽王。是歲也。秦始皇帝立九年矣。嫪毒亦爲亂於秦。覺。夷其三族而呂不韋廢。

太史公曰。吾適楚。觀春申君故城宮室。盛矣哉。初春申君之說秦昭王。及出身遣楚太子歸。何其智之明也。後制於李園。旄矣。語曰。當斷不斷。反受其亂。春申君失朱英之謂邪。

某案此篇以珠履事見主意言春申之驕奢無能也前叙說秦歸太子二事亦是文前反跌妙于作勢者因以見其所以貴幸之由後之致敗則所謂方以類聚也

春申君列傳第十八

史記七十八

范雎蔡澤列傳第十九

范雎者魏人也字叔游說諸侯欲事魏王家貧無以自資乃先事魏中大夫須賈須賈爲魏昭王使於齊范雎從留數月未得報齊襄王聞雎辯口（王校口上增有字）乃使人賜雎金十斤及牛酒雎辭謝不敢受須賈知之大怒以爲雎持魏國陰事告齊故得此饋令雎受其牛酒還其金既歸心怒雎以告魏相魏相魏之諸公子曰魏齊魏齊大怒使舍人笞擊雎折脅摺齒雎佯死即卷以簀置廁中賓客飲者醉更溺雎故僇辱以懲後令無妄言者雎從簀中謂守者曰公能出我我必厚謝公守者乃請出弃簀中死人魏齊醉曰可矣范雎得出後魏齊悔復召求之魏人鄭安平聞之乃遂操范雎亡伏匿更名姓曰張祿當此時秦昭王使謁者王稽於魏鄭安平詐爲卒侍王稽王稽問魏有賢人可與俱西游者乎

鄭安平曰。臣里中有張祿先生。欲見君言天下事。其人有仇。不敢晝見。王稽曰。夜與俱來。鄭安平夜與張祿見王稽。語未究。王稽知范睢賢。謂曰。先生待我於三亭之南。與私約而去。王稽辭魏去。過載范睢入秦。至湖。望見車騎從西來。范睢曰。彼來者爲誰。王稽曰。秦相穰侯東行縣邑。范睢曰。吾聞穰侯專秦權。惡內諸侯客。此恐辱我。我寧且匿車中。有頃。穰侯果至。勞王稽。因立車而語曰。關東有何變。曰。無有。又謂王稽曰。謁君得無與諸侯客子俱來乎。無益。徒亂人國耳。王稽曰。不敢。即別去。范睢曰。吾聞穰侯智士也。其見事遲。鄉者疑車中有人。忘索之。於是范睢下車走。曰。此必悔之。行十餘里。果使騎還索車中。無客。乃已。王稽遂與范睢入咸陽。已報使。因言曰。魏有張祿先生。天下辯士也。曰。秦王之國。危於累卵。得臣則安。然不可以書傳也。臣故載來。秦王弗信。使舍食草

張廉卿云此段如國手布棊無一閑著以後錯綜馳驟勢隨意變投之所向無不如志矣

具。待命歲餘。當是時。昭王已立三十六年。南拔楚之鄢郢。楚懷王幽死於秦。秦東破齊湣王。嘗稱帝。後去之。數困三晉。厭天下辯士。無所信。穰侯華陽君。昭王母宣太后之弟也。而涇陽君高陵君。皆昭王同母弟也。穰侯相。三人者更將。有封邑。以太后故。私家富重於王室。及穰侯爲秦將。且欲越韓魏而伐齊綱壽。欲以廣其陶封。范睢乃上書曰。臣聞明王立政。有功者不得不賞。有能者不得不官。勞大者其祿厚。功多者其爵尊。能治衆者其官大。故無能者不敢當職焉。有能者亦不得蔽隱。使以臣之言爲可。願行而益利其道。以臣之言爲不可。久留臣無爲也。語曰。庸主賞所愛而罰所惡。明主則不然。賞必加於有功。而刑必斷於有罪。今臣之胷不足以當椹質。而要不足以待斧鉞。豈敢以疑事嘗試於王哉。雖以臣爲賤人而輕辱。獨不重任臣者之無反復於王邪。且臣聞周有砥砨•宋有結綠•梁有縣藜•楚有和朴•此四寶者•土之所生•良工之所失也•而爲天下名器•然則聖王之所弃者•獨不足以厚國家乎•臣聞善厚家者•取之於國•善厚國者•取之於諸侯•天下有明主•則諸侯不得擅厚者•何也•爲其割榮也•良醫知病人之死生•而聖主明於成敗之事•利則行之•害則舍之•疑則少嘗之•雖舜禹復生•弗能改已•語之至者•臣不敢載之於書•其淺者又不足聽也•意者臣愚而不槪於王心邪•亡其言臣者賤而不可用乎•自非然者•臣願得少賜游觀之閒•望見顏色•一語無效•請伏斧質•於是秦昭王大說•乃謝王稽•使以傳車召范雎•於是范雎乃得見於離宮•詳爲不知永巷而入其中•王來而宦者怒•逐之•曰•王至•范雎繆爲（王云爲猶謂也）•曰•秦安得王•秦獨有太后穰侯耳•欲以感怒昭王•昭王至•聞其與宦者爭言•遂延迎•謝曰•寡人宜以身受命久矣•會義渠

之事急。寡人日暮自請太后。今義渠之事已。寡人乃得受命。竊閔然不敏。敬執賓主之禮。范雎辭讓。是日觀范雎之見者。羣臣莫不洒然變色易容者。秦王屏左右。宮中虛無人。秦王跽而請曰。先生何以幸教寡人。范雎曰。唯唯。有閒。秦王復跽而請曰。先生何以幸教寡人。范雎曰。唯唯。若是者三。秦王跽曰。先生卒不幸教寡人邪。范雎曰。非敢然也。臣聞昔者呂尙之遇文王也。身爲漁父而釣於渭濱耳。若是者。交疏也。已說而立爲太師。載與俱歸者。其言深也。故文王遂收功於呂尙。而卒王天下。鄉使文王疏呂尙而不與深言。是周無天子之德。而文武無與成其王業也。今臣羈旅之臣也。交疏於王。而所願陳者。皆匡君之事。處人骨肉之閒。願效愚忠。而未知王之心也。此所以王三問而不敢對者也。臣非有畏而不敢言也。臣知今日言之於前。而明日伏誅於後。然臣不敢避也。大王信行臣之言。死不足以爲臣患。亡不足以爲臣憂。漆身爲厲。被髮爲狂。不足以爲臣恥。且以五帝之聖焉而死。三王之仁焉而死。五伯之賢焉而死。烏獲任鄙之力焉而死。成荊孟賁王慶忌夏育之勇焉而死。死者人之所必不免也。處必然之勢。可以少有補於秦。此臣之所大願也。臣又何患哉。伍子胥橐載而出昭關。夜行晝伏。至於陵水。索隱劉氏云陵水栗水聲近故惑也無以餬其口。鄰行蒲伏。稽首肉袒。鼓腹吹篪。乞食於吳市。卒興吳國。闔閭爲伯。使臣得盡謀如伍子胥。加之以幽囚。終身不復見。是臣之說行也。臣又何憂。箕子接輿漆身爲厲。被髮爲狂。無益於主。假使臣得同行於箕子。可以有補於所賢之主。是臣之大榮也。臣有何恥。臣之所恐者。獨恐臣死之後。天下見臣之盡忠而身死。因以是杜口裹足。莫肯鄉秦耳。足下上畏太后之嚴。下惑於姦臣之態。居深宮之中。不離

張廉卿云此文節奏殊妙

阿保之手。終身迷惑。無與昭姦。大者宗廟滅覆。小者身以孤危。此臣之所恐耳。若夫窮辱之事。死亡之患。臣不敢畏也臣死而秦治。是臣死賢於生。秦王跽曰。先生是何言也。夫秦國辟遠。寡人愚不肖。先生乃幸辱至於此。是天以寡人慁先生。而存先王之宗廟也。寡人得受命於先生。是天所以幸先王而不弃其孤也。先生柰何而言若是。事無小大。上及太后。下至大臣。願先生悉以教寡人。無疑寡人也。范雎拜。秦王亦拜。范雎曰。大王之國。四塞以爲固。北有甘泉谷口。南帶涇渭。右隴蜀。左關阪。奮擊百萬。戰車千乘。利則出攻。不利則入守。此王者之地也。民怯於私鬬。而勇於公戰。此王者之民也。王并此二者而有之。夫以秦卒之勇。車騎之衆。以治諸侯。譬若施韓盧而搏蹇兔也。霸王之業可致也。而羣臣莫當其位。至今閉關十五年。不敢窺兵於山東者。是穰侯爲秦謀不忠。

而大王之計有所失也。秦王跪曰。寡人願聞失計。然左右多竊聽者。范睢恐未敢言內。先言外事。以觀秦王之俯仰。因進曰。夫穰侯越韓魏而攻齊綱壽。非計也。少出師。則不足以傷齊。多出師。則害於秦。臣意王之計。欲少出師而悉韓魏之兵也。則不義矣。今見與國之不親也。越人之國而攻。可乎。其於計疏矣。且昔齊湣王南攻楚。破軍殺將。再辟地千里。而齊尺寸之地無得焉者。豈不欲得地哉。形勢不能有也。諸侯見齊之罷弊。君臣之不和也。興兵而伐齊。大破之。士辱兵頓。皆咎其王。曰。誰爲此計者乎。王曰。文子爲之。大臣作亂。文子出走。故齊所以大破者。以其伐楚而肥韓魏也。此所謂借賊兵而齎盜糧者也。王不如遠交而近攻。得寸。則王之寸也。得尺。亦王之尺也。今釋此而遠攻。不亦繆乎。且昔者中山之國。地方五百里。趙獨吞之。功成名立。而利附焉。天下莫之能害也。今夫韓魏。中國之處。而天下之樞也。王其欲霸。必親中國以爲天下樞。以威楚趙。楚彊則附趙。趙彊則附楚。楚趙皆附。齊必懼矣。齊懼。必卑辭重幣以事秦。齊附而韓魏因可虜也。昭王曰。吾欲親魏久矣。而魏多變之國也。寡人不能親。請問親魏奈何。對曰。王卑辭重幣以事之。不可則割地而賂之。不可。舉兵而伐之。王曰。寡人敬聞命矣。乃拜范雎爲客卿。謀兵事。卒聽范雎謀。使五大夫綰伐魏。拔懷。後二歲。拔邢丘。客卿范雎復說昭王曰。秦韓之地形。相錯如繡。秦之有韓也。譬如木之有蠹也。人之有心腹之病也。天下無變則已。天下有變。其爲秦患者。孰大於韓乎。王不如收韓。昭王曰。吾固欲收韓。韓不聽。爲之奈何。對曰。韓安得無聽乎。王下兵而攻滎陽。則鞏成皋之道不通。北斷太行之道。則上黨之師不下。王一興兵而攻滎陽。則其國斷而爲三。夫韓見必亡。安得不聽乎。若韓聽。而霸事因可慮矣。王曰。善。且欲發使於韓。范睢日益親。復說用數年矣。因請閒說曰。臣居山東時。聞齊之有田文。不聞其有王也。聞秦之有太后穰侯華陽高陵涇陽。不聞其有王也。夫擅國之謂王。能利害之謂王。制殺生之威之謂王。今太后擅行不顧。穰侯出使不報。華陽涇陽等擊斷無諱。高陵進退不請。四貴備而國不危者。未之有也。爲此四貴者下。乃所謂無王也。然則權安得不傾。令安得從王出乎。臣聞善治國者。乃內固其威。而外重其權。穰侯使者操王之重。決制於諸侯。剖符於天下。政適伐國。莫敢不聽。戰勝攻取。則利歸於陶。國弊御（索隱弊斷也御制也）於諸侯。戰敗則結怨於百姓。而禍歸於社稷。詩曰。木實繁者披其枝。披其枝者傷其心。大其都者危其國。尊其臣者卑其主。崔杼淖齒管齊。（索隱高誘云管典也）射王股。擢王筋。縣之於廟梁。宿昔而死。李兌管趙。囚主父於沙丘。百日而餓死。今臣聞秦太后穰侯用事。高陵華陽涇陽佐之。卒無秦王。此亦淖齒李兌之類也。且夫三代所以亡國者。君專授政。縱酒馳騁弋獵。不聽政事。其所授者。妒賢嫉能。御下蔽上。以成其私。不爲主計。而主不覺悟。故失其國。今自有秩以上。至諸大吏。下及王左右。無非相國之人者。見王獨立於朝。臣竊爲王恐萬世之後。有秦國者。非王子孫也。昭王聞之大懼。曰。善。於是廢太后。逐穰侯高陵華陽涇陽君於關外。秦王乃拜范睢爲相。收穰侯之印。使歸陶。因使縣官給車牛以徙。千乘有餘。到關。關閱其寶器。寶器珍怪。多於王室。秦封范睢以應。號爲應侯。當是時。秦昭王四十一年也。范睢既相秦。秦號曰張祿。而魏不知。以爲范睢已死久矣。魏聞秦且東伐韓魏。魏使須賈於秦。范睢聞之。爲微行。敝衣閒步之邸。見須賈。須賈見之而驚曰。范叔固無恙乎。范睢曰。然。須賈笑曰。范叔有說於秦邪。曰。不也。雎前日得過於魏相。故亡逃至此。安敢說乎。須賈曰。今叔何事。范雎曰。臣爲人庸賃。須賈意哀之。畱與坐飲食。曰。范叔一寒如此哉。乃取其一綈袍（索隱綈厚繒）以賜之。須賈因問曰。秦相張君。公知之乎。吾聞幸於王。天下之事皆決於相君。今吾事之去畱在張君。孺子豈有客習於相君者哉。范雎曰。主人翁習知之。唯雎亦得謁。雎請爲見君於張君。須賈曰。吾馬病。車軸折。非大車駟馬。吾固不出。范雎曰。願爲君借大車駟馬於主人翁。范雎歸取大車駟馬。爲須賈御之。入秦相府。府中望見。有識者皆避匿。須賈怪之。至相舍門。謂須賈曰。待我。我爲君先入通於相君。須賈待門下。持車良久。問門下曰。范叔不出何也。門下曰。無范叔。須賈曰。鄉者與我載而入者。門下曰。乃吾相張君也。須賈大驚。自知見賣。乃肉袒厀行。因門下人（某案人蓋入字之訛）謝罪。於是范雎盛帷帳。侍者甚衆。見之。須賈頓首言死罪。曰。賈不意君能自致於青雲之上。賈不敢復讀天下之書。不敢復與天下之事。賈有湯鑊之罪。請自屏於胡貉之地。惟君死生之。范雎曰。汝罪有幾。曰。擢賈之髮以續賈之罪。尚未足。范雎曰。汝罪有三耳。昔者楚昭王時。而申包胥爲楚卻吳軍。楚王封之以荊五千戶。包胥辭。不受。爲丘墓之寄於荊也。今雎之先人丘墓亦在魏。公前以雎爲有外心於齊。而惡雎於魏齊。公之罪一也。當魏齊辱我於廁中。公不止。罪二也。更醉而溺我。公其何忍乎。罪三矣。然公之所以得無死者。以綈袍戀戀。有故人之意。故釋公。乃謝罷。入言之昭王。罷歸須賈。須賈辭於范雎。范雎大供具。盡請諸侯使。與坐堂上。食飲甚設。而坐須賈於堂下。置莝豆其前。令兩黥徒夾而馬食之。數曰。爲我告魏王。急持魏齊頭來。不然者。我且屠大梁。須賈歸以告魏齊。

魏齊恐。亾走趙。匿平原君所。范雎既相。王稽謂范雎曰。事有不可知者三。有不可奈何者亦三。宮車一日晏駕。是事之不可知者一也。君卒然捐館舍。是事之不可知者二也。使臣卒然塡溝壑。是事之不可知者三也。宮車一日晏駕。君雖恨於臣。無可奈何。君卒然捐館舍。君雖恨於臣。亦無可奈何。使臣卒然塡溝壑。君雖恨於臣。亦無可奈何。范雎不懌。乃入言於王曰。非王稽之忠。莫能內臣於函谷關。非大王之賢聖。莫能貴臣。今臣官至於相。爵在列侯。王稽之官。尚止於謁者。非其內臣之意也。昭王召王稽。拜爲河東守。三歲不上計。又任鄭安平。昭王以爲將軍。范雎於是散家財物。盡以報所嘗困戹者。一飯之德必償。睚眦之怨必報。范雎相秦二年。秦昭王之四十二年。東伐韓少曲高平。拔之。秦昭王聞魏齊在平原君所。欲爲范雎必報其仇。乃詳爲好書。遺平原君曰。寡人聞君之高義。願與君爲布衣之友。君幸過寡人。寡人願與君爲十日之飲。平原君畏秦。且以爲然。而入秦見昭王。昭王與平原君飲數日。昭王謂平原君曰。昔周文王得呂尙以爲太公。齊桓公得管夷吾以爲仲父。今范君亦寡人之叔父也。范君之仇在君之家。願使人歸取其頭來。不然。吾不出君於關。平原君曰。貴而爲交者。爲賤也。富而爲交者。爲貧也。夫魏齊者。勝之友也。在。固不出也。今又不在臣所。昭王乃遺趙王書曰。王之弟在秦。范君之仇魏齊在平原君之家。王使人疾持其頭來。不然。吾舉兵而伐趙。又不出王之弟於關。趙孝成王乃發卒圍平原君家。急。魏齊夜亾出。見趙相虞卿。虞卿度趙王終不可說。乃解其相印。與魏齊亾閒行。念諸侯莫可以急抵者。乃復走大梁。欲因信陵君以走楚。信陵君聞之。畏秦。猶豫未肯見。曰。虞卿何如人也。時侯嬴在旁。曰。人固未易知知人亦未易也夫虞卿躡屩擔簦一見趙王賜白璧一雙黃金百鎰再見拜為上卿三見卒受相印封萬戶侯當此之時天下爭知之夫魏齊窮困過虞卿虞卿不敢重爵祿之尊解相印捐萬戶侯而閒行急士之窮而歸公子公子曰何如人人固不易知知人亦未易也信陵君大慙駕如野迎之魏齊聞信陵君之初難見之怒而自剄趙王聞之卒取其頭予秦秦昭王乃出平原君歸趙昭王四十三年秦攻韓汾陘拔之因城河上廣武後五年昭王用應侯謀縱反閒賣趙趙以其故令馬服子代廉頗將秦大破趙於長平遂圍邯鄲某案平原君傳秦破長平圍邯鄲虞卿皆為趙畫策與魏齊閒行去趙事在邯鄲解圍之後此傳則長平邯鄲之役在魏齊死後六年二傳乖異不合已而與武安君白起有隙言而殺之任鄭安平使將擊趙鄭安平為趙所圍急以兵二萬人降趙應侯席藁請罪秦之法任人而所任不善者各以其罪罪之於是應

應侯不懌二句張廉卿云著此二語起後一段與蔡澤傳脗鑾相通矣

侯罪當收三族。秦昭王恐傷應侯之意。乃下令國中。有敢言鄭安平事者。以其罪罪之。而加賜相國應侯食物日益厚。以順適其意。後二歲。王稽爲河東守。與諸侯通。坐法誅。而應侯日益以不懌。昭王臨朝歎息。應侯進曰。臣聞主憂臣辱。主辱臣死。今大王中朝而憂。臣敢請其罪。昭王曰。吾聞楚之鐵劍利而倡優拙。夫鐵劍利則士勇。倡優拙則思遠慮。夫以遠思慮而御勇士。吾恐楚之圖秦也。夫物不素具。不可以應卒。今武安君既死。而鄭安平等畔。內無良將而外多敵國。吾是以憂。欲以激勵應侯。應侯懼。不知所出。蔡澤聞之。往入秦也。蔡澤者。燕人也。游學干諸侯小大甚衆。不遇。而從唐舉相。曰。吾聞先生相李兌。曰。百日之內持國秉。（王本秉下有政字某案政字下屬語詞）有之乎。曰。有之。曰。若臣者何如。唐舉孰視而笑曰。先生曷鼻。巨肩。魋顏。蹙齃。厀攣。（索隱曷鼻鼻如蝎虫也魋顏顏皃魋回若魁梧然也蹙齃鼻蹙眉王云曷

讀爲遏遏鼻者偃鼻也偃鼻者仰鼻也

吾聞聖人不相。殆先生乎。蔡澤知唐舉戲之。乃曰。富貴吾所自有。吾所不知者壽也。願聞之。唐舉曰。先生之壽。從今以往者。四十三歲。蔡澤笑謝而去。謂其御者曰。吾持粱刺齒肥集解刺齒當作齧躍馬疾驅。懷黃金之印。結紫綬於要。揖讓人主之前。食肉富貴。四十三年。足矣。去之趙。見逐。之韓魏。遇奪釜鬲於塗。聞應侯任鄭安平王稽皆負重罪於秦。應侯內慙。蔡澤乃西入秦。將見昭王。使人宣言以感怒應侯曰。燕客蔡澤。天下雄俊弘辯智士也。彼一見秦王。秦王必困君而奪君之位。應侯聞曰。五帝三代之事。百家之說。吾既知之。衆口之辯。吾皆摧之。是惡能困我而奪我位乎。使人召蔡澤。蔡澤入。則揖應侯。應侯固不快。及見之。又倨。應侯因讓之曰。子嘗宣言欲代我相秦。寧有之乎。對曰。然。應侯曰。請聞其說。蔡澤曰。吁。君何見之晚也。夫四時之序。成功者去。

夫人生百體堅彊。手足便利。耳目聰明。而心聖智。豈非士之願與。應侯曰。然。蔡澤曰。質仁秉義。行道施德。得志於天下。天下懷樂敬愛而尊慕之。皆願以爲君王。豈不辯智之期與。應侯曰。然。蔡澤復曰。富貴顯榮。成理萬物。使各得其所。性命壽長。終其天年而不夭傷。天下繼其統。守其業。傳之無窮。名實純粹。澤流千里。（張云一本無里字是）世世稱之而無絕。與天地終始。豈非（非字舊脫依國策補）道德之符。而聖人所謂吉祥善事者與。應侯曰。然。蔡澤曰。若夫秦之商君。楚之吳起。越之大夫種。其卒然亦可願與。應侯知蔡澤之欲困己以說。復謬曰。何爲不可。夫公孫鞅之事孝公也。極身無貳慮。盡公而不顧私。設刀鋸以禁姦邪。信賞罰以致治。披腹心。示情素。蒙怨咎。欺舊友。奪魏公子卬。安秦社稷。利百姓。卒爲秦禽將破敵。攘地千里。吳起之事悼王也。使私不得害公。讒不得蔽忠。言不取苟合。行

不取苟容。不為危易行。行義不辟難。然為霸主彊國。不辭禍凶。大夫種
之事越王也。主雖困辱。悉忠而不解。主雖絕亾。盡能而弗離。成功而弗
矜。貴富而不驕怠。若此三子者。固義之至也。忠之節也。是故君子以義
死難。視死如歸。生而辱。不如死而榮。士固有殺身以成名。惟義之所在。
雖死無所恨。何為不可哉。蔡澤曰。主聖臣賢。天下之盛福也。君明臣直。
國之福也。父慈子孝。夫信妻貞。家之福也。故比干忠而不能存殷。子胥
智而不能完吳。申生孝而晉國亂。是皆有忠臣孝子而國家滅亂者。何
也。無明君賢父以聽之。故天下以其君父為僇辱。而憐其臣子。今商君
吳起大夫種之為人臣。是也。其君非也。故世稱三子致功而不見德。豈
慕不遇世死乎。夫待死而後可以立忠成名。是微子不足仁。孔子不足
聖。管仲不足大也。夫人之立功。豈不期於成全邪。身與名俱全者上也。

名可法而身死者其次也。名在僇辱而身全者下也。於是應侯稱善。蔡澤少得閒。因曰。夫商君吳起大夫種。其爲人臣盡忠致功。則可願矣。閎夭事文王。周公輔成王也。豈不亦忠聖乎。以君臣論之。商君吳起大夫種。其可願孰與閎夭周公哉。應侯曰。商君吳起大夫種弗若也。蔡澤曰。然則君之主慈仁任忠。惇厚舊故。其賢智與有道之士爲膠漆。義不倍功臣。孰與秦孝公楚悼王越王乎。應侯曰。未知何如也。蔡澤曰。今主親忠臣不過秦孝公楚悼王越王。君之設智能爲主安危。脩政治亂。彊兵批患（索隱批白結反批患謂擊而卻之）折難。廣地殖穀。富國足家。彊主尊社稷顯宗廟。天下莫敢欺犯其主。主之威蓋震海內。功彰萬里之外。聲名光輝傳於千世。君孰與商君吳起大夫種。應侯曰。不若。蔡澤曰。今主之親忠臣不忘舊故。不若孝公悼王句踐。而君之功績愛信親幸。又不若商君吳起大夫種。然而君之祿位貴盛。私家之富。過於三子。而身不退者。恐患之甚於三子。竊爲君危之。語曰。日中則移。月滿則虧。物盛則衰。天地之常數也。進退盈縮。與時變化。聖人之常道也。故國有道則仕。國無道則隱。聖人曰。飛龍在天。利見大人。不義而富且貴。於我如浮雲。今君之怨已讎而德已報。意欲至矣。而無變計。竊爲君不取也。且夫翠鵠犀象。其處勢非不遠死也。而所以死者。惑於餌也。蘇秦智伯之智。非不足以辟辱遠死也。而所以死者。惑於貪利不止也。是以聖人制禮節欲。取於民有度。使之以時。用之有止。故志不溢。行不驕。常與道俱而不失。故天下承而不絕。昔者齊桓公九合諸侯。一匡天下。至於葵丘之會。有驕矜之志。畔者九國。吳王夫差兵無敵於天下。勇彊以輕諸侯。陵齊晉。故遂以殺身以國。夏育太史噭叱呼駭三軍。然而身死於庸夫。此皆乘至盛而不返道理。不居卑退處儉約之患也。夫商君爲秦孝公明法令。禁姦本。尊爵必賞。有罪必罰。平權衡。正度量。調輕重。決裂阡陌。以靜生民之業。而一其俗。勸民耕農利土。一室無二事。力田稸積。習戰陳之事。是以兵動而地廣。兵休而國富。故秦無敵於天下。立威諸侯。成秦國之業。功已成矣。而遂以車裂。楚地方數千里。持戟百萬。白起率數萬之師。以與楚戰。一戰舉鄢郢。以燒夷陵。再戰南幷蜀漢。又越韓魏而攻彊趙。北阬馬服。誅屠四十餘萬之衆。盡之於長平之下。流血成川。沸聲若雷。遂入圍邯鄲。使秦有帝業。楚趙天下之彊國。而秦之仇敵也。自是之後。楚趙皆懾伏不敢攻秦者。白起之勢也。身所服者七十餘城。功已成矣。而遂賜劒死於杜郵。吳起爲楚悼王立法。卑減大臣之威重。罷無能。廢無用。損不急之官。塞私門之請。一楚國之俗。禁游客之民。精耕戰之士。南收楊越。

北幷陳蔡。破橫散從。使馳說之士。無所開其口。禁朋黨以勵百姓。定楚國之政。兵震天下。威服諸侯。功已成矣。而卒枝解。大夫種爲越王深謀遠計。免會稽之危。以亡爲存。因辱爲榮。墾草入邑。（索隱劉氏云入猶充也）辟地殖穀。率四方之士。專上下之力。輔句踐之賢。報夫差之讎。卒擒勁吳。令越成霸。功已彰而信矣。句踐終負而殺之。此四子者。功成不去。禍至於身。此所謂信而不能詘。往而不能返者也。范蠡知之。超然辟世。長爲陶朱公。君獨不觀夫博者乎。或欲大投。或欲分功。此皆君之所明知也。今君相秦。計不下席。謀不出廊廟。坐制諸侯。利施三川。以實宜陽。決羊腸之險。塞太行之道。又斬范中行之塗。六國不得合從。棧道千里。通於蜀漢。使天下皆畏秦。秦之欲得矣。君之功極矣。此亦秦之分功之時也。如是而不退。則商君白公吳起大夫種是也。吾聞之。鑒於水者。見面之容。鑒於人者。知吉與凶。書曰。成功之下。不可久處。四子之禍。君何居焉。君何不以此時歸相印。讓賢者而授之。退而巖居川觀。必有伯夷之廉。長爲應侯。世世稱孤。而有許由延陵季子之讓。喬松之壽。孰與以禍終哉。即君何居焉。忍不能自離。疑不能自決。必有四子之禍矣。易曰。亢龍有悔。此言上而不能下。信而不能詘。往而不能自反者也。願君孰計之。應侯曰。善。吾聞欲而不知止。失其所以欲。有而知不足。（王校止足二字互易）失其所以有。先生幸教。睢敬受命。於是乃延入坐。爲上客。後數日。入朝言於秦昭王曰。客新有從山東來者曰蔡澤。其人辯士。明於三王之事。五伯之業。世俗之變。足以寄秦國之政。臣之見人甚衆。莫及。臣不如也。臣敢以聞。秦昭王召見與語。大說之。拜爲客卿。應侯因謝病請歸相印。昭王彊起應侯。應侯遂稱病篤。范睢免相。昭王新說蔡澤計畫。遂拜爲秦相。東收周室。蔡澤相秦數月。人或惡之。懼誅。乃謝病歸相印。號爲綱成君。（水經注于延水又東逕岡城南疑卽澤所邑也世名武岡城）居秦十餘年。事昭王孝文王莊襄王。卒事始皇帝。爲秦使於燕。三年而燕使太子丹入質於秦。

太史公曰。韓子稱長袖善舞。多錢善賈。信哉是言也。范雎蔡澤。世所謂一切辯士。然游說諸侯。至白首無所遇者。非計策之拙。所爲說力少也。及二人羈旅入秦。繼踵取卿相。垂功於天下者。固彊弱之勢異也。然士亦有偶合。賢者多如此二子。不得盡意。豈可勝道哉。然二子不困戹惡能激乎。

某案此篇以奪位爲主。范雎奪穰侯之位以快恩怨。蔡澤奪范雎之位以謝病免禍

范雎蔡澤列傳第十九　史記七十九

此與後田單破騎劫處文勢相呼吸見樂生一人係燕國興衰

樂毅列傳第二十

樂毅者。其先祖曰樂羊。樂羊爲魏文侯將。伐取中山。魏文侯封樂羊以靈壽。樂羊死。葬於靈壽。其後子孫因家焉。中山復國。至趙武靈王時復滅中山。而樂氏後有樂毅。樂毅賢。好兵。趙人舉之。及武靈王有沙丘之亂。乃去趙適魏。聞燕昭王以子之之亂而齊大敗燕。燕昭王怨齊。未嘗一日而忘報齊也。燕國小。辟遠。力不能制。於是屈身下士。先禮郭隗以招賢者。樂毅於是爲魏昭王使於燕。燕王以客禮待之。樂毅辭讓。遂委質爲臣。燕昭王以爲亞卿。久之。當是時。齊湣王彊。南敗楚相唐眜於重丘。西摧三晉於觀津。遂與三晉擊秦。助趙滅中山。破宋。廣地千餘里。與秦昭王爭重爲帝。已而復歸之。諸侯皆欲背秦而服於齊。湣王自矜。百姓弗堪。於是燕昭王問伐齊之事。樂毅對曰。齊霸國之餘業也。地大人

破齊徇齊敘次極簡勁而詳載降趙後往返詞令以見作意

衆未易獨攻也王必欲伐之莫如與趙及楚魏於是使樂毅約趙惠文王別使連楚魏令趙嚪說秦以伐齊之利諸侯害齊湣王之驕暴皆爭合從與燕伐齊樂毅還報燕昭王悉起兵使樂毅爲上將軍趙惠文王以相國印授樂毅樂毅於是并護趙楚韓魏燕之兵以伐齊破之濟西諸侯兵罷歸而燕軍樂毅獨追至於臨菑齊湣王之敗濟西亡走保於莒樂毅獨留徇齊齊皆城守樂毅攻入臨菑盡取齊寶財物祭器輸之燕燕昭王大說親至濟上勞軍行賞饗士封樂毅於昌國（某案燕惠王後復以樂閒爲昌國君其時齊城已盡復歸齊矣然則昌國當是燕地）號爲昌國君於是燕昭王收齊鹵獲以歸而使樂毅復以兵平齊城之不下者樂毅留徇齊五歲下齊七十餘城皆爲郡縣以屬燕唯獨莒卽墨未服會燕昭王死子立爲燕惠王惠王自爲太子時嘗不快於樂毅及卽位齊之田單聞之乃縱反閒於燕曰

齊城不下者兩城耳然所以不早拔者聞樂毅與燕新王有隙欲連兵
且留齊南面而王齊齊之所患惟恐他將之來於是燕惠王固已疑樂
毅得齊反閒乃使騎劫代將而召樂毅樂毅知燕惠王之不善代之畏
誅遂西降趙趙封樂毅於觀津號曰望諸君尊寵樂毅以警動於燕齊
齊田單後與騎劫戰果設詐誑燕軍遂破騎劫於卽墨下而轉戰逐燕
北至河上盡復得齊城而迎襄王於莒入于臨菑燕惠王後悔使騎劫
代樂毅以故破軍亡將失齊又怨樂毅之降趙恐趙用樂毅而乘燕之
弊以伐燕燕惠王乃使人讓樂毅且謝之曰先王舉國而委將軍將軍
為燕破齊報先王之讎天下莫不震動寡人豈敢一日而忘將軍之功
哉會先王棄羣臣寡人新卽位左右誤寡人寡人之使騎劫代將軍為
將軍久暴露於外故召將軍且休計事將軍過聽以與寡人有隙遂捐

燕歸趙。將軍自爲計則可矣。而亦何以報先王之所以遇將軍之意乎。

樂毅報遺燕惠王書曰。臣不佞。不能奉承王命。以順左右之心。恐傷先王之明。有害足下之義。故遁逃走趙。今足下使人數之以罪。臣恐侍御者不察先王之所以畜幸臣之理。又不白臣之所以事先王之心。故敢以書對。臣聞賢聖之君。不以祿私親。其功多者賞之。其能當者處之。故察能而授官者。成功之君也。論行而結交者。立名之士也。臣竊觀先王之擧也。見有高世主之心。故假節於魏。以身得察於燕。先王過擧。廁之賓客之中。立之羣臣之上。不謀父兄。以爲亞卿。臣竊不自知。自以爲奉令承教。可幸無罪。故受令而不辭。先王命之曰。我有積怨深怒於齊。不量輕弱。而欲以齊爲事。臣曰。夫齊霸國之餘業。而最勝之遺事也。（王云最當爲冣冣與驟同）練於兵甲。習於戰攻。王若欲伐之。必與天下圖之。與天下圖之莫若結於趙。且又淮北宋地。楚魏之所欲也。趙若許而約四國攻之。齊可大破也。先王以爲然。具符節南使臣於趙。顧反命。（王以顧反爲句男闓生謹案王說非命字下屬失古人句法）起兵擊齊。以天之道。先王之靈。河北之地。隨先王而擧之濟上。濟上之軍受命擊齊。大敗齊人。輕卒銳兵。長驅至國。齊王遁而走莒。僅以身免。珠玉財寶。車甲珍器。盡收入于燕。齊器設於寧臺。大呂陳於元英。故鼎反乎磿（毛本磿誤磨）室。薊丘之植。植於汶篁。自五伯以來。功未有及先王者也。先王以爲慊於志。故裂地而封之。使得比小國諸侯。臣竊不自知。自以爲奉命承教。可幸無罪。是以受命不辭。臣聞賢聖之君功立而不廢。故著於春秋。蚤知之士。名成而不毀。故稱於後世。若先王之報怨雪恥。夷萬乘之彊國。收八百歲之蓄積。及至弃羣臣之日。餘教未衰。執政任事之臣。脩法令。愼庶孽。施及乎萌隸。皆可以教後世。臣聞之。善作者不必善成。善始者不必善終。昔伍子胥說聽於闔閭。而吳王遠迹至郢。夫差弗是也。賜之鴟夷而浮之江。吳王不寤先論之可以立功。故沈子胥而不悔。子胥不蚤見主之不同量。是以至於入江而不化。夫免身立功。以明先王之迹。臣之上計也。離毀辱之誹謗。墮先王之名。臣之所大恐也。臨不測之罪。以幸爲利。義之所不敢出也。臣聞古之君子交絕不出惡聲。忠臣去國。不絜其名。臣雖不佞。數奉教於君子矣。恐侍御者之親左右之說。不察疏遠之行。故敢獻書以聞。惟君王之留意焉。於是燕王復以樂毅子樂閒爲昌國君。而樂毅往來復通燕。燕趙以爲客卿。樂毅卒於趙。樂閒居燕三十餘年。燕王喜用其相栗腹之計。欲攻趙。而問昌國君樂閒。樂閒曰。趙四戰之國也。其民習兵。伐之不可。燕王不聽。遂伐趙。趙使廉頗擊之。大破栗腹之軍於鄗。禽栗腹樂乘。樂乘

者樂閒之宗也於是樂閒犇趙趙遂圍燕燕重割地以與趙和趙乃解
而去燕王恨不用樂閒樂閒既在趙乃遺樂閒書曰紂之時箕子不用
犯諫不怠以冀其聽商容不達身祇辱焉以冀其變及民志不入獄囚
自出然後二子退隱故紂負桀暴之累二子不失忠聖之名何者其憂
患之盡矣今寡人雖愚不若紂之暴也燕民雖亂不若殷民之甚也室
有語不相盡以告鄰里二者寡人不爲君取也樂閒樂乘怨燕不聽其
計二人卒留趙趙封樂乘爲武襄君其明年樂乘廉頗爲趙圍燕燕重
禮以和乃解後五歲趙孝成王卒襄王使樂乘代廉頗廉頗攻樂乘樂
乘走廉頗亾入魏其後十六年而秦滅趙其後二十餘年高帝過趙問
樂毅有後世乎對曰有樂叔高帝封之樂鄉號曰華成君華成君樂毅
之孫也而樂氏之族有樂瑕公樂臣公（集解臣一作巨梁云鉅字是漢書田叔傳作鉅）趙且爲

秦所滅。亾之齊高密。樂臣公善修黃帝老子之言。顯聞於齊。稱賢師。

太史公曰。始齊之蒯通及主父偃。讀樂毅之報燕王書。未嘗不廢書而泣也。樂臣公學黃帝老子。其本師號曰河上丈人。不知其所出。河上丈人教安期生。安期生教毛翕公。毛翕公教樂瑕公。樂瑕公教樂臣公。樂臣公教蓋公。蓋公教於齊高密膠西。爲曹相國師。

某案此篇深惜樂毅之未盡其用觀篇末及贊蓋言樂生之道合於黃老也

樂毅列傳第二十　　史記八十

張廉卿云廉頗爲趙宿將任用最先而最後死故以廉頗爲經而以藺相如趙奢趙括李牧爲緯於諸人事反詳而於頗反略最見意匠之妙然敘次諸人在在以廉頗纓絡其閒則前後一綫相承不致散漫至李牧最晚出而後頗死故先與頗相縮而後乃附于其末又得參差之法

廉頗藺相如列傳第二十一

廉頗者。趙之良將也。趙惠文王十六年。廉頗爲趙將伐齊。大破之。取陽晉取陽晉毛本作晉陽索隱有本作晉陽非也張校改作昔陽云趙世家惠文王十六年廉頗將攻齊取昔陽即其事拜爲上卿。以勇氣聞於諸侯。藺相如者。趙人也。爲趙宦者令繆賢舍人。趙惠文王時。得楚和氏璧。秦昭王聞之。使人遺趙王書。願以十五城請易璧。趙王與大將軍廉頗諸大臣謀。欲予秦。秦城恐不可得。徒見欺。欲勿予。卽患秦兵之來。計未定。求人可使報秦者。未得。宦者令繆賢曰。臣舍人藺相如可使。王問何以知之。對曰。臣嘗有罪。竊計欲亾走燕。臣舍人相如止臣曰。君何以知燕王。臣語曰。臣嘗從大王與燕王會境上。燕王私握臣手。曰願結友。王校作結交男闓生謹案王改古語爲俗語以此知之。故欲往。相如謂臣曰。夫趙彊而燕弱。而君幸於趙王。故燕王欲結於君。今君乃亾趙走燕。燕畏

趙。其勢必不敢畱君。而束君歸趙矣。君不如肉袒伏斧質請罪。則幸得
脫矣。臣從其計。大王亦幸赦臣。臣竊以爲其人勇士有智謀。宜可使。於
是王召見問藺相如曰。秦王以十五城請易寡人之璧。可予不。相如曰。
秦彊而趙弱。不可不許。王曰。取吾璧。不予我城。奈何。相如曰。秦以城求
璧而趙不許。曲在趙。趙予璧而秦不予趙城。曲在秦。均之二策。寧許以
負秦曲。王曰。誰可使者。相如曰。王必無人。臣願奉璧往使。城入趙而璧
畱秦。城不入。臣請完璧歸趙。趙王於是遂遣相如奉璧西入秦。秦王坐
章臺見相如。相如奉璧奏秦王。秦王大喜。傳以示美人及左右。左右皆
呼萬歲。相如視秦王無意償趙城。乃前曰。璧有瑕。請指示王。王授璧。相
如因持璧卻立。倚柱。怒髮上衝冠。謂秦王曰。大王欲得璧。使人發書至
趙王。趙王悉召羣臣議。皆曰。秦貪。負其彊。以空言求璧。償城恐不可得。

議不欲予秦璧。臣以爲布衣之交。尙不相欺。況大國乎。且以一璧之故。逆彊秦之驩。不可。於是趙王乃齋戒五日。使臣奉璧。拜送書於庭。何者。嚴大國之威。以脩敬也。今臣至。大王見臣列觀。禮節甚倨。得璧傳之美人。以戲弄臣。臣觀大王無意償趙王城邑。故臣復取璧。大王必欲急臣。臣頭今與璧俱碎於柱矣。相如持其璧睨柱。欲以擊柱。秦王恐其破璧。乃辭謝。固請。召有司案圖。指從此以往十五都予趙。相如度秦王特以詐詳爲予趙城。實不可得。乃謂秦王曰。和氏璧。天下所共傳寶也。趙王恐。不敢不獻。趙王送璧時。齋戒五日。今大王亦宜齋戒五日。設九賓於庭。臣乃敢上璧。秦王度之。終不可彊奪。遂許齋五日。舍相如廣成傳。毛本傳下有舍字王校刪相如度秦王雖齋。決負約不償城。乃使其從者衣褐懷其璧。從徑道亡。歸璧于趙。秦王齋五日後。乃設九賓禮於庭。引趙使者藺相

張廉卿云先叙秦再破趙而後綴以澠池之會見趙于喪敗之後抗秦尤難

如相如至謂秦王曰。秦自繆公以來二十餘君。未嘗有堅明約束者也。臣誠恐見欺於王而負趙。故令人持璧歸。閒至趙矣。且秦彊而趙弱。大王遣一介之使至趙。趙立奉璧來。今以秦之彊而先割十五都予趙。趙豈敢留璧而得罪於大王乎。臣知欺大王之罪當誅。臣請就湯鑊。惟大王與羣臣孰計議之。秦王與羣臣相視而嘻。左右或欲引相如去。秦王因曰。今殺相如。終不能得璧也。而絕秦趙之驩。不如因而厚遇之。使歸趙。趙王豈以一璧之故欺秦邪。卒廷見相如。畢禮而歸之。相如既歸。趙王以為賢大夫。使不辱於諸侯。拜相如為上大夫。秦亦不以城予趙。趙亦終不予秦璧。其後秦伐趙。拔石城。明年復攻趙。殺二萬人。秦王使使者告趙王。欲與王為好會於西河外澠池。趙王畏秦。欲毋行。廉頗藺相如計曰。王不行。示趙弱且怯也。趙王遂行。相如從。廉頗送至境。與王訣曰王行度道里會遇之禮畢還不過三十日三十日不還則請立太子爲王以絕秦望王許之遂與秦王會澠池秦王飲酒酣曰寡人竊聞趙王好音請奏瑟趙王鼓瑟秦御史前書曰某年月日秦王與趙王會飲令趙王鼓瑟藺相如前曰趙王竊聞秦王善爲秦聲請奏盆缻秦王某案集韵以缻爲缶字索隱音是正義非以相娛樂秦王怒不許於是相如前進缻因跪請秦王秦王不肯擊缻相如曰五步之內相如請得以頸血濺大王矣左右欲刃相如相如張目叱之左右皆靡於是秦王不懌爲一擊缻相如顧召趙御史書曰某年月日秦王爲趙王擊缻秦之羣臣曰請以趙十五城爲秦王壽藺相如亦曰請以秦之咸陽爲趙王壽秦王竟酒終不能加勝於趙趙亦盛設兵以待秦秦不敢動既罷歸國以相如功大拜爲上卿位在廉頗之右廉頗曰我爲趙將有攻城野戰之大功王校刪大字而

藺相如徒以口舌為勞而位居我上且相如素賤人吾羞不忍為之下宣言曰我見相如必辱之相如聞不肯與會相如每朝時常稱病不欲與廉頗爭列已而相如出望見廉頗相如引車避匿於是舍人相與諫曰臣所以去親戚而事君者徒慕君之高義也今君與廉頗（王校頗作君）同列廉君宣惡言而君畏匿之恐懼殊甚且庸人尚羞之況於將相乎臣等不肖請辭去藺相如固止之曰公之視廉將軍孰與秦王曰不若也相如曰夫以秦王之威而相如廷叱之辱其羣臣相如雖駑獨畏廉將軍哉顧吾念之彊秦之所以不敢加兵於趙者徒以吾兩人在也今兩虎共鬬其勢不俱生吾所以為此者以先國家之急而後私讎也廉頗聞之肉袒負荊因賓客至藺相如門謝罪曰鄙賤之人不知將軍寬之至此也卒相與驩為刎頸之交是歲廉頗東攻齊破其一軍居二年廉

頗復伐齊幾拔之後三年廉頗攻魏之防陵防陵徐廣曰一作房子張云趙世家正與此合作房子者是安陽拔之後四年藺相如將而攻齊至平邑而罷其明年趙奢破秦軍閼與下趙奢者趙之田部吏也收租稅而平原君家不肯出租奢以法治之殺平原君用事者九人平原君怒將殺奢奢因說曰君於趙爲貴公子今縱君家而不奉公則法削法削則國弱國弱則諸侯加兵諸侯加兵是無趙也君安得有此富乎以君之貴奉公如法則上下平上下平則國彊國彊則趙固而君爲貴戚豈輕於天下邪平原君以爲賢言之於王王用之治國賦國賦大平民富而府庫實秦伐韓軍於閼與王召廉頗而問曰可救不對曰道遠險狹難救又召樂乘而問焉樂乘對如廉頗言又召問趙奢奢對曰其道遠險狹譬之猶兩鼠鬬於穴中將勇者勝王乃令趙奢將救之兵去邯鄲三十里而令軍中曰有以

軍事諫者死。秦軍軍武安西。秦軍鼓譟勒兵。武安屋瓦盡振。軍中候有一人言急救武安。趙奢立斬之。堅壁。留二十八日不行。復益增壘。秦閒來入。趙奢善食而遣之。閒以報秦將。秦將大喜曰。夫去國三十里而軍不行。乃增壘。閼與非趙地也。趙奢既已遣秦閒。乃卷甲而趨之。二日一夜至。令善射者去閼與五十里而軍。軍壘成。秦人聞之。悉甲而至。軍（一軍作完）士許歷請以軍事諫。趙奢曰。內之。許歷曰。秦人不意趙師至此。其來氣盛。將軍必厚集其陣以待之。不然必敗。趙奢曰。請受令。許歷曰。請受鈇質之誅。趙奢曰。胥後令邯鄲。（錢云五字句）許歷復請諫曰。先據北山上者勝。後至者敗。趙奢許諾。即發萬人趨之。秦兵後至。爭山不得上。趙奢縱兵擊之。大破秦軍。秦軍解而走。遂解閼與之圍而歸。趙惠文王賜奢號為馬服君。以許歷為國尉。趙奢於是與廉頗藺相如同位。後四年趙惠

張廉卿云奢之賢前所未詳者於此詳之此敘事虛實之妙

文王卒。子孝成王立。七年。秦與趙兵相距長平。時趙奢已死。而藺相如病篤。趙使廉頗將攻秦。秦數敗趙軍。趙軍固壁不戰。秦數挑戰。廉頗不肯。趙王信秦之閒。秦之閒言曰。秦之所惡。獨畏馬服君趙奢之子趙括爲將耳。趙王因以括爲將。代廉頗。藺相如曰。王以名使括。若膠柱而鼓瑟耳。括徒能讀其父書傳。不知合變也。趙王不聽。遂將之。趙括自少時學兵法。言兵事。以天下莫能當。嘗與其父奢言兵事。奢不能難。然不謂善。括母問奢其故。奢曰。兵。死地也。而括易言之。使趙不將括即已。若必將之。破趙軍者必括也。及括將行。其母上書言於王曰。括不可使將。王曰。何以。對曰。始妾事其父時。爲將。身所奉飯飲而進食者以十數。所友者以百數。大王及宗室所賞賜者。盡以予軍吏士大夫。受命之日。不問家事。今括一旦爲將。東向而朝。軍吏無敢仰視之者。王所賜金帛。歸藏

於家。而日視便利田宅可買者買之。王以爲何如其父。父子異心。願王
勿遣。王曰。母置之。吾已決矣。括母因曰。王終遣之。卽有如不稱。妾得無
隨坐乎。王許諾。趙括既代廉頗。悉更約束。易置軍吏。秦將白起聞之。縱
奇兵。詳敗走。而絕其糧道。分斷其軍爲二。士卒離心。四十餘日。軍餓。趙
括出銳卒自搏戰。秦軍射殺趙括。括軍敗。數十萬之衆遂降秦。秦悉阬
之。趙前後所亡凡四十五萬。明年。秦兵遂圍邯鄲。歲餘。幾不得脫。賴楚
魏諸侯來救。乃得解邯鄲之圍。趙王亦以括母先言。竟不誅也。自邯鄲
圍解五年。而燕用栗腹之謀。曰。趙壯者盡於長平。其孤未壯。舉兵擊趙。
趙使廉頗將。擊。大破燕軍於鄗。殺栗腹。遂圍燕。燕割五城請和。乃聽之。
趙以尉文封廉頗爲信平君。爲假相國。廉頗之免長平歸也。失勢之時。
故客盡去。及復用爲將。客又復至。廉頗曰。客退矣。客曰。吁。君何見之晚

范肯堂云太史公好為此等文字所謂數見不鮮者

也夫天下以市道交君有勢我則從君君無勢則去此固其理也有何怨乎居六年趙使廉頗伐魏之繁陽拔之趙孝成王卒子悼襄王立使樂乘代廉頗廉頗怒攻樂乘樂乘走廉頗遂犇魏之大梁其明年趙乃以李牧為將而攻燕拔武遂方城廉頗居梁久之魏不能信用趙以數困於秦兵趙王思復得廉頗廉頗亦思復用於趙趙王使使者視廉頗尚可用否廉頗之仇郭開多與使者金令毀之趙使者既見廉頗廉頗為之一飯斗米肉十斤被甲上馬以示尚可用趙使還報王曰廉將軍雖老尚善飯然與臣坐頃之三遺矢矣趙王以為老遂不召楚聞廉頗在魏陰使人迎之廉頗一為楚將無功曰我思用趙人廉頗卒死于壽春

李牧者趙之北邊良將也常居代鴈門備匈奴以便宜置吏市租皆輸入莫府（索隱翟浩云以幕帟為府故曰幕府）為士卒費日擊數牛饗士習射騎謹烽火

多閒諜。厚遇戰士。爲約曰。匈奴卽入盜。急入收保。有敢捕虜者斬。匈奴每入烽火謹。輒入收保不敢戰。如是數歲。亦不亾失。然匈奴以李牧爲怯。雖趙邊兵亦以爲吾將怯。趙王讓李牧。李牧如故。趙王怒。召之。使他人代將。歲餘。匈奴每來出戰。出戰數不利。失亾多。邊不得田畜。復請李牧。牧杜門不出。固稱疾。趙王乃復彊起使將兵。牧曰。王必用臣。臣如前乃敢奉令。王許之。李牧至如故約。匈奴數歲無所得。終以爲怯。邊士日得賞賜而不用。皆願一戰。於是乃具選車得千三百乘。選騎得萬三千匹。百金之士五萬人。彀者十萬人。悉勒習戰。大縱畜牧。人民滿野。匈奴小入。詳北不勝。以數千人委之。單于聞之。大率衆來入。李牧多爲奇陳。張左右翼擊之。大破殺匈奴十餘萬騎。滅襜襤。毛本作檐襤徐廣曰一作臨某案作臨是梲臨卽濊唐傳澹林林臨同字鄭志臨孝存賈公彥引作林孝存破東胡。降林胡。單于犇走。其後十餘歲。

廉頗既亡句此文字斷續法

匈奴不敢近趙邊城。趙悼襄王元年。廉頗既亡入魏。趙使李牧攻燕。拔武遂方城。居二年。龐煖破燕軍。殺劇辛。後七年。秦破趙。殺將扈輒於武遂。斬首十萬。趙乃以李牧為大將軍。擊秦軍於宜安。大破秦軍。走秦將桓齮。封李牧為武安君。居三年。秦攻番吾。李牧擊破秦軍。南距韓魏。趙王遷七年。秦使王翦攻趙。趙使李牧司馬尚禦之。秦多與趙王寵臣郭開金。為反閒。言李牧司馬尚欲反。趙王乃使趙蔥及齊將顏聚代李牧。李牧不受命。趙使人微捕得李牧。斬之。廢司馬尚。後三月。王翦因急擊趙。大破殺趙蔥。虜趙王遷及其將顏聚。遂滅趙。

太史公曰。知死必勇。非死者難也。處死者難。方藺相如引璧睨柱。及叱秦王左右。勢不過誅。然士或怯懦而不敢發。相如一奮其氣。威信敵國。退而讓頗。名重太山。其處智勇。可謂兼之矣。

某案此篇以數人關趙與亾為主

廉頗藺相如列傳第二十一

田單列傳第二十二

田單者。齊諸田疏屬也。湣王時。單爲臨菑市掾。不見知。及燕使樂毅伐破齊。齊湣王出奔。已而保莒城。燕師長驅平齊。而田單走安平。令其宗人盡斷其車軸末而傅鐵籠。已而燕軍攻安平。城壞。齊人走。爭塗。以轊折車敗。爲燕所虜。惟田單宗人以鐵籠故得脫。東保卽墨。燕既盡降齊城。惟獨莒卽墨不下。燕軍聞齊王在莒。并兵攻之。淖齒既殺湣王於莒。因堅守。距燕軍。數年不下。燕引兵東圍卽墨。卽墨大夫出與戰。敗死。城中相與推田單曰。安平之戰。田單宗人以鐵籠得全。習兵。立以爲將軍。以卽墨距燕。頃之。燕昭王卒。惠王立。與樂毅有隙。田單聞之。乃縱反閒於燕。宣言曰。齊王已死。城之不拔者二耳。樂毅畏誅而不敢歸。以伐齊爲名。實欲連兵南面而王齊。齊人未附。故且緩攻卽墨。以待其事。齊人

所懼。惟恐他將之來。即墨殘矣。燕王以爲然。使騎劫代樂毅。樂毅因歸
趙。燕人士卒忿。而田單乃令城中人食必祭其先祖於庭。飛鳥悉翔舞
城中下食。燕人怪之。田單因宣言曰。神來下教我。乃令城中人曰。當有
神人爲我師。有一卒曰。臣可以爲師乎。因反走。田單乃起。引還。東鄉坐。
師事之。卒曰。臣欺君。誠無能也。田單曰。子勿言也。因師之。每出約束必
稱神師。乃宣言曰。吾惟懼燕軍之劓所得齊卒。置之前行。與我戰。即墨
敗矣。燕人聞之。如其言。城中人見齊諸降者盡劓。皆怒。堅守。惟恐見得。
單又縱反閒曰。吾懼燕人掘吾城外冢墓。僇先人。可爲寒心。燕軍盡掘
壟墓。燒死人。即墨人從城上望見。皆涕泣。俱欲出戰。怒自十倍。田單知
士卒之可用。乃身操版插。與士卒分功。妻妾編於行伍之閒。盡散飲食
饗士。令甲卒皆伏。使老弱女子乘城。遣使約降於燕。燕軍皆呼萬歲。田

單又收民金得千溢令即墨富豪遺燕將曰即墨即降願無虜掠吾族家妻妾令安堵燕將大喜許之燕軍由此益懈田單乃收城中得千餘牛爲絳繒衣畫以五采龍文束兵刃於其角而灌脂束葦於尾燒其端鑿城數十穴夜縱牛壯士五千人隨其後牛尾熱怒而犇燕軍燕軍夜大驚牛尾炬火光明炫燿燕軍視之皆龍文所觸盡死傷五千人因銜枚擊之而城中鼓譟從之老弱皆擊銅器爲聲聲動天地燕軍大駭敗走齊人遂夷殺其將騎劫燕軍擾亂犇走齊人追亡逐北所過城邑皆畔燕而歸田單兵日益多乘勝燕日敗亡卒至河上而齊七十餘城皆復爲齊乃迎襄王於莒入臨菑而聽政襄王封田單號曰安平君太史公曰兵以正合以奇勝善之者出奇無窮奇正還相生如環之無端夫始如處女適人開戶後如脫兔適不及距其田單之謂邪初淖齒之殺

湣王也。莒人求湣王子法章。得之太史嬓之家。（錢云世家嬓作敫）爲人灌園。嬓
女憐而善遇之。後法章私以情告女。女遂與通。及莒人共立法章爲齊
王。以莒距燕。而太史氏女遂爲后。所謂君王后也。燕之初入齊。聞畫邑
人王蠋賢。令軍中曰。環畫邑三十里無入。以王蠋之故。已而使人謂蠋
曰。齊人多高子之義。吾以子爲將。封子萬家。蠋固謝。燕人曰。子不聽吾
引三軍而屠畫邑。王蠋曰。忠臣不事二君。貞女不更二夫。齊王不聽吾
諫。故退而耕於野。國既破亡。吾不能存。今又劫之以兵。爲君將。是助桀
爲暴也。與其生而無義。固不如烹。遂經其頸於樹枝。自奮絕脰而死。齊
亡大夫聞之曰。王蠋布衣也。義不北面於燕。況在位食祿者乎。乃相聚
如莒。求諸子。立爲襄王。

某案此篇以轉亡爲存爲主

田單列傳第二十二

史記八十二

魯仲連鄒陽列傳第二十三

魯仲連者。齊人也。好奇偉俶儻之畫策。而不肯仕宦任職。好持高節。游於趙。趙孝成王時。而秦王使白起破趙長平之軍。前後四十餘萬。秦兵遂東圍邯鄲。趙王恐。諸侯之救兵。莫敢擊秦軍。魏安釐王使將軍晉鄙救趙。畏秦。止於蕩陰不進。魏王使客將軍新垣衍閒入邯鄲。因平原君謂趙王曰。秦所爲急圍趙者。前與齊湣王爭彊爲帝。已而復歸帝。今齊湣王已益弱。方今惟秦雄天下。此非必貪邯鄲。其意欲復求爲帝。趙誠發使尊秦昭王爲帝。秦必喜。罷兵去。平原君猶預未有所決。此時魯仲連適游趙。會秦圍趙。聞魏將欲令趙尊秦爲帝。乃見平原君曰。事將奈何。平原君曰。勝也何敢言事。前亡四十萬之衆於外。今又內圍邯鄲而不能去。魏王使客將軍新垣衍令趙帝秦。今其人在是。勝也何敢言事。

魯仲連曰。吾始以君爲天下之賢公子也。吾乃今然後知君非天下之賢公子也。梁客新垣衍安在。吾請爲君責而歸之。平原君曰。勝請爲紹介而見之於先生。平原君遂見新垣衍曰。東國有魯仲連先生者。今其人在此。勝請爲紹介交之於將軍。新垣衍曰。吾聞魯仲連先生。齊國之高士也。衍人臣也。使事有職。吾不願見魯仲連先生。平原君曰。勝既已泄之矣。新垣衍許諾。魯連見新垣衍而無言。新垣衍曰。吾視居此圍城之中者。皆有求於平原君者也。今吾觀先生之玉貌。非有求於平原君者也。曷爲久居此圍城之中而不去。魯仲連曰。世以鮑焦爲無從頌而死者。皆非也。衆人不知。則爲一身。彼秦者。弃禮義而上首功之國也。權使其士。虜使其民。彼即肆然而爲帝。過而爲政於天下。則連有蹈東海而死耳。吾不忍爲之民也。所爲見將軍者。欲以助趙也。新垣衍曰。先生助之將奈何。魯連曰。吾將使梁及燕助之。齊楚則固助之矣。新垣衍曰。燕則吾請以從矣。若乃梁者。則吾乃梁人也。先生惡能使梁助之。魯連曰。梁未睹秦稱帝之害故耳。使梁睹秦稱帝之害。則必助趙矣。新垣衍曰。秦稱帝之害何如。魯連曰。昔者齊威王嘗爲仁義矣。率天下諸侯而朝周。周貧且微。諸侯莫朝。而齊獨朝之。居歲餘。周烈王崩。齊後往。周怒。赴於齊曰。天崩地坼。天子下席。東藩之臣因齊後至。則斮。齊威王勃然怒曰。叱嗟。而母婢也。卒爲天下笑。故生則朝周。死則叱之。誠不忍其求也。彼天子固然。其無足怪。新垣衍曰。先生獨不見夫僕乎。十人而從一人者。寧力不勝。而智不若邪。畏之也。魯仲連曰。嗚呼。梁之比於秦。若僕邪。新垣衍曰。然。魯仲連曰。吾將使秦王烹醢梁王。新垣衍怏然不悅曰。噫嘻。亦太甚矣。先生之言也。先生又惡能使秦王烹醢梁王。魯仲連曰。

固也吾將言之昔者九侯鄂侯文王紂之三公也九侯有子而好獻之於紂紂以爲惡醢九侯鄂侯爭之彊辯之疾故脯鄂侯文王聞之喟然而歎故拘之牖里之庫百日欲令之死曷爲與人俱稱王卒就脯醢之地齊湣王將之魯夷維子爲執策而從謂魯人曰子將何以待吾君魯人曰吾將以十太牢待子之君夷維子曰子安取禮而來吾君彼吾君者天子也天子巡狩諸侯辟舍納筦籥攝衽抱机視膳於堂下天子已食乃退而聽朝也魯人投其籥不果納不得入於魯將之薛假途於鄒當是時鄒君死湣王欲入弔夷維子謂鄒之孤曰天子弔主人必將倍殯棺設北面於南方然後天子南面弔也鄒之羣臣曰必若此吾將伏劍而死固不敢入於鄒鄒魯之臣生則不得事養死則不得賻襚然且欲行天子之禮於鄒魯鄒魯之臣不果納今秦萬乘之國也梁亦萬乘

之國也。俱據萬乘之國。各有稱王之名。睹其一戰而勝。欲從而帝之。是使三晉之大臣。不如鄒魯之僕妾也。且秦無已而帝。則且變易諸侯之大臣。彼將奪其所不肖。而與其所賢。奪其所憎。而與其所愛。彼又將使其子女讒妾爲諸侯妃姬。處梁之宮。梁王安得晏然而已乎。而將軍又何以得故寵乎。於是新垣衍起再拜謝曰。始以先生爲庸人。吾乃今日知先生爲天下之士也。吾請出、不敢復言帝秦。秦將聞之。爲郤軍五十里。適會魏公子無忌奪晉鄙軍以救趙。擊秦軍、秦軍遂引而去。於是平原君欲封魯連。魯連辭讓使者三。（王校刪使字）終不肯受。平原君乃置酒。酒酣起前。以千金爲魯連壽。魯連笑曰。所貴於天下之士者。爲人排患釋難解紛亂。（王校刪亂字）而無取也。卽有取者。是商賈之事也。而連不忍爲也。遂辭平原君而去。終身不復見。其後二十餘年。燕將攻下聊城。聊城人或讒之燕燕將懼誅因保守聊城不敢歸齊田單攻聊城歲餘士卒多死而聊城不下魯連乃爲書約之矢以射城中遺燕將書曰吾聞之智者不倍時而弃利勇士不卻死而滅名忠臣不先身而後君今公行一朝之忿不顧燕王之無臣非忠也殺身亾聊城而威不信於齊非勇也功敗名滅後世無稱焉非智也三者世主不臣說士不載故智者不再計勇士不卻（毛本作怯）死今死生榮辱貴賤尊卑此時不再至願公詳計而無與俗同且楚攻齊之南陽魏攻平陸而齊無南面之心以爲亾南陽之害小不如得濟北之利大故定計審處之今秦人下兵魏不敢東面衡秦之勢成楚國之形危齊弃南陽斷右壤定濟北計猶且爲之也且夫齊之必決於聊城公勿再計今楚魏交退於齊而燕救不至以全齊之兵無天下之規與聊城共據期年之敝則臣見公之不能得也且燕

何景明云此下云云皆誘惑燕將之辭非事實也

國大亂君臣失計上下迷惑栗腹以十萬之衆五折於外以萬乘之國被圍於趙壤削主困爲天下僇笑國敝而禍多民無所歸心今公又以敝聊之民距全齊之兵是墨翟之守也食人炊骨士無反外〔王校外爲北〕之心是孫臏之兵也能見於天下雖然爲公計者不如全車甲以報於燕車甲全而歸燕燕王必喜身全而歸於國士民如見父母交游攘臂而議於世功業可明上輔孤主以制羣臣下養百姓以資說士矯國更俗功名可立也亾意亦捐燕棄世東游於齊乎〔歸評說燕將以叛燕歸齊恐好持高節者不當如此〕〔某案此殆非歸語〕裂地定封富比乎陶衛世世稱孤與齊久存又一計也此兩計者顯名厚實也願公詳計而審處一焉且吾聞之規小節者不能成榮名惡小恥者不能立大功昔者管夷吾射桓公中其鉤簒也遣公子糾不能死怯也束縛桎梏辱也若此三行者世主不臣而鄉里不通鄉

使管子幽囚而不出。身死而不反於齊。則亦名不免為辱人賤行矣。臧獲且羞與之同名矣。況世俗乎。故管子不恥身在縲紲之中。而恥天下之不治。不恥不死公子糾。而恥威之不信於諸侯。故兼三行之過而為五霸首。名高天下。而光燭鄰國。曹子為魯將。三戰三北。而亾地五百里。鄉使曹子計不反顧。議不還踵。刎頸而死。則亦名不免為敗軍禽將矣。曹子弃三北之恥。而退與魯君計。桓公朝天下。會諸侯。曹子以一劍之任。枝桓公之心於壇坫之上。顏色不變。辭氣不悖。三戰之所亾。一朝而復之。天下震動。諸侯驚駭。威加吳越。若此二士者。非不能成小廉而行小節也。以為殺身亾軀。絕世滅後。功名不立。非智也。故去感忿之怨。立終身之名。弃忿悁之節。定累世之功。是以業與三王爭流。而名與天壤相弊也。願公擇一而行之。燕將見魯連書。泣三日。猶豫不能自決。欲歸燕。已有隙。恐誅。欲降齊。所殺虜於齊甚衆。恐已降而後見辱。喟然歎曰。與人刃我。寧自刃。乃自殺。聊城亂。田單遂屠聊城。歸而言魯連。欲爵之。魯連逃隱於海上。曰。吾與富貴而詘於人。寧貧賤而輕世肆志焉。

鄒陽者。齊人也。游於梁。與故吳人莊忌夫子淮陰枚生之徒交。上書而介於羊勝公孫詭之閒。勝等嫉鄒陽。惡之梁孝王。孝王怒。下之吏。將欲殺之。鄒陽客游。以讒見禽。恐死而負累。乃從獄中上書曰。臣聞忠無不報。信不見疑。臣嘗以爲然。徒虛語耳。昔者荊軻慕燕丹之義。白虹貫日。太子畏之。衞先生爲秦畫長平之事。太白蝕昴。而昭王疑之。夫精變天地而信不喻兩主。豈不哀哉。今臣盡忠竭誠。畢議願知。左右不明。卒從吏訊。爲世所疑。是使荊軻衞先生復起。而燕秦不悟也。願大王孰察之。昔卞和獻寶。楚王刖之。李斯竭忠。胡亥極刑。是以箕子詳狂。接輿避世。恐遭

此患也。願大王孰察卞和李斯之意。而後楚王胡亥之聽。無使臣爲箕
子接輿所笑。臣聞比干剖心子胥鴟夷。臣始不信。乃今知之。願大王孰
察。少加憐焉。諺曰。有白頭如新傾蓋如故。何則。知與不知也。故昔樊於
期逃秦之燕。藉荊軻首以奉丹之事。王奢去齊之魏。臨城自剄以卻齊
而存魏。夫王奢樊於期非新於齊秦而故於燕魏也。所以去二國死兩
君者。行合於志而慕義無窮也。是以蘇秦不信於天下。而爲燕尾生。白
圭戰亾六城。爲魏取中山。何則。誠有以相知也。蘇秦相燕。燕人惡之於
王。王按劍而怒。食以駃騠。白圭顯於中山。中山人惡之魏文侯。文侯投
之以夜光之璧。何則。兩主二臣。剖心坼肝相信。豈移於浮辭哉。故女無
美惡。入宮見妒。士無賢不肖。入朝見嫉。昔者司馬喜髕脚於宋。卒相中
山。范雎摺脅折齒於魏。卒爲應侯。此二人者。皆信必然之畫。捐朋黨之

私。挾孤獨之位。故不能自免於嫉妒之人也。是以申徒狄自沈於河。徐衍負石入海。不容於世。義不苟取比周於朝。以移主上之心。故百里奚乞食於路。繆公委之以政。甯戚飯牛車下。而桓公任之以國。此二人者。豈借（漢書作素）宦於朝。假譽於左右。然後二主用之哉。感於心。合於行。親於膠漆。昆弟不能離。豈惑於衆口哉。故偏聽生姦。獨任成亂。昔者魯聽季孫之說。而逐孔子。宋信子罕之計。（梁云左通曰韓子內儲說下言皇喜殺宋君而奪其政蓋皇喜亦字子罕非樂喜漢書及新序作子冉）而囚墨翟。夫以孔墨之辯。不能自免於讒諛。而二國以危。何則。衆口鑠金。積毀銷骨也。是以秦用戎人由余而霸中國。齊用越人蒙而彊威宣。此二國。豈拘於俗。牽於世。繫阿偏（漢書作奇偏）之辭哉。公聽並觀。垂名當世。故意合則胡越爲昆弟。由余越人蒙是矣。不合則骨肉出逐不收。朱象管蔡是矣。今人主誠能用齊秦之義。後宋魯之聽。則五伯不足稱。三王易爲也。是以聖王覺寤。捐子之之心。而能不說於田常之賢。封比干之後。修孕婦之墓。故功業復就於天下。何則。欲善無厭也。夫晉文公親其讎。彊霸諸侯。齊桓公用其仇。而一匡天下。何則。仁慈慇勤。誠加於心。不可以虛辭借也。至夫秦用商鞅之法。東弱韓魏。兵彊天下。而卒車裂之。越用大夫種之謀。禽勁吳。霸中國。而卒誅其身。是以孫叔敖三去相而不悔。於陵子仲辭三公爲人灌園。今人主誠能去驕傲之心。懷可報之意。披心腹。見情素。墮肝膽。施德厚。終與之窮達。無愛於士。則桀之狗可使吠堯。而蹠之客可使刺由。況因萬乘之權。假聖王之資乎。然則荊軻之湛七族。要離之燒妻子。豈足道哉。臣聞明月之珠。夜光之璧。以闇投人於道路。人無不按劍相眄者。何則。無因而至前也。蟠木根柢。輪囷離詭。而爲萬乘器者。何則。以左右先爲之容也。故無因至前•雖出隨侯之珠•夜光之璧•猶結怨而不見德•故有人先談•則以枯木朽株•樹功而不忘•今夫天下布衣窮居之士•身在貧賤•雖包堯舜之術•挾伊管之辯•懷龍逢比干之意•欲盡忠當世之君•而素無根柢之容•雖竭精思•欲開忠信•輔人主之治•則人主必有按劍相眄之跡•是使布衣不得爲枯木朽株之資也•是以聖王制世御俗•獨化於陶鈞之上•而不牽於卑亂之語•不奪於衆多之口•故秦皇帝任中庶子蒙嘉之言•以信荊軻之說•而匕首竊發•周文王獵涇渭•載呂尙而歸•以王天下•故秦信左右而殺•周用烏集而王•何則•以其能越攣拘之語•馳域外之議•獨觀於昭曠之道也•今人主沈於諂諛之辭•牽於帷裳之制•使不羈之士•與牛驥同皂•此鮑焦所以忿於世而不留富貴之樂也•臣聞盛飾入朝者•不以利汙義•砥厲名號者•不以欲傷行•故縣名勝母•而曾子不入•邑號

朝歌而墨子回車今欲使天下寥廓之士攝於威重之權主於位勢之貴故回面汙行以事諂諛之人而求親近於左右則士伏死堀穴巖巖（漢書作巖藪）之中耳安肯有盡忠信而趨闕下者哉書奏梁孝王孝王使人出之卒爲上客

太史公曰魯連其指意雖不合大義然余多其在布衣之位蕩然肆志不詘於諸侯談說於當世折卿相之權鄒陽辭雖不遜然其比物連類有足悲者亦可謂抗直不橈矣吾是以附之列傳焉

某案此篇以排難解紛而無取爲主附鄒陽於魯連者以鄒之書能自脫於患與魯連之能解圍城相類其辭氣不橈亦與魯連輕世肆志相類也

魯仲連鄒陽列傳第二十三　　史記八十三

張廉卿云史公於箸書家必發其指要而述其所以然然變化無方無相似者此文特作變調而敘述尤微至深遠

范肯堂云嘗謂莊子逍遙遊野馬也一節其文騰而遞爲不可及此節神味乃

屈原賈生列傳第二十四　　史記八十四

屈原者。名平。楚之同姓也。爲楚懷王左徒。（錢云黃歇由左徒爲令尹則左徒亦楚之貴臣矣）博聞彊志。明於治亂。嫻於辭令。入則與王圖議國事。以出號令。出則接遇賓客。應對諸侯。王甚任之。上官大夫與之同列。爭寵而心害其能。懷王使屈原造爲憲令。屈平屬草稾未定。上官大夫見而欲奪之。屈平不與。因讒之曰。王使屈平爲令。衆莫不知。每一令出。平伐其功。曰以爲非我莫能爲也。王怒而疏屈平。屈平疾王聽之不聰也。讒諂之蔽明也。邪曲之害公也。方正之不容也。故憂愁幽思而作離騷。離騷者。猶離憂也。夫天者。人之始也。父母者。人之本也。人窮則反本。故勞苦倦極。未嘗不呼天也。疾痛慘怛。未嘗不呼父母也。屈平正道直行。竭忠盡智以事其君。讒人閒之。可謂窮矣。信而見疑。忠而被謗。能無怨乎。屈平之作離騷。蓋

似之

張廉卿云廉猶論語古之矜也廉之廉故曰其行廉故死而不容自疏非謂廉潔之廉也

自怨生也國風好色而不淫小雅怨誹而不亂若離騷者可謂兼之矣上稱帝嚳下道齊桓中述湯武以刺世事明道德之廣崇治亂之條貫靡不畢見其文約其辭微其志絜其行廉其稱文小而其指極大舉類邇而見義遠其志絜故其稱物芳其行廉故死而不容自疏濯淖汙泥之中（王云濯淖疊韵字皆汙濁之名）蟬蛻於濁穢以浮游塵埃之外不獲世之滋垢（王云獲廣雅辱也錢云滋與茲同說文茲黑也春秋傳何故使吾水茲）皭然泥而不滓者也推此志也雖與日月爭光可也屈平既絀其後秦欲伐齊齊與楚從親惠王患之乃令張儀詳去秦厚幣委質事楚曰秦甚憎齊齊與楚從親楚誠能絕齊秦願獻商於之地六百里楚懷王貪而信張儀遂絕齊使使如秦受地張儀詐之曰儀與王約六里不聞六百里楚使怒去歸告懷王懷王怒大興師伐秦秦發兵擊之大破楚師於丹淅（本作浙錢校改）斬首八萬虜楚將屈

張廉卿云楚人句掉轉開出懷王一段即呼起子蘭

匄。遂取楚之漢中地。懷王乃悉發國中兵。以深入擊秦。戰於藍田。魏聞之。襲楚至鄧。楚兵懼。自秦歸。而齊竟怒。不救楚。楚大困。明年秦割漢中地與楚以和。楚王曰。不願得地。願得張儀而甘心焉。張儀聞。乃曰。以一儀而當漢中地。臣請往如楚。如楚。又因厚幣用事者臣靳尚。而設詭辯於懷王之寵姬鄭袖。懷王竟聽鄭袖。復釋去張儀。是時屈平既疏。不復在位。使於齊。顧反。諫懷王曰。何不殺張儀。懷王悔。追張儀不及。其後諸侯共擊楚。大破之。殺其將唐眛。眛本作昧梁校改錢云呂氏春秋作唐蔑古文眛蔑通 時秦昭王與楚婚。欲與懷王會。懷王欲行。屈平曰。秦虎狼之國。不可信。不如無行。懷王稚子子蘭勸王行。奈何絕秦歡。懷王卒行。入武關。秦伏兵絕其後。因留懷王以求割地。懷王怒。不聽。亡走趙。趙不內。復之秦。竟死於秦而歸葬。長子頃襄王立。以其弟子蘭為令尹。楚人既咎子蘭以勸懷王入

聞之句筋脈貫輸前後俱動

子蘭句遙接屈平既嫉之曾文正云聞之聞屈原作離騷

秦而不反也。屈平既嫉之。雖放流。睠顧楚國。繫心懷王。不忘欲反。冀幸君之一悟。俗之一改也。其存君興國。而欲反覆之。一篇之中三致意焉。然終無可奈何。故不可以反。卒以此見懷王之終不悟也。人君無愚智賢不肖。莫不欲求忠以自爲。舉賢以自佐。然亾國破家相隨屬。而聖君治國累世而不見者。其所謂忠者不忠。而所謂賢者不賢也。懷王以不知忠臣之分。故內惑於鄭袖。外欺於張儀。疏屈平而信上官大夫令尹子蘭。兵挫地削。亾其六郡。身客死於秦。爲天下笑。此不知人之禍也。易曰。井泄不食。爲我心惻。可以汲。王明。竝受其福。王之不明。豈足福哉。令尹子蘭聞之大怒。卒使上官大夫短屈原於頃襄王。頃襄王怒而遷之。屈原至於江濱。被髮行吟澤畔。顏色憔悴。形容枯槁。漁父見而問之曰。子非三閭大夫歟。何故而至此。屈原曰。舉世混濁而我獨清。衆人皆醉而我獨醒。是以見放。漁父曰。夫聖人者不凝滯於物。而能與世推移。舉世混濁。何不隨(淈)其流(泥)而揚其波。衆人皆醉。何不餔其糟而啜其醨。何故(深思高舉)懷瑾握瑜而自令見放爲。屈原曰。吾聞之。新沐者必彈冠。新浴者必振衣。人又誰能以身之察察。受物之汶汶者乎。寧赴常流而葬乎江魚腹中耳。又安能以皓皓之白。而蒙世之溫蠖乎。乃作懷沙之賦。其辭曰。陶陶孟夏兮。草木莽莽。傷懷永哀兮。汩徂南土。眴兮窈窕。孔靜幽墨。冤結紆軫兮。離愍之長鞠。撫情效志兮。俛詘以自抑。刓方以爲圜兮。常度未替。易初本由兮。君子所鄙。章畫職墨兮。〔索隱楚詞職作志錢云職與識同周禮職方華嶽碑作識方是也志即識之古文〕前度未改。內直質重兮。大人所盛。巧匠不斲兮。孰察其撥正。〔撥本作揆依文選改案撥讀弓撥矢鉤之撥淮南扶撥以爲正〕玄文幽處兮。矇謂之不章。離婁微睇兮。瞽以爲無明。變白而爲黑兮。倒上以爲下。鳳皇在笯兮。雞雉(鶩)翔舞。同糅玉石兮。一槩而相量。夫黨人之鄙妒兮。羌不知吾所臧。張云臧宜讀藏任重載盛兮。陷滯而不濟。懷瑾握瑜兮。窮不得余所示。邑犬羣吠兮。吠所怪也。誹俊疑桀兮。固庸態也。文質疏內兮。衆不知吾之異采。材樸委積兮。莫知余之所有。重仁襲義兮。謹厚以爲豐。重華不可牾兮。孰知余之從容。古固有不竝兮。豈知其故也。湯禹久遠兮。邈不可慕也。懲違改忿兮。王云懲止也違恨也抑心而自彊。離湣而不遷兮。願志之有象。進路北次兮。日昧昧其將暮。含王云含當作舍舍即舒字蔽憂虞哀兮。限之以大故。亂曰。浩浩沅湘兮。分流汩兮。脩路幽拂兮。道遠忽兮。曾唫恆悲兮。永歎慨兮。世既莫吾知兮。人心不可謂兮。懷情抱質兮。獨無匹兮。伯樂既歿兮。驥將焉程兮。錢云程讀如秩與匹爲韵書平秩史記作便程人生稟命兮。各有所錯兮。定心廣志。餘余何畏懼兮。曾傷爰哀。以下四句王刪永歎喟兮。世溷不吾知。心不可謂兮。知死不可讓兮。願勿愛兮明以告君子兮。吾將以爲類兮。於是懷石遂自投汨羅以死。屈原既死之後。楚有宋玉唐勒景差之徒者。索隱云人表法言皆作景瑳作差字省耳皆好辭而以賦見稱。然皆祖屈原之從容辭令。終莫敢直諫。其後楚日以削。數十年竟爲秦所滅。自屈原沈汨羅後百有餘年。漢有賈生爲長沙王太傅。過湘水。投書以弔屈原。賈生名誼。索隱作義雒陽人也。年十八。以能誦詩屬書聞於郡中。吳廷尉爲河南守。聞其秀才。召置門下。甚幸愛。孝文皇帝初立。聞河南守吳公治平爲天下第一。故與李斯同邑而嘗學事焉。乃徵爲廷尉。廷尉乃言賈生年少。頗通諸子百家之書。文帝召以爲博士。是時賈生年二十餘。最爲少。每詔令議下。諸老先生不能言。賈生盡爲之對。人人各如其意所欲出。諸生於是乃以爲能不及也。孝文帝說之。超遷。一歲中至太中大夫。賈生以爲漢興至孝文二十餘年。天下和洽而固當改正朔•易服色•法（法一作改）制度•定官名•興禮樂•乃悉草具其事儀法•色尚黃•數用五•爲官名•悉更秦之法•孝文帝初卽位•謙讓未遑也•諸律令所更定•及列侯悉就國•其說皆自賈生發之•於是天子議以爲賈生任公卿之位•絳灌東陽侯馮敬之屬盡害之•乃短賈生曰•雒陽之人•年少初學•專欲擅權•紛亂諸事•於是天子後亦疏之•不用其議•乃以賈生爲長沙王太傅•賈生既辭往行•聞長沙卑溼•自以壽不得長•又以適去•意不自得•及渡湘水•爲賦以弔屈原•其辭曰•共承嘉惠兮•俟罪長沙•側聞屈原兮•自沈汨羅•造託湘流兮•敬弔先生•遭世罔極兮•乃隕厥身•嗚呼哀哉•逢時不祥•鸞鳳伏竄兮•鴟梟翱翔•闒茸尊顯兮•讒諛得志•賢聖逆曳兮•方正倒植•（錢云植與置同論語植其杖漢石經作置）世謂伯（隨）夷貪（溷）兮•謂盜（跖）跖（蹻）廉•莫邪爲頓兮•鉛刀爲銛•于嗟嚜嚜兮•生之無故•斡弃周鼎兮•（而）寶康瓠•騰駕

罷牛兮驂蹇驢驥垂兩耳兮服鹽車章甫薦屨兮漸不可久嗟苦先生兮獨離此咎訊(誶)曰已矣國其莫我知獨堙(壹)鬱兮其誰語鳳漂漂其高遰兮夫固自縮(引)而遠去襲九淵之神龍兮沕深潛以自珍彌融爚以隱處兮夫豈從蟻與蛭螾所貴聖人之神德兮遠濁世而自藏使騏驥可得係羈兮豈云異夫犬羊般紛紛其離此尤兮亦夫子之辜(故)也瞝九州而相君兮(索隱漢書作歷九州錢云瞝當讀如离离歷聲相近)何必懷此都也鳳皇翔于千仞之上兮覽德煇(輝)焉下之見細德之險微兮(困學紀聞顏注險阸之證則微當作徵梁云文選作徵)搖增翮逝而去之彼尋常之汙瀆兮豈能容吞舟之魚橫江湖之鱣鱏兮固將制於螻蟻(張云當作蟻螻魚螻爲韵)賈生爲長沙王太傅三年有鴞飛入賈生舍止于坐隅楚人命鴞曰服賈生既以適居長沙長沙卑溼自以爲壽不得長傷悼之乃爲賦以自廣其辭曰單閼之歲兮(徐廣曰文帝六年歲在丁卯錢云當是文)

（帝七年徐氏不知古有超辰之法故云六年也）四月孟夏。庚子日施兮。服集予舍。止于坐隅。貌甚閒暇。異物來集（集楚詞集注引作萃）兮。私怪其故。發書占之兮。（讖）策言其度。曰野鳥入處兮。主人將去。請問于（子）服兮。予去何之。吉乎告我。凶言其菑。淹數之度兮。語予其期。服乃歎息。舉首奮翼。口不能言。請對以意。（毛本作臆）萬物變化兮。固無休息。斡流而遷兮。或推而還。形氣轉續兮。變化而嬗。（錢云文選嬗作蟺蓋從韋昭本訓而爲如蟺爲蟬也）沕穆無窮（閒）兮。胡可勝言。禍兮福所倚。福兮禍所伏。憂喜聚門兮。吉凶同域。彼吳彊大兮。夫差以敗。越棲會稽兮。句踐霸世。斯游遂成兮。卒被五刑。傅說胥靡兮。乃相武丁。夫禍之與福兮。何異糾纆。命不可說兮。孰知其極。水激則旱兮。（旱劉攽讀悍李善引鶡冠子同男閩生謹案旱者悍之借字）矢激則遠。萬物回薄兮。振蕩相轉。雲蒸雨降兮。錯繆相紛。大專槃物兮。（索隱漢書大鈞播物錢云專鈞聲相轉舌齒異音而均爲出聲此假借之例也槃讀爲般般播聲相近）坱軋無垠。天不可與慮兮道不可與謀遲數有命兮惡識其時且夫天地爲鑪兮造化爲工陰陽爲炭兮萬物爲銅合散消息兮安有常則千變萬化兮未始有極忽然爲人兮何足控摶（揣）化爲異物兮又何足患小知自私兮賤彼貴我通人大觀兮物無不可貪夫徇財兮烈士徇名夸者死權兮品庶馮生怵迫之徒兮或趨西東大人不曲兮億變齊同拘（漢書拘作愚）士繫俗兮攌（索隱說文攌大木柵也錢云說文無攌字索隱殆誤也漢書作僒蘇林音欺全反與圜音相近）如囚拘至人遺物兮獨與道俱衆人或或兮好惡積意（李奇曰所好所惡積之萬億也錢云意當作薏說文薏滿也一曰十萬曰薏）眞人澹（恬）漠兮獨與道息釋知遺形兮超然自喪寥廓忽荒兮與道翺翔乘流則逝兮得坻則止縱軀委命兮不私與己其生若浮兮其死若休澹乎若深淵之靜氾乎若不繫之舟不以生故自寶兮養空而游德人無累兮知命不憂細故蔕蒯（介）兮（錢云蒯不成字當作薊薊芥聲相近故漢書作芥）何足以疑

後歲餘・賈生徵見・孝文帝方受釐・坐宣室・上因感鬼神事・而問鬼神之本・賈生因具道所以然之狀・至夜半・文帝前席・既罷・曰・吾久不見賈生・自以爲過之・今不及也・居頃之・拜賈生爲梁懷王太傅・梁懷王・文帝之少子・愛而好書・故令賈生傅之・文帝復封淮南厲王子四人皆爲列侯・賈生諫・以爲患之興自此起矣・賈生數上疏・言諸侯或連數郡・非古之制・可稍削之・文帝不聽・居數年・懷王騎・墮馬而死・無後・賈生自傷爲傅無狀・哭泣歲餘・亦死・賈生之死時年三十三矣・及孝文崩・孝武皇帝立・舉賈生之孫二人至郡守・而賈嘉最好學・世其家・與余通書・至孝昭時・據此則史公之卒當在宣帝時列爲九卿・

太史公曰・余讀離騷天問招魂哀郢・悲其志・適長沙・觀屈原所自沈淵・未嘗不垂涕・想見其爲人・及見賈生弔之・又怪屈原以彼其材游諸侯・

何國不容而自令若是讀服鳥賦同死生輕去就又爽然自失矣諸本作爽

然依集解校改某案廣雅爽與退爽同訓減爽然猶爽然退然也

又詩䖘黤有爽白虎通爽作𧖅是爽然猶𧖅然也廣雅𧖅色也

某案此篇以不知忠臣之分爲主

屈原賈生列傳第二十四

史記八十四

呂不韋列傳第二十五

呂不韋者陽翟大賈人也往來販賤賣貴（索隱王劭賣音育某案音育當作賣從貝啇聲賣從出買）家累千金秦昭王四十年太子死其四十二年以其次子安國君爲太子安國君有子二十餘人安國君有所甚愛姬立以爲正夫人號曰華陽夫人華陽夫人無子安國君中男名子楚子楚母曰夏姬毋愛子楚爲秦質子於趙秦數攻趙趙不甚禮子楚子楚秦諸庶孽孫質於諸侯車乘進用不饒居處困不得意呂不韋賈邯鄲見而憐之曰此奇貨可居乃往見子楚說曰吾能大子之門子楚笑曰且自大君之門而乃大吾門呂不韋曰子不知也吾門待子門而大子楚心知所謂乃引與坐深語呂不韋曰秦王老矣安國君得爲太子竊聞安國君愛幸華陽夫人華陽夫人無子能立適嗣者獨華陽夫人耳今子兄弟二十餘人子

又居中不甚見幸久質諸侯即大王薨安國君立爲王則子無幾得與長子及諸子旦暮在前者爭爲太子矣（索隱：幾，望也）子楚曰然爲之奈何呂不韋曰子貧客於此非有以奉獻於親及結賓客也不韋雖貧請以千金爲子西游事安國君及華陽夫人立子爲適嗣子楚乃頓首曰必如君策請得分秦國與君共之呂不韋乃以五百金與子楚爲進用結賓客而復以五百金買奇物玩好自奉而西游秦求見華陽夫人姊而皆以其物獻華陽夫人因言子楚賢智結諸侯賓客徧天下常曰楚也以夫人爲天日夜泣思太子及夫人夫人大喜不韋因使其姊說夫人曰吾聞之以色事人者色衰而愛弛今夫人事太子甚愛而無子不以此時蚤自結於諸子中賢孝者舉立以爲適而子之夫在則重尊夫百歲之後所子者爲王終不失勢此所謂一言而萬世之利也不以繁華時樹本即色衰愛弛後雖欲開一語尚可得乎今子楚賢而自知中男也次不得爲適其母又不得幸自附夫人夫人誠以此時拔以爲適夫人則竟世有寵於秦矣華陽夫人以爲然承太子閒從容言子楚質于趙者絕賢來往者皆稱譽之乃因涕泣曰妾幸得充後宮不幸無子願得子楚立以爲適嗣以託妾身安國君許之乃與夫人刻玉符約以爲適嗣安國君及夫人因厚餽遺子楚而請呂不韋傅之子楚以此名譽益盛於諸侯呂不韋取邯鄲諸姬絕好善舞者與居知有身子楚從不韋飲見而說之因起爲壽請之呂不韋怒念業已破家爲子楚欲以釣奇乃遂獻其姬姬自匿有身至大期時（梁云左傳疏十月而產婦人大期大期乃十月不作十二月解）生子政子楚遂立姬爲夫人秦昭王五十年使王齮圍邯鄲急趙欲殺子楚子楚與呂不韋謀行金六百斤予守者吏得脫亡赴秦軍遂以得歸

趙欲殺子楚妻子。子楚夫人、趙豪家女也。得匿。以故母子竟得活。秦昭王五十六年薨。太子安國君立爲王。華陽夫人爲王后。子楚爲太子。趙亦奉子楚夫人及子政歸秦。秦王立一年薨。諡爲孝文王。太子子楚代立。是爲莊襄王。莊襄王所母華陽后爲華陽太后。眞母夏姬尊以爲夏太后。莊襄王元年。以呂不韋爲丞相。封爲文信侯。食河南雒陽十萬戶。莊襄王即位三年薨。太子政立爲王。尊呂不韋爲相國。號稱仲父。秦王年少。太后時時竊私通呂不韋。不韋家僮萬人。當是時。魏有信陵君。楚有春申君。趙有平原君。齊有孟嘗君。皆下士喜賓客以相傾。呂不韋以秦之彊。羞不如。亦招致士。厚遇之。至食客三千人。是時諸侯多辯士。如荀卿之徒。著書布天下。呂不韋乃使其客人人著所聞。集論以爲八覽六論十二紀。二十餘萬言。以爲備天下萬物古今之事。號曰呂氏春秋。

張廉卿云前敘華陽太后夏太后委曲甚備在義法宜終之而藉以寓文外之曲致

布咸陽市門。懸千金其上。延諸侯游士賓客。有能增損一字者。予千金。始皇帝益壯。太后淫不止。呂不韋恐覺禍及己。乃私求大陰人嫪毐以爲舍人。時縱倡樂。使毒以其陰關桐輪而行。令太后聞之。以啗太后。太后聞。果欲私得之。呂不韋乃進嫪毒。詐令人以腐罪告之。不韋又陰謂太后曰。可事詐腐。則得給事中。太后乃陰厚賜主腐者吏。詐論之。拔其鬚眉爲宦者。遂得侍太后。太后私與通。絕愛之。有身。太后恐人知之。詐卜當避時。徙宮居雍。嫪毒常從。賞賜甚厚。事皆決於嫪毒。嫪毒家僮數千人。諸客求宦爲嫪毒舍人千餘人。始皇七年。莊襄王母夏太后薨。孝文王后曰華陽太后。與孝文王會葬壽陵。夏太后子莊襄王葬芷陽。故夏太后獨別葬杜東。曰東望吾子。西望吾夫。後百年旁當有萬家邑。始皇九年。有告嫪毒實非宦者。常與太后私亂。生子二人。皆匿之。與太后

歸云以太后薨葬結呂不韋傳妙想匪夷

謀曰王卽薨以子爲後於是秦王下吏治具得情實事連相國呂不韋九月夷嫪毒三族殺太后所生兩子而遂遷太后於雍諸嫪毒舍人皆沒其家而遷之蜀王欲誅相國爲其奉先王功大及賓客辯士爲游說者衆王不忍致法秦王十年十月免相國呂不韋及齊人茅焦說秦王秦王乃迎太后於雍歸復咸陽而出文信侯就國河南歲餘諸侯賓客使者相望於道請文信侯秦王恐其爲變乃賜文信侯書曰君何功於秦秦封君河南食十萬戶君何親於秦號稱仲父其與家屬徙處蜀呂不韋自度稍侵恐誅乃飲酖而死秦王所加怒呂不韋嫪毒皆已死乃皆復歸嫪毒舍人遷蜀者始皇十九年太后薨謚爲帝太后（梁云謚者號也）與莊襄王會葬茝陽

太史公曰不韋及嫪毒貴封號文信侯人之告嫪毒毒聞之秦王驗左

右未發。上之雍郊。毒恐禍起。乃與黨謀。矯太后璽。發卒以反蘄年宮。發吏攻毒。毒敗亾走。追斬之好時。遂滅其宗。而呂不韋由此絀矣。孔子之所謂聞者。其呂子乎。

某案此篇以賈字爲主立子楚進美姬所以賈利作呂氏春秋所以賈名進嫪毒所以賈禍而賈禍之由則自進美姬始

作呂覽事頗難入此篇中文以家僮萬人引起食客三千人因入賓客著所聞爲書又以懸金市門終之仍寓賈人伎倆與前居奇釣奇爲一類此可識文字聯絡之法

不韋相業甚偉兼能文章而史公以賈人待之是其識力閎遠處

呂不韋列傳第二十五

史記八十五

歸云耙年者見刺客之未可多得也

刺客列傳第二十六

曹沫者。梁云沫左穀及人表管子皆作劌呂覽作翽蓋聲近而字異耳魯人也。以勇力事魯莊公。莊公好力。曹沫為魯將。與齊戰三敗北。魯莊公懼。乃獻遂邑之地以和。猶復以為將。齊桓公許與魯會于柯而盟。桓公與莊公既盟于壇上。曹沫執匕首劫齊桓公。桓公左右莫敢動而問曰子將何欲。曹沫曰。齊強魯弱。而大國侵魯。亦以甚矣。今魯城壞即壓齊境某案言城外即齊故城壞而土之所壓即齊境也君其圖之。桓公乃許盡歸魯之侵地。既已言。曹沫投其匕首。下壇。北面就羣臣之位。顏色不變。辭令如故。桓公怒。欲倍其約。管仲曰。不可。夫貪小利以自快。棄信於諸侯。失天下之援。不如與之。於是桓公乃遂割魯侵地。曹沫三戰所亡地盡復予魯。其後百六十有七年。而吳有專諸之事。專諸者。吳堂邑人也。伍子胥之亡楚而如吳也。知專諸之能。伍子胥既見吳王僚。說以伐楚之利。吳公子光曰。彼伍員父兄皆死於楚。而員言伐楚。欲自爲報私讎也。非能爲吳。吳王乃止。伍子胥知公子光之欲殺吳王僚。乃曰。彼光將有內志。未可說以外事。乃進專諸於公子光。光之父曰吳王諸樊。諸樊弟三人。次曰餘祭。次曰夷眛。次曰季子札。諸樊知季子札賢。而不立太子。以次傳三弟。欲卒致國于季子札。諸樊既死。傳餘祭。餘祭死。傳夷眛。夷眛死。當傳季子札。季子札逃不肯立。吳人乃立夷眛之子僚爲王。公子光曰。使以兄弟次邪。季子當立。必以子乎。則光眞適嗣。當立。故嘗陰養謀臣以求立。光既得專諸。善客待之。九年而楚平王死。春。吳王僚欲因楚喪。使其二弟公子蓋餘屬庸將兵。圍楚之灊。使延陵季子於晉。以觀諸侯之變。楚發兵絕吳將蓋餘屬庸路。吳兵不得還。於是公子光謂專諸曰。此時不可失。不求何獲。且光眞王嗣當立季子雖來不吾廢也專諸曰王僚可殺也母老子弱而兩弟將兵伐楚楚絕其後方今吳外困於楚而內空無骨鯁之臣是無如我何公子光頓首曰光之身子之身也四月丙子光伏甲士於窟室中而具酒請王僚王僚使兵陳自宮至光之家門戶階陛左右皆王僚之親戚也夾立侍皆持長鈹酒既酣公子光詳爲足疾入窟室中使專諸置匕首魚炙之腹中而進之既至王前專諸擘魚因以匕首刺王僚王僚立死左右亦殺專諸王人擾亂公子光出其伏甲以攻王僚之徒盡滅之遂自立爲王是爲闔閭闔閭乃封專諸之子以爲上卿其後七十餘年而晉有豫讓之事豫讓者晉人也故嘗事范氏及中行氏而無所知名去而事智伯智伯甚尊寵之及智伯伐趙襄子趙襄子與韓魏合謀滅智伯滅智伯之後而三分其地趙襄子最怨智伯漆其頭以爲飲器豫讓遁

逃山中•曰•嗟乎•士爲知己者死•女爲說己者容•今智伯知我•我必爲報
讎而死•以報智伯•則吾魂魄不愧矣•乃變名姓爲刑人•入宮塗廁中•挾
匕首•欲以刺襄子•襄子如廁•心動•執問塗廁之刑人•則豫讓•內持刀兵•
曰•欲爲智伯報仇•左右欲誅之•襄子曰•彼義人也•吾謹避之耳•且智伯
亾無後•而其臣欲爲報仇•此天下之賢人也•卒醳去之•居頃之•豫讓又
漆身爲厲•吞炭爲啞•使形狀不可知•行乞於市•其妻不識也•行見其友•
其友識之曰•汝非豫讓邪•曰•我是也•其友爲泣•曰•以子之才•委質而臣
事襄子•襄子必近幸子•近幸子•乃爲所欲•顧不易邪•何乃殘身苦形•欲
以求報襄子•不亦難乎•豫讓曰•既已委質臣事人•而求殺之•是懷二心
以事其君也•且吾所爲者極難耳•然所以爲此者•將以愧天下後世之
爲人臣懷二心以事其君者也•既去頃之•襄子當出•豫讓伏於所當過

之橋下。襄子至橋馬驚。襄子曰此必是豫讓也。使人問之。果豫讓也。於是襄子乃數豫讓曰。子不嘗事范中行氏乎。智伯盡滅之。而子不爲報讎。而反委質臣於智伯。智伯亦已死矣。而子獨何以爲之報讎之深也。豫讓曰。臣事范中行氏。范中行氏皆衆人遇我。我故衆人報之。至於智伯。國士遇我。我故國士報之。襄子喟然歎息而泣曰。嗟乎豫子。子之爲智伯。名既成矣。而寡人赦子。亦已足矣。子其自爲計。寡人不復釋子。使兵圍之。豫讓曰。臣聞明主不掩人之美。而忠臣有死名之義。前君已寬赦臣。天下莫不稱君之賢。今日之事。臣固伏誅。然願請君之衣而擊之。焉以致報讎之意。（焉字與楚辭巫咸焉乃下招之焉同宜屬下讀）則雖死不恨。非所敢望也。敢布腹心。於是襄子大義之。乃使使持衣與豫讓。豫讓拔劍三躍而擊之。曰。吾可以下報智伯矣。遂伏劍自殺。死之日。趙國志士聞之。皆爲涕泣。

其後四十餘年。而軹有聶政之事。聶政者。軹深井里人也。殺人避仇。與母姊如齊。以屠爲事。久之。濮陽嚴仲子事韓哀侯。與韓相俠累有郤(郄)。(錢云俠累介爲傀音)嚴仲子恐誅亾去。游求人可以報俠累者。至齊。齊人或言聶政。勇敢士也。避仇。隱于屠者之閒。嚴仲子至門請。數反。然後具酒。自暢(徐廣暢作賜索隱云策作觴爲得也)聶政母前。酒酣。嚴仲子奉黃金百溢。前爲聶政母壽。聶政驚怪其厚。固謝嚴仲子。嚴仲子固進。而聶政謝曰。臣幸有老母。家貧。客游以爲狗屠。可以旦夕得甘毳以養親。親供養備。不敢當仲子之賜。嚴仲子辟人。因爲聶政言曰。臣有仇。而行游諸侯衆矣。然至齊。竊聞足下義甚高。故進百金者。將用爲大人麤糲之費。(梁云韓策作丈人注云一本作夫人或作大人蓋丈人是索隱正義作丈人解)得以交足下之驩。豈敢以有求望邪。聶政曰。臣所以降志辱身居市井屠者。徒幸以養老母。老母在。政身未敢以許人也。嚴仲子固讓聶政竟不肯受也然嚴仲子卒備賓主之禮而去久之聶政母死既已葬除服聶政曰嗟乎政乃市井之人鼓刀以屠而嚴仲子乃諸侯之卿相也不遠千里枉車騎而交臣臣之所以待之至淺鮮矣未有大功可以稱者而嚴仲子奉百金爲親壽我雖不受然是者徒深知政也夫賢者以感忿睚眦之意而親信窮僻之人而政獨安得嘿然而已乎且前日要政政徒以老母老母今以天年終政將爲知己者用乃遂西至濮陽見嚴仲子曰前日所以不許仲子者徒以親在今不幸而母以天年終仲子所欲報仇者爲誰請得從事焉嚴仲子具告曰臣之仇韓相俠累俠累又韓君之季父也宗族盛多居處兵衛甚設臣欲使人刺之衆終莫能就今足下幸而不棄請益其車騎壯士（震澤王氏本益作登）可爲足下輔翼者聶政曰韓之與衛相去中閒不甚遠（策無之與相去中五字）今殺人

之相相又國君之親此其勢不可以多人多人不能無生得失生得失則語泄語泄是韓舉國而與仲子為讎豈不殆哉遂謝車騎人徒聶政乃辭獨行杖劍至韓韓相俠累方坐府上持兵戟而衛侍者甚衆聶政直入上階刺殺俠累左右大亂聶政大呼所擊殺者數十人因自皮（披）面決眼（王云廣雅皮離也又曰剝也）自屠出腸遂以死韓取聶政屍暴於市購問莫知誰子於是韓購縣之有能言殺相俠累者予千金久之莫知也政姊榮聞人有刺殺韓相者賊不得國不知其名姓暴其尸而縣之千金乃於邑曰其是吾弟與嗟乎嚴仲子知吾弟立起如韓之市而死者果政也伏尸哭極哀曰是軹深井里所謂聶政者也市行者諸衆人皆曰此人暴虐吾國相王縣購其名姓千金夫人不聞與何敢來識之也榮應之曰聞之然政所以蒙汙辱自棄於市販之閒者為老母幸無恙妾未嫁

荊卿刺秦爲古今一大事成敗所關甚鉅故太史有此闕文

也。親既以天年下世。妾已嫁夫。嚴仲子乃察舉吾弟困汚之中而交之。澤厚矣。可柰何。士固爲知己者死。今乃以妾尚在之故。重自刑（正義作列）以絕從。（索隱重持用反猶復也從音蹤古字假借）妾其柰何畏殁身之誅。終滅賢弟之名。大驚韓市人。乃大呼天者三。卒於邑悲哀而死政之旁。晉楚齊衛聞之。皆曰。非獨政能也。乃其姊亦烈女也。鄉使政誠知其姊無濡忍之志。不重暴骸之難。（索隱重猶惜也）必絕險千里以列其名。姊弟俱僇於韓市者。亦未必敢以身許嚴仲子也。嚴仲子亦可謂知人能得士矣。其後二百二十餘年。秦有荊軻之事。

荊軻者。衛人也。其先乃齊人。徙於衛。衛人謂之慶卿。而之燕。燕人謂之荊卿。荊卿好讀書擊劍。以術說衛元君。衛元君不用。其後秦伐魏。置東郡。徙衛元君之支屬於野王。荊軻嘗游過楡次。與蓋聶論劍。蓋聶怒而目之。荊軻出。人或言復召荊卿。蓋聶曰。曩者吾與論劍

歐陽公屢規橅此文

張廉卿云史公文如此等處誠佳然不善學之則易流于客氣而躁要須知其皆以湛思靜氣出乃得耳

滑稽傳優孟事中楚相孫叔敖知其賢人也善待之與此同史公喜此故再用之

張云隨手伏田光卽隨手接入太子丹事爲篇中局鍵脈絡而以頓宕感慨出之便自然無迹

有不稱者吾目之試往是宜去不敢留使使往之主人荊卿則已駕而去榆次矣使者還報蓋聶曰固去也吾曩者目攝之（王云攝懾也）荊軻游於邯鄲魯句踐與荊軻博爭道魯句踐怒而叱之荊軻嘿而逃去遂不復會荊軻既至燕愛燕之狗屠及善擊筑者高漸離荊軻嗜酒日與狗屠及高漸離飲於燕市酒酣以往高漸離擊筑荊軻和而歌於市中相樂也已而相泣旁若無人者荊軻雖游於酒人乎然其爲人沈深好書其所游諸侯盡與其賢豪長者相結其之燕燕之處士田光先生亦善待之知其非庸人也居頃之會燕太子丹質秦亡歸燕燕太子丹者故嘗質於趙而秦王政生於趙其少時與丹驩及政立爲秦王而丹質於秦秦王之遇燕太子丹不善故丹怨而亡歸歸而求爲報秦王者國小力不能其後秦日出兵山東以伐齊楚三晉稍蠶食諸侯且至於燕燕君

張云稱道秦强謡意雄遠

問文皆與本事相發

臣皆恐禍之至。太子丹患之。問其傅鞠武。武對曰。秦地徧天下。威脅韓魏趙氏。北有甘泉谷口之固。南有涇渭之沃。擅巴漢之饒。右隴蜀之山。左關殽之險。民衆而士厲。兵革有餘。意有所出。則長城之南。易水以北。未有所定也。奈何以見陵之怨。欲批其逆鱗哉。丹曰。然則何由。對曰。請入圖之。居有閒。秦將樊於期得罪於秦王。亡之燕。太子受而舍之。鞠武諫曰。不可。夫以秦王之暴而積怒於燕。足為寒心。又況聞樊將軍之所在乎。是謂委肉當餓虎之蹊也。禍必不振矣。雖有管晏。不能為之謀也。願太子疾遣樊將軍入匈奴以滅口。請西約三晉。南連齊楚。北購於單于。索隱讀購與媾同 其後迺可圖也。太子曰。太傅之計。曠日彌久。心惛然。恐不能須臾。且非獨於此也。夫樊將軍窮困於天下。歸身於丹。丹終不以迫於強秦。而棄所哀憐之交。置之匈奴。是固丹命卒之時也。願太傅更慮

張云先作曲折頓挫乃入田光絕有致

張云前伏田光與荊軻相善渾然無迹至此如春雲徐吐絲縷自續

之鞠武曰夫行危欲求安造禍而求福計淺而怨深連結一人之後交不顧國家之大害此所謂資怨而助禍矣夫以鴻毛燎於爐炭之上必無事矣且以鵰鷙之秦行怨暴之怒豈足道哉燕有田光先生其爲人智深而勇沈可與謀太子曰願因太傅而得交於田先生可乎鞠武曰敬諾出見田先生道太子願圖國事於先生也田光曰敬奉教乃造焉太子逢迎卻行爲導跪而蔽席（索隱蔽猶拂也案蔽卽孟荀傳側行撇席之撇字）田光坐定左右無人太子避席而請曰燕秦不兩立願先生留意也田光曰臣聞騏驥盛壯之時一日而馳千里至其衰老駑馬先之今太子聞光盛壯之時不知臣精已消亡矣雖然光不敢以圖國事所善荊卿可使也太子曰願因先生得結交於荊卿可乎田光曰敬諾卽起趨出太子送至門戒曰丹所報先生所言者國之大事也願先生勿泄也田光俛而笑曰

張云前語田光祇二語荆軻乃正面故特詳盡皆義法之自然者

諾。僂行見荆卿曰。光與子相善。燕國莫不知。今太子聞光壯盛之時。不知吾形已不逮也。幸而教之曰。燕秦不兩立。願先生留意也。光竊不自外。言足下於太子也。願足下過太子於宮。荆軻曰。謹奉教。田光曰。吾聞之。長者爲行。不使人疑之。今太子告光曰。所言者。國之大事也。願先生勿泄。是太子疑光也。夫爲行而使人疑之。非節俠也。欲自殺以激荆卿。曰。願足下急過太子。言光已死。明不言也。因遂自刎而死。荆軻遂見太子。言田光已死。致光之言。太子再拜而跪。膝行流涕。有頃而后言曰。丹所以戒田先生毋言者。欲以成大事之謀也。今田先生以死明不言。豈丹之心哉。荆軻坐定。太子避席頓首曰。田先生不知丹之不肖。使得至前。敢有所道。此天之所以哀燕而不棄其孤也。今秦有貪利之心。而欲不可足也。非盡天下之地。臣海內之王者。其意不厭。今秦已虜韓王。盡納其地。又舉兵南伐楚。北臨趙。王翦將數十萬之衆。距漳鄴。而李信出太原雲中。趙不能支秦。必入臣。入臣則禍至燕。燕小弱。數困於兵。今計舉國不足以當秦。諸侯服秦。莫敢合從。丹之私計愚以爲誠得天下之勇士使於秦。闚以重利。（索隱闚示也）秦王貪其勢必得所願矣。誠得劫秦王。使悉反諸侯侵地。若曹沫之與齊桓公。則大善矣。則不可因而刺殺之。彼秦大將擅兵於外而內有亂。則君臣相疑。以其閒諸侯得合從。其破秦必矣。此丹之上願。而不知所委命。惟荊卿留意焉。久之荊軻曰。此國之大事也。臣駑下。恐不足任使。太子前頓首固請毋讓。然後許諾。於是尊荊卿爲上卿。舍上舍。太子日造門下。供太牢具。異物閒進。車騎美女恣荊軻所欲。以順適其意。久之荊軻未有行意。秦將王翦破趙。虜趙王。盡收入其地。進兵北略地至燕南界。太子丹恐懼。乃請荊軻曰。秦兵旦暮渡易水。則雖欲長侍足下。豈可得哉。荊軻曰。微太子言。臣願謁之。今行而毋信。則秦未可親也。夫樊將軍。秦王購之金千斤。邑萬家。誠得樊將軍首。與燕督亢之地圖。奉獻秦王。秦王必說見臣。臣乃得有以報。太子曰。樊將軍窮困來歸丹。丹不忍以己之私。而傷長者之意。願足下更慮之。荊軻知太子不忍。乃遂私見樊於期曰。秦之遇將軍。可謂深矣。父母宗族。皆為戮沒。今聞購將軍首金千斤。邑萬家。將奈何。於期仰天太息流涕曰。於期每念之。常痛於骨髓。顧計不知所出耳。荊軻曰。今有一言。可以解燕國之患。報將軍之仇者。何如。於期乃前曰。為之奈何。荊軻曰。願得將軍之首。以獻秦王。秦王必喜而見臣。臣左手把其袖。右手揕其匈。徐廣曰一作抗王云抗當為扰然則將軍之仇報。而燕見陵之愧除矣。將軍豈有意乎。樊於期偏袒搤捥而進曰。此臣之日夜切齒腐心也。乃今得聞教。

遂自剄。太子聞之。馳往。伏屍而哭。極哀。既已不可柰何。乃遂盛樊於期首函封之。於是太子豫求天下之利匕首。得趙人徐夫人匕首。取之百金。使工以藥焠之。以試人。血濡縷。人無不立死者。乃裝爲遣荆卿。燕國有勇士秦舞陽。（梁云國策人表武梁畫并作武陽武舞古字通用）年十三。殺人。人不敢忤視。乃令秦舞陽爲副。荆軻有所待。欲與俱。其人居遠未來。而爲治行。頃之未發。太子遲之。疑其改悔。乃復請曰。日已盡矣。荆卿豈有意哉。丹請得先遣秦舞陽。荆軻怒。叱太子曰。何太子之遣。往而不反者。豎子也。且提一匕首入不測之彊秦。僕所以留者。待吾客與俱。今太子遲之。請辭決矣。遂發。太子及賓客知其事者。皆白衣冠以送之。至易水之上。既祖。取道。高漸離擊筑。荆軻和而歌。爲變徵之聲。士皆垂淚涕泣。又前而歌曰。風蕭蕭兮易水寒。壯士一去兮不復還。復爲羽聲忼慨。士皆瞋目。髮盡上

此段情事如繪千載猶為生動

指冠於是荊軻就車而去終已不顧遂至秦持千金之資幣物厚遺秦王寵臣中庶子蒙嘉嘉為先言於秦王曰燕王誠振怖大王之威不敢舉兵以逆軍吏願舉國為內臣比諸侯之列給貢職如郡縣而得奉守先王之宗廟恐懼不敢自陳謹斬樊於期之頭及獻燕督亢之地圖函封燕王拜送于庭使使以聞大王惟大王命之秦王聞之大喜乃朝服設九賓見燕使者咸陽宮荊軻奉樊於期頭函而秦舞陽奉地圖柙（毛本作匣）以次進至陛秦舞陽色變振恐羣臣怪之荊軻顧笑舞陽前謝曰北蕃蠻夷之鄙人未嘗見天子故振慴願大王少假借之使得畢使於前秦王謂軻曰取舞陽所持地圖軻既取圖奏之秦王發圖圖窮而匕首見因左手把秦王之袖而右手持匕首揕之未至身秦王驚自引而起袖絕拔劍劍長操其室時惶急劍堅故不可立拔荊軻逐秦王秦王環

張云摹畫中神態溢出重言負劍者狀惶急時聲態也

賜夏無且金三句前文摹寫淋漓濃至如赤手捕長蛇力與之角而不敢暇乃著此閒遠之筆此史公才大處他人不能文字死活全在此等孟堅叙李陵蔚

柱而走羣臣皆愕卒起不意盡失其度而秦法羣臣侍殿上者不得持尺寸之兵諸郎中執兵皆陳殿下非有詔召不得上方急時不及召下兵以故荊軻乃逐秦王而卒惶急無以擊軻而以手共搏之是時侍醫夏無且以其所奉藥囊提荊軻也秦王方環柱走卒惶急不知所爲左右乃曰王負劍負劍遂拔以擊荊軻斷其左股荊軻廢乃引其匕首以擿秦王不中中銅柱秦王復擊軻軻被八創軻自知事不就倚柱而笑箕倨以罵曰事所以不成者以欲生刼之必得約契以報太子也於是左右既前殺軻秦王不怡者良久已而論功賞羣臣及當坐者各有差而賜夏無且黃金二百溢曰無且愛我乃以藥囊提荊軻也於是秦王大怒益發兵詣趙詔王翦軍以伐燕十月而拔薊城燕王喜太子丹等盡率其精兵東保於遼東秦將李信追擊燕王急代王嘉乃遺燕王書

宗敘班超皆善摹寫所少者此等耳子厚敘段太尉亦然〇張云文外曲致唯太史公時時有之

張云措語愈淡愈質而愈入妙歸熙父乃專學此種

曰秦所以尤追燕急者以太子丹故也今王誠殺丹獻之秦王秦王必解而社稷幸得血食其後李信追丹丹匿衍水中燕王乃使使斬太子丹欲獻之秦秦復進兵攻之後五年秦卒滅燕虜燕王喜其明年秦幷天下立號爲皇帝於是秦逐太子丹荆軻之客皆亡高漸離變名姓爲人庸保匿作於宋子久之作苦聞其家堂上客擊筑徬徨不能無出言本作徬徨不能去每出言顏氏家訓書證篇引風俗通述此事云伎癢不能無出言今史記幷作徘徊或作徬徨不能無出言男閬生識案此自當從古作不能無出言今本蓋後人妄改柳子厚箏郭師墓志每遇故器不能無撫弄正摹史公句法是此文唐時猶未誤也伎癢二字尤勝曰彼有善不善從者以告其主曰彼庸乃知音竊言是非家丈人召使前擊筑一坐稱善賜酒而高漸離念久隱畏約無窮時乃退出其裝匣中筑與其善衣更容貌而前舉坐客皆驚下與抗禮以爲上客使擊筑而歌客無不流涕而去者宋子傳客之聞於秦始皇秦始皇召見人

此幷見太子謀國之蹤文法與左氏鄭伯克段一節同

有識者乃曰高漸離也秦皇帝惜其善擊筑重赦之乃矐其目使擊筑未嘗不稱善稍益近之高漸離乃以鉛置筑中復進得近舉筑扑秦皇帝不中於是遂誅高漸離終身不復近諸侯之人魯句踐已聞荊軻之刺秦王私曰嗟乎惜哉其不講於刺劍之術也甚矣吾不知人也曩者吾叱之彼乃以我爲非人也

太史公曰世言荊軻其稱太子丹之命天雨粟馬生角也太過又言荊軻傷秦王皆非也始公孫季功董生與夏無且游歸評季功疑公孫宏某案武帝即位漢興已七十餘年公孫宏似不能與夏無且相逮具知其事爲余道之如是自曹沫至荊軻五人此其義或成或不成然其立意較然不欺其志名垂後世豈妄也哉

某案此篇以不欺其志爲主

刺客列傳第二十六　史記八十六

張廉卿云此傳影畫幽隱窮極事情處有細筋入骨之妙更助以感慨遂覺神味無極

又云前路敘李斯佐始皇定天下功罪昭然詞極嚴棘雄駿後敘斯聽趙高邪謀以亂秦乃反為高所制欲阿諛取容卒以亡其身而亡秦其原皆起于貪權戀勢失其本心故于感慨中時時見意

李斯列傳第二十七

李斯者。楚上蔡人也。年少時。為郡（郡索隱作鄉）小吏。見吏舍廁中鼠食不潔。近人犬。數驚恐之。斯入倉。觀倉中鼠。食積粟。居大廡之下。不見人犬之憂。於是李斯乃歎曰。人之賢不肖。譬如鼠矣。在所自處耳。乃從荀卿學帝王之術。學已成。度楚王。不足事。而六國皆弱。無可為建功者。欲西入秦。辭於荀卿曰。斯聞得時無怠。今萬乘方爭時。游者主事。今秦王欲吞天下。稱帝而治。此布衣馳騖之時。而游說者之秋也。處卑賤之位。而計不為者。此禽鹿視肉。人面而能彊行者耳。故詬莫大於卑賤。而悲莫甚於窮困。久處卑賤之位。困苦之地。非世而惡利。自託於無為。此非士之情也。故斯將西說秦王矣。至秦。會莊襄王卒。李斯乃求為秦相文信侯呂不韋舍人。不韋賢之。任以為郎。李斯因以得說。說秦王曰。胥人者去其幾也。（索隱去猶失也）成大功者。在因瑕釁而遂忍之。昔者秦繆公之霸。終不東幷六國者。何也。諸侯尚衆。周德未衰。故五伯迭興。更尊周室。自秦孝公以來。周室卑微。諸侯相兼。關東爲六國。秦之乘勝役諸侯。蓋六世矣。今諸侯服秦。譬若郡縣。夫以秦之彊。大王之賢。由竈上騷除。足以滅諸侯。成帝業。爲天下一統。此萬世之一時也。今怠而不急就。諸侯復彊。相聚約從。雖有黃帝之賢。不能幷也。秦王乃拜斯爲長史。聽其計。陰遣謀士。齎持金玉以游說諸侯。諸侯名士可下以財者。厚遺結之。不肯者。利劒刺之。離其君臣之計。秦王乃使其良將隨其後。秦王拜斯爲客卿。會韓人鄭國來間秦。以作注溉渠。已而覺。秦宗室大臣皆言秦王曰。諸侯人來事秦者。大抵爲其主游閒於秦耳。請一切逐客。（索隱一切猶一例）李斯議亦在逐中。斯乃上書曰。臣聞吏議逐客。竊以爲過矣。昔繆公求士。西取

張云忽入此段奇麗從天外來昌黎盛山十二詩送廖道士二序憑空造出奇幅其妙正與此同

必秦國所生以下張云蓄極而洩文氣純厚自倍又

由余於戎。東得百里奚於宛。迎蹇叔於宋。來（本作求依索隱改）丕豹公孫支於晉。此五子者。不產於秦。而繆公用之。并國二十。遂霸西戎。孝公用商鞅之法。移風易俗。民以殷盛。國以富彊。百姓樂用。諸侯親服。獲楚魏之師。舉地千里。至今治彊。惠王用張儀之計。拔三川之地。西并巴蜀。北收上郡。南取漢中。包九夷。制鄢郢。東據成皋之險。割膏腴之壤。遂散六國之從。使之西面事秦。功施到今。昭王得范睢。廢穰侯。逐華陽。彊公室。杜私門。蠶食諸侯。使秦成帝業。此四君者。皆以客之功。由此觀之。客何負於秦哉。向使四君卻客而不內。疏士而不用。是使國無富利之實。而秦無彊大之名也。今陛下致昆山之玉。有隨和之寶。垂明月之珠。服太阿之劍。乘纖離之馬。建翠鳳之旗。樹靈鼉之鼓。此數寶者。秦不生一焉。而陛下說之。何也。必秦國之所生。然後可。則是夜光之璧。不飾朝廷。犀象之

云純以逆勢取勝

器不爲玩好鄭衛之女不充後宮而駿良駃騠不實外廄江南金錫不爲用西蜀丹青不爲采所以飾後宮充下陳娛心意說耳目者必出於秦然後可則是宛珠之簪傅璣之珥阿縞之衣錦繡之飾不進於前而隨俗雅化佳冶窈窕趙女不立於側也夫擊甕叩缶彈箏搏髀而歌呼嗚嗚快耳目者眞秦之聲也鄭衛桑閒昭虞武象者異國之樂也今棄擊甕叩缶而就鄭衛退彈箏而取昭虞若是者何也快意當前適觀而已矣今取人則不然不問可否不論曲直非秦者去爲客者逐然則是所重者在乎色樂珠玉而所輕者在乎人民也此非所以跨海內制諸侯之術也臣聞地廣者粟多國大者人衆兵彊則士勇是以太山不讓土壤故能成其大河海不擇細流故能就其深王者不郤衆庶故能明其德是以地無四方民無異國四時充美鬼神降福此五帝三王之所

張云前幅敘斯計謀事功最嚴棘雄駿

以無敵也。今乃棄黔首以資敵國。索隱云資猶給也卻賓客以業諸侯。使天下之士退而不敢西向。裹足不入秦。此所謂藉寇兵而齎盜糧者也。說文齎持遺也夫物不產於秦。可寶者多。士不產於秦。而願忠者衆。今逐客以資敵國。損民以益讎。內自虛而外樹怨於諸侯。求國無危。不可得也。秦王乃除逐客之令。復李斯官。卒用其計謀。官至廷尉。二十餘年。竟并天下。尊主爲皇帝。以斯爲丞相。夷郡縣城。銷其兵刃。示不復用。使秦無尺土之封。不立子弟爲王。功臣爲諸侯者。使後無戰攻之患。始皇三十四年。置酒咸陽宮。博士僕射周青臣等頌稱始皇威德。齊人淳于越進諫曰。臣聞之殷周之王千餘歲。封子弟功臣。自爲支輔。今陛下有海內。而子弟爲匹夫。卒有田常六卿之患。臣無輔弼。何以相救哉。事不師古而能長久者。非所聞也。今青臣等又面諛以重陛下過。非忠臣也。始皇下其議丞相・丞相謬其說・絀其辭・乃上書曰・古者天下散亂・莫能相一・是以諸侯並作・語皆道古以害今・飾虛言以亂實・人善其所私學・以非上所建立・今陛下幷有天下・辨白黑而定一尊・而私學乃相與非法教之制・聞令下・卽各以其私學議之・入則心非・出則巷議・非主以爲名・異趣以爲高・率羣下以造謗・如此不禁・則主勢降乎上・黨與成乎下・禁之便・臣請諸有文學詩書百家語者・蠲除去之・令到滿三十日弗去・黥爲城旦・所不去者・醫藥卜筮種樹之書・若有欲學者・以吏爲師・始皇可其議・收去詩書百家之語・以愚百姓・使天下無以古非今・明法度・定律令・皆以始皇起・同文書・治離宮別館・周徧天下・明年・又巡狩・外攘四夷・斯皆有力焉・斯長男由爲三川守・諸男皆尙秦公主・女悉嫁秦諸公子・三川守李由告歸咸陽・李斯置酒於家・百官長皆前爲壽・門廷車騎以千數・李斯

張云此乃通體轉捩處亦全篇精神脈絡貫輸處

喟然而歎曰。嗟乎。吾聞之荀卿曰。物禁太盛。夫斯乃上蔡布衣。閭巷之黔首。上不知其駑下。遂擢至此。當今人臣之位。無居臣上者。可謂富貴極矣。物極則衰。吾未知所稅駕也。始皇三十七年十月。行出游會稽。並海上。北抵琅邪。丞相斯。中車府令趙高兼行符璽令事。皆從。始皇有二十餘子。長子扶蘇。以數直諫上。上使監兵上郡。蒙恬為將。少子胡亥愛。請從。上許之。餘子莫從。其年七月。始皇帝至沙丘。病甚。令趙高為書賜公子扶蘇曰。以兵屬蒙恬。與喪會咸陽而葬。書已封。未授使者。始皇崩。書及璽皆在趙高所。獨子胡亥。丞相李斯。趙高及幸宦者五六人知始皇崩。餘羣臣皆莫知也。李斯以為上在外崩。無眞太子。故祕之。置始皇居轀輬車中。百官奏事上食如故。宦者輒從轀輬車中可諸奏事。趙高因留所賜扶蘇璽書。而謂公子胡亥曰。上崩無詔封王諸子。而獨賜長

斷而敢行二句張云見斯
怵于高之邪謀不能制反
爲高所制
時乎四句張云造語絕工
且四語已足不必更贅一
語

子書長子至卽立爲皇帝而子無尺寸之地爲之柰何胡亥曰固也吾聞之明君知臣明父知子父捐命不封諸子何可言者趙高曰不然方今天下之權存亡在子與高及丞相耳願子圖之且夫臣人與見臣於人制人與見制於人豈可同日道哉胡亥曰廢兄而立弟是不義也不奉父詔而畏死是不孝也能薄而材譾（索隱譾亦淺義古人語有重輕所以文字有異）彊因人之功是不能也三者逆德天下不服身殆傾危社稷不血食高曰臣聞湯武殺其主天下稱義焉不爲不忠衞君殺其父（某案此謂衞輒拒父也殺當讀爲弒）而衞國載其德孔子著之不爲不孝夫大行不小謹盛德不辭讓鄉曲各有宜而百官不同功故顧小而忘大後必有害狐疑猶豫後必有悔斷而敢行鬼神避之後有成功願子遂之胡亥喟然歎曰今大行未發喪禮未終豈宜以此事干丞相哉趙高曰時乎時乎閒不及謀贏糧躍馬

惟恐後時。胡亥既然高之言。高曰。不與丞相謀。恐事不能成。臣請爲子與丞相謀之。高乃謂丞相斯曰。上崩。賜長子書。與喪會咸陽而立爲嗣。書未行。今上崩。未有知者也。所賜長子書及符璽皆在胡亥所。定太子在君侯與高之口耳。事將何如。斯曰。安得亡國之言。此非人臣所當議也。高曰。君侯自料能孰與蒙恬。功高孰與蒙恬。謀遠不失孰與蒙恬。無怨於天下孰與蒙恬。長子舊而信之孰與蒙恬。斯曰。此五者皆不及蒙恬。而君責之何深也。高曰。高固內官之廝役也。幸得以刀筆之文進入秦宮。管事二十餘年。未嘗見秦免罷丞相功臣有封及二世者也。卒皆以誅亡。皇帝二十餘子。皆君之所知。長子剛毅而武勇。信人而奮士。即位必用蒙恬爲丞相。君侯終不懷通侯之印歸於鄉里明矣。高受詔教習胡亥。使學以法事數年矣。未嘗見過失。慈仁篤厚。輕財重士。辯於心而詘於口。盡禮敬士。秦之諸子。未有及此者。可以爲嗣。君計而定之。斯曰。君其反位。斯奉主之詔。聽天之命。何慮之可定也。高曰。安可危也。危可安也。安危不定。何以貴聖。斯曰。斯上蔡閭巷布衣也。上幸擢爲丞相。封爲通侯。子孫皆至尊位重祿者。故將以存亾安危屬臣也。豈可負哉。夫忠臣不避死而庶幾。孝子不勤勞而見危。人臣各守其職而已矣。君其勿復言。將令斯得罪。高曰。蓋聞聖人遷徙無常。就變而從時。見末而知本。觀指而覩歸。物固有之。安得常法哉。方今天下之權命懸於胡亥。高能得志焉。且夫從外制中謂之惑。從下制上謂之賊。故秋霜降者草花落。水搖動者萬物作。此必然之效也。君何見之晚。斯曰。吾聞晉易太子。三世不安。齊桓兄弟爭位。身死爲戮。紂殺親戚。不聽諫者。國爲丘墟。遂危社稷。三者逆天。宗廟不血食。斯其猶人哉。安足爲謀。高曰。上下合

同可以長久中外若一事無表裏君聽臣之計卽長有封侯世世稱孤
必有喬松之壽孔墨之智今釋此而不從禍及子孫足以爲寒心（王校刪以字）
善者因禍爲福君何處焉斯乃仰天而歎垂淚太息曰嗟乎獨遭亂
世既以不能死安託命哉於是斯乃聽高高乃報胡亥曰臣請奉太子
之明命以報丞相丞相斯敢不奉令於是乃相與謀詐爲受始皇詔丞
相立子胡亥爲太子更爲書賜長子扶蘇曰朕巡天下禱祠名山諸神
以延壽命今扶蘇與將軍蒙恬將師數十萬以屯邊十有餘年矣不能
進而前士卒多耗無尺寸之功乃反數上書直言誹謗我所爲以不得
罷歸爲太子日夜怨望扶蘇爲人子不孝其賜劍以自裁將軍恬與扶
蘇居外不匡正宜知其謀爲人臣不忠其賜死以兵屬裨將王離封其
書以皇帝璽遺胡亥客奉書賜扶蘇於上郡使者至發書扶蘇泣入內

舍欲自殺蒙恬止扶蘇曰陛下居外未立太子使臣將三十萬衆守邊公子爲監此天下重任也今一使者來卽自殺安知其非詐請復請復請而後死未暮也使者數趣之扶蘇爲人仁謂蒙恬曰父而賜子死尙安復請卽自殺蒙恬不肯死使者卽以屬吏繫於陽周使者還報胡亥斯高大喜至咸陽發喪太子立爲二世皇帝以趙高爲郎中令常侍中用事二世燕居乃召高與謀事謂曰夫人生居世間也譬猶騁六驥過決隙也吾既已臨天下矣欲悉耳目之所好窮心志之所樂以安宗廟而樂萬姓長有天下終吾年壽其道可乎高曰此賢主之所能行也而昏亂主之所禁也臣請言之不敢避斧鉞之誅願陛下少留意焉夫沙丘之謀諸公子及大臣皆疑焉而諸公子盡帝兄大臣又先帝之所置也今陛下初立此其屬意怏怏皆不服恐爲變且蒙恬已死蒙毅將兵

張云止載公子高一踈而法之慘刻至矣叙事須識此意

居外。臣戰戰栗栗。惟恐不終。且陛下安得爲此樂乎。二世曰。爲之奈何。趙高曰。嚴法而刻刑。令有罪者相坐誅。至收族。滅大臣而遠骨肉。貧者富之。賤者貴之。盡除去先帝之故臣。更置陛下之所親信者近之。此則陰德歸陛下。害除而姦謀塞。羣臣莫不被潤澤。蒙厚德。陛下則高枕肆志寵樂矣。計莫出於此。二世然高之言。乃更爲法律。於是羣臣諸公子有罪輒下高。令鞠治之。殺大臣蒙毅等。公子二十人僇死咸陽市。十公主矺死於杜。(索隱矺音宅與磔同古今字異耳)財物入於縣官。相連坐者不可勝數。公子高欲奔。恐收族。乃上書曰。先帝無恙時。臣入則賜食。出則乘輿。御府之衣。臣得賜之。中廄之寶馬。臣得賜之。臣當從死而不能。爲人子不孝。爲人臣不忠。不忠者無名以立於世。臣請從死。願葬酈山之足。惟上幸哀憐之。書上。胡亥大說。召趙高而示之曰。此可謂急乎。趙高曰。人臣當

張云宜細玩其若斷若續若起若伏之妙

又云兵至鴻門一語忽襯住最奇妙不測

憂死而不暇。何變之得謀。胡亥可其書。賜錢十萬以葬。法令誅罰日益刻深。羣臣人人自危。欲畔者衆。又作阿房之宮。治直馳道。賦斂愈重。戍徭無已。於是楚戍卒陳勝吳廣等乃作亂。起於山東。傑俊相立。自置爲侯王。叛秦。兵至鴻門而卻。李斯數欲請閒諫。二世不許。而二世責問李斯曰。吾有私議而有所聞於韓子也。曰。堯之有天下也。堂高三尺。采椽不斲。（索隱采木名即今之櫟木）茅茨不翦。雖逆旅之宿不勤於此矣。冬日鹿裘。夏日葛衣。粢糲之食。藜藿之羹。飯土匭。啜土鉶。雖監門之養。不觳於此矣。禹鑿龍門。通大夏。疏九河。曲九防。決渟水致之海。而股無胈。脛無毛。手足胼胝。面目黎黑。遂以死于外。葬於會稽。臣虜之勞。不烈於此矣。然則夫所貴於有天下者。豈欲苦形勞神。身處逆旅之宿。口食監門之養。手持臣虜之作哉。此不肖人之所勉也。非賢者之所務也。彼賢人之有天下

張云一面抉摘李斯隱微爲斯罪狀一面叙事變化無方

也專用天下適己而已矣此所以貴於有天下也夫所謂賢人者必能安天下而治萬民今身且不能利將惡能治天下哉故吾願肆志廣欲（毛本肆作賜唐端甫云方言賜盡也）長享天下而無害爲之奈何李斯子由爲三川守羣盜吳廣等西略地過去弗能禁章邯已破逐廣等兵使者覆案三川相屬誚讓斯居三公位如何令盜如此李斯恐懼重爵祿不知所出乃阿二世意欲求容以書對曰夫賢主者必且能全道而行督責之術者也督責之則臣不敢不竭能以徇其主矣此臣主之分定上下之義明則天下賢不肖莫敢不盡力竭任以徇其君矣是故主獨制於天下而無所制也能窮樂之極矣賢明之主也可不察焉故申子曰有天下而不恣睢命之曰以天下爲桎梏者無他焉不能督責而顧以其身勞於天下之民若堯禹然故謂之桎梏也夫不能修申韓之明術行督責之道

專以天下自適也而徒務苦形勞神以身徇百姓則是黔首之役非畜天下者也何足貴哉夫以人徇己則己貴而人賤以己徇人則己賤而人貴故徇人者賤而人所徇者貴自古及今未有不然者也凡古之所爲尊賢者爲其貴也而所爲惡不肖者爲其賤也而堯禹以身徇天下者也因隨而尊之則亦失所爲尊賢之心矣夫可謂大繆矣謂之爲桎梏（毛本無梏字）不亦宜乎不能督責之過也故韓子曰慈母有敗子而嚴家無格虜者（索隱格彊扞也虜奴隸也）何也則能罰之加焉必也故商君之法刑棄灰於道者夫棄灰薄罪也而被刑重罰也彼惟明主爲能深督輕罪夫罪輕且督深而況有重罪乎故民不敢犯也是故韓子曰布帛尋常庸人不釋鑠金百溢盜跖不搏者（索隱爾雅鑠美也搏猶攫也取也）非庸人之心重尋常之利深而盜跖之欲淺也又不以盜跖之行爲輕百溢之重也搏必隨手

刑。則盜跖不搏百溢。而罰不必行也。則庸人不釋尋常。是故城高五丈。而樓季不輕犯也。泰山之高百仞。而跛牂牧其上。夫樓季也而難五丈之限。豈跛牂也。而易百仞之高哉。峭塹之勢異也。明主聖王之所以能久處尊位。長執重勢。而獨擅天下之利者。非有異道也。能獨斷而審督責。必深罰。故天下不敢犯也。今不務所以不犯。而事慈母之所以敗子也。則亦不察於聖人之論矣。夫不能行聖人之術。則舍為天下役何事哉。可不哀邪。且夫儉節仁義之人立於朝。則荒肆之樂輟矣。諫說論理之臣閒於側。毛本閒作開則流漫之志詘矣。烈士死節之行顯於世。則淫康之虞廢矣。故明主能外此三者。而獨操主術。以制聽從之臣。而修其明法。故身尊而勢重也。凡賢主者必將能拂世摩俗。而廢其所惡。立其所欲。故生則有尊重之勢。死則有賢明之謚也。是以明君獨斷。故權不在臣也。然後能滅仁義之塗。掩馳說之口。困烈士之行。塞聰掩明。內獨視聽。故外不可傾以仁義烈士之行。而內不可奪以諫說忿爭之辯。故能犖然獨行恣睢之心而莫之敢逆。若此然後可謂能明申韓之術。而脩商君之法。法脩術明。而天下亂者。未之聞也。故曰王道約而易操也。惟明主爲能行之。若此則謂督責之誠。則臣無邪。臣無邪則天下安。天下安則主嚴尊。主嚴尊則督責必。督責必則所求得。所求得則國家富。國家富則君樂豐。故督責之術設。則所欲無不得矣。羣臣百姓救過不給。何變之敢圖。若此則帝道備。而可謂能明君臣之術矣。雖申韓復生。不能加也。書奏。二世悅。於是行督責益嚴。稅民深者爲明吏。二世曰。若此則可謂能督責矣。刑者相半於道。而死人日成積於市。殺人衆者爲忠臣。二世曰。若此則可謂能督責矣。初。趙高爲郎中令。所殺及報私怨衆多恐大臣入朝奏事毀惡之乃說二世曰天子所以貴者但以聞聲羣臣莫得見其面故號曰朕且陛下富於春秋未必盡通諸事今坐朝廷譴舉有不當者則見短於大臣非所以示神明於天下也且陛下深拱禁中與臣及侍中習法者待事事來有以揆之如此則大臣不敢奏疑事天下稱聖主矣二世用其計乃不坐朝廷見大臣居禁中趙高常侍中用事事皆決於趙高高聞李斯以爲言乃見丞相曰關東羣盜多今上急發繇治阿房宮聚狗馬無用之物臣欲諫爲位賤此眞君侯之事君何不諫李斯曰固也吾欲言之久矣今時上不坐朝廷上居深宮吾有所言者不可傳也欲見無閒趙高謂曰君誠能諫請爲君候上閒語君於是趙高待二世方燕樂婦女居前使人告丞相上方閒可奏事丞相至宮門上謁如此者三二世怒曰吾常多閒日丞相不來吾方燕私

丞相輒來請事。丞相豈少我哉。且固我哉。趙高因曰。如此殆矣。夫沙丘之謀。丞相與焉。今陛下已立爲帝。而丞相貴不益。此其意亦望裂地而王矣。且陛下不問臣。臣不敢言。丞相長男李由爲三川守。楚盜陳勝等。皆丞相傍縣之子。以故楚盜公行。過三川。城守不肯擊。高聞其文書相往來。未得其審。故未敢以聞。且丞相居外。權重於陛下。二世以爲然。欲案丞相。恐其不審。乃使人案驗三川守與盜通狀。李斯聞之。是時二世在甘泉。方作觳抵優俳之觀。李斯不得見。因上書言趙高之短曰。臣聞之。臣疑其君。無不危國。妾疑其夫。無不危家。今有大臣於陛下。擅利擅害。與陛下無異。此甚不便。昔者司城子罕相宋。身行刑罰。以威行之。朞年遂刼其君。田常爲簡公臣。爵列無敵於國。私家之富。與公家均。布惠施德。下得百姓。上得羣臣。陰取齊國。殺宰予於庭。卽弑簡公于朝。遂有

齊國此天下所明知也今高有邪佚之志危反之行如子罕相宋也私
家之富若田氏之於齊也兼行田常子罕之逆道而刦陛下之威信其
志若韓玘爲韓安相也（索隱玘亦作起並音怡）陛下不圖臣恐其爲變也二世曰
何哉夫高故宦人也然不爲安肆志不以危易心潔行修善自使至此
以忠得進以信守位朕實賢之而君疑之何也且朕少失先人無所識
知不習治民而君又老恐與天下絕矣朕非屬趙君當誰任哉且趙君
爲人精廉彊力下知人情上能適朕君其勿疑李斯曰不然夫高故賤
人也無識於理貪欲無厭求利不止列勢次主求欲無窮臣故曰殆二
世已前信趙高恐李斯殺之乃私告趙高高曰丞相所患者獨高高已
死丞相即欲爲田常所爲於是二世曰其以李斯屬郎中令趙高案治
李斯李斯拘執束縛居囹圄中仰天而歎曰嗟乎悲夫不道之君何可

張弛轉綰直隱刺微深入無隔

為計哉。昔者桀殺關龍逢。紂殺王子比干。吳王夫差殺伍子胥。此三臣者。豈不忠哉。然而不免於死。身死而所忠者非也。今吾智不及三子。而二世之無道過於桀紂夫差。吾以忠死。宜矣。且二世之治。豈不亂哉。日者夷其兄弟而自立也。殺忠臣而貴賤人。作為阿房之宮。賦斂天下。吾非不諫也。而不吾聽也。凡古聖王飲食有節。車器有數。宮室有度。出令造事。加費而無益於民利者禁。故能長久治安。今行逆於昆弟。不顧其咎。侵殺忠臣。不思其殃。大為宮室。厚賦天下。不愛其費。三者已行。天下不聽。今反者已有天下之半矣。而心尚未寤也。而以趙高為佐。吾必見寇至咸陽。麋鹿游於朝也。於是二世乃使高案丞相獄治罪。責斯與子由謀反狀。皆收捕宗族賓客。趙高治斯。榜掠千餘。不勝痛。自誣服。斯所以不死者。自負其辯有功。實無反心。幸得上書自陳。幸二世之寤而赦之。李斯乃從獄中上書曰。臣爲丞相治民三十餘年矣。逮秦地之陝隘。先王之時。秦地不過千里。兵數十萬臣盡薄材謹奉法令。陰行謀臣。資之金玉。使游說諸侯。陰脩甲兵。飾政教。官鬭士。尊功臣。盛其爵祿。故終以脅韓弱魏。破燕趙夷齊楚。卒兼六國。虜其王。立秦爲天子。罪一矣。地非不廣。又北逐胡貉。南定百越。以見秦之彊。罪二矣。尊大臣。盛其爵祿。以固其親。罪三矣。立社稷。脩宗廟。以明主之賢。罪四矣。更尅畫平斗斛度量文章。布之天下。以樹秦之名。罪五矣。治馳道。興游觀。以見主之得意。罪六矣。緩刑罰。薄賦斂。以遂主得衆之心。萬民戴主。死而不忘。罪七矣。若斯之爲臣者。罪足以死。固久矣。上幸盡其能力。乃得至今。願陛下察之。書上。趙高使吏棄去不奏。曰。囚安得上書。趙高使其客十餘輩。詐爲御史謁者侍中。更往覆訊斯。斯更以其實對。輒使人復榜之。後二世使人驗斯。斯以爲如前。終不敢更言。辭服。奏當上。二世喜曰。微趙君。幾爲丞相所賣。及二世所使案三川之守至。則項梁已擊殺之。使者來。會丞相下吏。趙高皆妄爲反辭。二世二年七月。具斯五刑。論腰斬咸陽市。斯出獄。與其中子俱執。顧謂其中子曰。吾欲與若復牽黃犬。俱出上蔡東門。逐狡兔。豈可得乎。遂父子相哭而夷三族。李斯已死。二世拜趙高爲中丞相。事無大小。輒決於高。高自知權重。乃獻鹿。謂之馬。二世問左右。此乃鹿也。左右皆曰馬也。二世驚。自以爲惑。乃召太卜令卦之。太卜曰。陛下春秋郊祀。奉宗廟鬼神。齋戒不明。故至於此。可依盛德而明齋戒。於是乃入上林齋戒。日游弋獵。有行人入上林中。二世自射殺之。趙高教其女壻咸陽令閻樂。劾不知何人賊殺人。移上林。高乃諫二世曰。天子無故賊殺不辜人。此上帝之禁也。鬼神不享。天且降殃。當遠避宮以讓之。二世乃出居望夷之宮。留三日。趙高詐詔衞士。令士皆素服持兵內鄉。入告二世曰。山東羣盜兵大至。二世上觀而見之。恐懼。高卽因劫令自殺。引璽而佩之。左右百官莫從。上殿。殿欲壞者三。高自知天弗與。羣臣弗許。乃召始皇弟。授之璽。子嬰卽位。患之。乃稱病。不聽事。與宦者韓談及其子謀殺高。高上謁請病。因召入。令韓談刺殺之。夷其三族。子嬰立三月。沛公兵從武關入。至咸陽。羣臣百官皆畔。不適。子嬰與妻子自係其頸以組。降軹道旁。沛公因以屬吏。項王至而斬之。遂以亡天下。太史公曰。李斯以閭閻歷諸侯。入事秦。因以瑕釁。以輔始皇。卒成帝業。斯爲三公。可謂尊用矣。斯知六藝之歸。不務明政以補主上之缺。持爵祿之重。阿順苟合。嚴威酷刑。聽高邪說。廢適立庶。諸侯已畔。斯乃欲諫爭。不亦末乎。人皆以斯極忠而被五刑死。察其本。乃與俗議之異。不然斯之功且與周召列矣。

某案此篇以持祿苟合爲主

李斯列傳第二十七

蒙恬弟毅四字橫亘句中捫之起棱

歸云長城之築漢唐以來禦胡特此萬世之利也未可以斥秦故而并譏之

而親近蒙毅句至此方悟前插敘蒙毅之奇妙後又

蒙恬列傳第二十八

史記八十八

蒙恬者。其先齊人也。恬大父蒙驁。自齊事秦昭王。官至上卿。秦莊襄王元年。蒙驁爲秦將伐韓。取成皋滎陽。作置三川郡。二年。蒙驁攻趙。取三十七城。始皇三年。蒙驁攻韓。取十三城。五年。蒙驁攻魏。取二十城。作置東郡。始皇七年。蒙驁卒。驁子曰武。武子曰恬。恬嘗書獄典文學。始皇二十三年。蒙武爲秦裨將軍。與王翦攻楚。大破之。殺項燕。二十四年。蒙武攻楚。虜楚王。蒙恬弟毅。始皇二十六年。蒙恬因家世得爲秦將。攻齊。大破之。拜爲內史。秦已并天下。乃使蒙恬將三十萬衆。北逐戎狄。收河南。築長城。因地形用制險塞。起臨洮。至遼東。延袤萬餘里。於是渡河。據陽山。逶蛇而北。暴師於外十餘年。居上郡。是時蒙恬威振匈奴。始皇甚尊寵蒙氏。信任賢之。而親近蒙毅。位至上卿。出則參乘。入則御前。恬任外

恬毅分叙以蒙氏之禍發於毅之嘗高死罪而恬之賜死以毅罪連坐也

事而毅常爲內謀名爲忠信故雖諸將相莫敢與之爭焉趙高者諸趙疏遠屬也趙高昆弟數人皆生隱宮其母被刑僇世世卑賤秦王聞高彊力通於獄法舉以爲中車府令高即私事公子胡亥喻之決獄高有大罪秦王令蒙毅法治之毅不敢阿法當高死罪除其宦籍帝以高之敦於事也（王云敦勉也）赦之復其官爵始皇欲游天下道九原直抵甘泉迺使蒙恬通道自九原抵甘泉塹山堙谷千八百里道未就始皇三十七年冬行出游會稽並海上北走琅邪道病使蒙毅還禱山川未反始皇至沙丘崩祕之羣臣莫知是時丞相李斯少子胡亥中車府令趙高常從高雅得幸於胡亥欲立之又怨蒙毅法治之而不爲己也因有賊心乃與丞相李斯少子胡亥陰謀立胡亥爲太子太子已立遣使者以罪賜公子扶蘇蒙恬死扶蘇已死蒙恬疑而復請之使者以蒙恬屬吏更

置（梁案更置卽李斯傳所謂以兵屬裨將王離）胡亥以李斯舍人爲護軍使者還報胡亥已聞扶蘇死卽欲釋蒙恬趙高恐蒙氏復貴而用事怨之毅還至趙高因爲胡亥忠計欲以滅蒙氏乃言曰臣聞先帝欲舉賢立太子久矣而毅諫曰不可若知賢而兪弗（兪弗毛本作兪不）立則是不忠而惑主也以臣愚意不若誅之胡亥聽而繫蒙毅於代前已囚蒙恬於陽周喪至咸陽已葬太子立爲二世皇帝而趙高親近日夜毀惡蒙氏求其罪過舉劾之子嬰進諫曰臣聞故趙王遷殺其良臣李牧而用顏聚燕王喜陰用荊軻之謀而倍秦之約齊王建殺其故世忠臣而用后勝之議此三君者皆各以變古者失其國而殃及其身今蒙氏秦之大臣謀士也而主欲一旦棄去之臣竊以爲不可臣聞輕慮者不可以治國獨智者不可以存君誅殺忠臣而立無節行之人是內使羣臣不相信而外使鬬士之意

離也。臣竊以爲不可。胡亥不聽。而遣御史曲宮乘傳之代。令蒙毅曰。先主欲立太子而卿難之。今丞相以卿爲不忠。罪及其宗。朕不忍。乃賜卿死。亦甚幸矣。卿其圖之。毅對曰。以臣不能得先主之意。則臣少宦順幸沒世。可謂知意矣。以臣不知太子之能。則太子獨從。周旋天下。去諸公子絕遠。臣無所疑矣。夫先主之舉用太子。數年之積也。臣乃何言之敢諫。何慮之敢謀。非敢飾辭以避死也。爲羞累先主之名。願大夫爲慮焉。使臣得死情實。且夫順成全者。道之所貴也。刑殺者。道之所卒也。昔者秦繆公殺三良而死。罪百里奚。而非其罪也。故立號曰繆。昭襄王殺武安君白起。楚平王殺伍奢。吳王夫差殺伍子胥。此四君者。皆爲大失。而天下非之。以其君爲不明。以是籍於諸侯。故曰。用道治者。不殺無罪。而罰不加於無辜。惟大夫留心。使者知胡亥之意。不聽蒙毅之言。遂殺之。

二世又遣使者之陽周令蒙恬曰君之過多矣而卿弟毅有大罪法及內史恬曰自吾先人及至子孫積功信於秦三世矣今臣將兵三十餘萬身雖囚繫其勢足以倍畔然自知必死而守義者不敢辱先人之教以不忘先主也昔周成王初立未離襁緥周公旦負王以朝卒定天下及成王有病甚殆公旦自揃其爪以沈於河曰王未有識是旦執事有罪殃旦受其不祥乃書而藏之記府可謂信矣及王能治國有賊臣言周公旦欲爲亂久矣王若不備必有大事王乃大怒周公旦走而奔於楚成王觀於記府得周公旦沈書乃流涕曰孰謂周公旦欲爲亂乎殺言之者而反周公旦故周書曰必參而伍之今恬之宗世無二心而事卒如此是必孽臣逆亂內陵之道也夫成王失而復振則卒昌桀殺關龍逢紂殺王子比干而不悔身死則國亾臣故曰過可振而諫可覺也

史公此等最沈痛嗚咽

察於參伍上聖之法也凡臣之言非以求免於咎也將以諫而死願陛下爲萬民思從道也使者曰臣受詔行法於將軍不敢以將軍言聞於上也蒙恬喟然太息曰我何罪於天無過而死乎良久徐曰恬罪固當死矣起臨洮屬之遼東城塹萬餘里此其中不能無絕地脈哉此乃恬之罪也乃吞藥自殺

太史公曰吾適北邊自直道歸行觀蒙恬所爲秦築長城亭障塹山堙谷通直道固輕百姓力矣夫秦之初滅諸侯天下之心未定痍傷者未瘳而恬爲名將不以此時彊諫振百姓之急養老存孤務修衆庶之和而阿意興功此其兄弟遇誅不亦宜乎何乃罪地脈哉

某案此篇以趙高賊心爲主而行文特爲錯綜

此篇特於貫高見精采

張耳陳餘列傳第二十九

張耳者大梁人也其少時及魏公子毋忌爲客張耳嘗亾命游外黃外黃富人女甚美嫁庸奴亾其夫（梁云亡其夫者背夫而逃也）去抵父客父客素知張耳乃謂女曰必欲求賢夫從張耳女聽乃卒爲請決嫁之張耳張耳是時脫身游女家厚奉給張耳張耳以故致千里客乃宦魏爲外黃令名由此益賢陳餘者亦大梁人也好儒術數游趙苦陘富人公乘氏以其女妻之亦知陳餘非庸人也餘年少父事張耳兩人相與爲刎頸交秦之滅大梁也張耳家外黃高祖爲布衣時嘗數從張耳游客數月秦滅魏數歲已聞此兩人魏之名士也購求有得張耳千金陳餘五百金張耳陳餘乃變名姓俱之陳爲里監門以自食兩人相對里吏嘗有過笞陳餘陳餘欲起張耳躡之使受笞吏去張耳乃引陳餘之桑下而數之

曰使吾與公言何如今見小辱而欲死一吏乎陳餘然之秦詔書購求
兩人兩人亦反用門者以令里中陳涉起蘄至入陳兵數萬張耳陳餘
上謁陳涉涉及左右生平數聞張耳陳餘賢未嘗見見即大喜陳中豪
傑父老乃說陳涉曰將軍身披堅執銳率士卒以誅暴秦復立楚社稷
存亾繼絕功德宜爲王且夫監臨天下諸將不爲王不可願將軍立爲
楚王也陳涉問此兩人兩人對曰夫秦爲無道破人國家滅人社稷絕
人後世罷百姓之力盡百姓之財將軍瞋目張膽出萬死不顧一生之
計爲天下除殘也今始至陳而王之示天下私願將軍毋王急引兵而
西遣人立六國後自爲樹黨爲秦益敵也敵多則力分與衆則兵彊如
此野無交兵縣無守城誅暴秦據咸陽以令諸侯諸侯亾而得立以德
服之如此則帝業成矣今獨王陳恐天下解也陳涉不聽遂立爲王陳

餘乃復說陳王曰大王舉梁楚而西務在入關未及收河北也臣嘗游趙知其豪傑及地形願請奇兵北略趙地於是陳王以故所善陳人武臣爲將軍邵騷爲護軍以張耳陳餘爲左右校尉予卒三千人北略趙地武臣等從白馬渡河至諸縣說其豪傑曰秦爲亂政虐刑以殘賊天下數十年矣北有長城之役南有五嶺之戍外內騷動百姓罷敝頭會箕斂以供軍費財匱力盡民不聊生重之以苛法峻刑使天下父子不相安陳王奮臂爲天下倡始王楚之地方二千里莫不響應家自爲怒人自爲鬬各報其怨而攻其讎縣殺其令丞郡殺其守尉今已張大楚王陳使吳廣周文將卒百萬西擊秦於此時而不成封侯之業者非人豪也諸君試相與計之夫天下同心而苦秦久矣因天下之力而攻無道之君報父兄之怨而成割地有土之業此士之一時也豪傑皆然其

言•乃行收兵得數萬人•號武臣爲武信君•下趙十城•餘皆城守莫肯下•
乃引兵東北擊范陽•范陽人蒯通說范陽令曰•竊聞公之將死•故弔•雖
然•賀公得通而生•范陽令曰何以弔之•對曰•秦法重•足下爲范陽令十
年矣•殺人之父•孤人之子•斷人之足•黥人之首•不可勝數•然而慈父孝
子莫敢傳刃公之腹中者•畏秦法耳•今天下大亂•秦法不施•然則慈父
孝子且傳刃公之腹中•以成其名•此臣之所以弔公也•今諸侯畔秦矣•
武信君兵且至•而君堅守范陽•少年皆爭殺君•下武信君•君急遣臣見
武信君•可轉禍爲福•在今矣•范陽令乃使蒯通見武信君曰•足下必將
戰勝然後略地•攻得然後下城•臣竊以爲過矣•誠聽臣之計•可不攻而
降城•不戰而略地•傳檄而千里定•可乎•武信君曰•何謂也•蒯通曰•今范
陽令宜整頓其士卒以守戰者也•怯而畏死•貪而重富貴•故欲先天下

降•畏君以爲秦所置吏•誅殺如前十城也•然今范陽少年亦方殺其令•自以城距君•君何不齎臣侯印•拜范陽令•范陽令則以城下君•少年亦不敢殺其令•令范陽令乘朱輪華轂•使驅馳燕趙郊•燕趙郊見之•皆曰此范陽令先下者也•卽喜矣•燕趙城可毋戰而降也•此臣之所謂傳檄而千里定者也•武信君從其計•因使蒯通賜范陽令侯印•趙地聞之•不戰以城下者三十餘城•至邯鄲•張耳陳餘聞周章軍入關•至戲郤•又聞諸將爲陳王徇地•多以讒毀得罪誅•怨陳王不用其筴•不以爲將而以爲校尉•乃說武臣曰•陳王起蘄•至陳而王•非必立六國後•將軍今以三千人下趙數十城•獨介居河北•不王無以塡之•且陳王聽讒•還報•恐不脫於禍•又不如立其兄弟•不卽立趙後•將軍毋失時•時閒不容息•武臣乃聽之•遂立爲趙王•以陳餘爲大將軍•張耳爲右丞相•邵騷爲左丞相•

此傳本以張陳結交不終爲主而詳著韓廣李良事於篇以其與張陳據趙皆相類又皆見利中變與張陳之交相發也而其事又皆不可不見者但他人記載如此之詳則未易使主客分明轉捩健捷史公筆力獨繇舉如此是其獨異者也

使人報陳王。陳王大怒。欲盡族武臣等家。而發兵擊趙。陳王相國房君諫曰。秦未亡而誅武臣等家。此又生一秦也。不如因而賀之。使急引兵西擊秦。陳王然之。從其計。徙繫武臣等家宮中。封張耳子敖爲成都君。陳王使使者賀趙。令趣發兵西入關。張耳陳餘說武臣曰。王王趙。非楚意。特以計賀王。楚已滅秦。必加兵於趙。願王毋西兵。北徇燕代。南收河內以自廣。趙南據大河。北有燕代。楚雖勝秦。必不敢制趙。趙王以爲然。因不西兵。而使韓廣略燕。李良略常山。張黶略上黨。韓廣至燕。燕人因立廣爲燕王。趙王乃與張耳陳餘北略地燕界。趙王閒出。爲燕軍所得。燕將囚之。欲與分趙地半。乃歸王。使者往。燕輒殺之以求地。張耳陳餘患之。有廝養卒謝其舍中曰。吾爲公說燕。與趙王載歸。舍中皆笑曰。使者往十餘輩。輒死。若何以能得王。乃走燕壁。燕將見之。問燕將曰。知臣何欲燕將曰若欲得趙王耳曰君知張耳陳餘何如人也燕將曰賢人也曰知其志何欲曰欲得其王耳趙養卒乃笑曰君未知此兩人所欲也夫武臣張耳陳餘杖馬箠下趙數十城此亦各欲南面而王豈欲爲卿相終已耶夫臣與主豈可同日而道哉顧其勢初定未敢參分而王且以少長先立武臣爲王以持趙心今趙地已服此兩人亦欲分趙而王時未可耳今君乃囚趙王此兩人名爲求趙王實欲燕殺之此兩人分趙自立夫以一趙尚易燕況以兩賢王左提右挈而責殺王之罪滅燕易矣燕將以爲然乃歸趙王養卒爲御而歸李良已定常山還報趙王復使良略太原至石邑秦兵塞井陘未能前秦將詐稱二世使人遺李良書不封曰良嘗事我得顯幸良誠能反趙爲秦赦良罪貴良良得書疑不信乃還之邯鄲益請兵未至道逢趙王姊出飲從百餘騎李良

望見以爲王伏謁道旁王姊醉不知其將使騎謝李良李良素貴起慙
其從官從官有一人曰天下畔秦能者先立且趙王素出將軍下今女
兒乃不爲將軍下車請追殺之李良已得秦書固欲反趙未決因此怒
遣人追殺王姊道中乃遂將其兵襲邯鄲邯鄲不知竟殺武臣邵騷趙
人多爲張耳陳餘耳目者以故得脫出收其兵得數萬人客有說張耳
曰兩君羈旅而欲附趙難獨立趙後扶以義可就功乃求得趙歇立爲
趙王居信都李良進兵擊陳餘陳餘敗李良李良走歸章邯章邯引兵
至邯鄲皆徙其民河內夷其城郭張耳與趙王歇走入鉅鹿城王離圍
之陳餘北收常山兵得數萬人軍鉅鹿北章邯軍鉅鹿南棘原築甬道
屬河餉王離王離兵食多急攻鉅鹿鉅鹿城中食盡兵少張耳數使人
召前陳餘陳餘自度兵少不敵秦不敢前數月張耳大怒怨陳餘使張

此見張耳怨陳餘之謬文勢至此一振特起峯巒

黶陳澤往讓陳餘曰始吾與公爲刎頸交今王與耳旦暮且死而公擁兵數萬不肯相救安在其相爲死苟必信胡不赴秦軍俱死且有十一二相全陳餘曰吾度前終不能救趙徒盡亾軍且餘所以不俱死欲爲趙王張君報秦今必俱死如以肉委餓虎何益張黶陳澤曰事已急要以俱死立信安知後慮陳餘曰吾死顧以爲無益必如公言乃使五千人令張黶陳澤先嘗秦軍至皆沒當是時燕齊楚聞趙急皆來救張敖亦北收代兵得萬餘人來皆壁餘旁未敢擊秦項羽兵數絕章邯甬道王離軍乏食項羽悉引兵渡河遂破章邯章邯引兵解諸侯軍乃敢擊圍鉅鹿秦軍遂虜王離涉閒自殺卒存鉅鹿者楚力也於是趙王歇張耳乃得出鉅鹿謝諸侯張耳與陳餘相見責讓陳餘以不肯救趙及問張黶陳澤所在陳餘怒曰張黶陳澤以必死責臣臣使將五千人先嘗

秦軍皆沒不出張耳不信以爲殺之數問陳餘陳餘怒曰不意君之望
臣深也豈以臣爲重去將哉乃脫解印綬推予張耳張耳亦愕不受陳
餘起如廁客有說張耳曰臣聞天與不取反受其咎今陳將軍與君印
君不受反天不祥急取之張耳乃佩其印收其麾下而陳餘還亦望張
耳不讓遂趨出張耳遂收其兵陳餘獨與麾下所善數百人之河上澤
中漁獵由此陳餘張耳遂有郤趙王歇復居信都張耳從項羽諸侯入
關漢元年二月項羽立諸侯王張耳雅游人多爲之言項羽亦素數聞
張耳賢乃分趙立張耳爲常山王治信都信都更名襄國陳餘客多說
項羽曰陳餘張耳一體有功於趙項羽以陳餘不從入關聞其在南皮
即以南皮旁三縣以封之而徙趙王歇王代張耳之國陳餘愈益怒曰
張耳與餘功等也今張耳王餘獨侯此項羽不平及齊王田榮畔楚陳

餘乃使夏說說田榮曰、項羽爲天下宰不平、盡王諸將善地、徙故王王惡地、今趙王乃居代、願王假臣兵、請以南皮爲扞蔽、田榮欲樹黨於趙以反楚、乃遣兵從陳餘、陳餘因悉三縣兵、襲常山王張耳、張耳敗走、念諸侯無可歸者、曰、漢王與我有舊故、而項羽又彊立我、我欲之楚、甘公曰、漢王之入關、五星聚東井、東井者秦分也、先至必霸、楚雖彊、後必屬漢、故耳走漢、漢王亦還定三秦、方圍章邯廢丘、張耳謁漢王、漢王厚遇之、陳餘已敗張耳、皆復收趙地、迎趙王於代、復爲趙王、趙王德陳餘、立以爲代王、陳餘爲趙王弱、國初定、不之國、留傅趙王、而使夏說以相國守代、漢二年、東擊楚、使使告趙、欲與俱、陳餘曰、漢殺張耳乃從、於是漢王求人類張耳者斬之、持其頭遺陳餘、陳餘乃遣兵助漢、漢之敗於彭城西、陳餘亦復覺張耳不死、卽背漢、漢三年、韓信已定魏地、遣張耳與

篇末詳叙貫高所以反影餘耳此史公遺韵後多效法之者

韓信擊破趙井陘斬陳餘泜水上追殺趙王歇襄國漢立張耳爲趙王漢五年張耳薨諡爲景王子敖嗣立爲趙王高祖長女魯元公主爲趙王敖后漢七年高祖從平城過趙趙王朝夕袒韝蔽自上食禮甚卑有子壻禮高祖箕踞詈甚慢易之趙相貫高趙午等年六十餘故張耳客也生平爲氣乃怒曰吾王孱王也說王曰夫天下豪桀並起能者先立今王事高祖甚恭而高祖無禮請爲王殺之張敖齧其指出血曰君何言之誤且先人亾國賴高祖得復國德流子孫秋豪皆高祖力也願君無復出口貫高趙午等十餘人皆相謂曰乃吾等非也吾王長者不倍德且吾等義不辱今怨高祖辱我王故欲殺之何乃洿（汙）王爲乎令事成歸王事敗獨身坐耳漢八年上從東垣還過趙貫高等乃壁人柏人要之置廁（某案置廁傳置廁舍也）上過欲宿心動問曰縣名爲何曰柏人柏人者迫

呂后五句此所謂事外曲致文字有此皆精神旺而旁溢者也

此固趙國立名義句此句提唱全篇俱動

於人也不宿而去漢九年貫高怨家知其謀乃上變告之於是上皆幷逮捕趙王貫高等十餘人皆爭自剄貫高獨怒罵曰誰令公爲之今王實無謀而幷捕王公等皆死誰白王不反者乃轞車膠致與王詣長安治張敖之罪上乃詔趙羣臣賓客有敢從王皆族貫高與客孟舒等十餘人皆自髡鉗爲王家奴從來貫高至對獄曰獨吾屬爲之王實不知吏治榜笞數千刺剟身無可擊者終不復言呂后數言張王以魯元公主故不宜有此上怒曰使張敖據天下豈少而女乎不聽廷尉以貫高事辭聞上曰壯士誰知者以私問之中大夫泄公曰臣之邑子素知之此固趙國立名義不侵爲然諾者也上使泄公持節問之箯輿前仰視曰泄公邪泄公勞苦如生平驩與語問張王果有計謀不高曰人情寧不各愛其父母妻子乎今吾三族皆以論死豈以王易吾親哉顧爲王

實不反。獨吾等爲之。具道本指所以爲者王不知狀。於是泄公入具以報。上乃赦趙王。上賢貫高爲人能立然諾。使泄公具告之曰。張王已出。因赦貫高。貫高喜曰。吾王審出乎。泄公曰。然。泄公曰。上多足下。故赦足下。貫高曰。所以不死一身無餘者。白張王不反也。今王已出。吾責已塞。死不恨矣。且人臣有簒殺之名。何面目復事上哉。縱上不殺我。我不愧於心乎。乃仰絶肮。遂死。當此之時。名聞天下。張敖已出。以尙魯元公主故。封爲宣平侯。於是上賢張王諸客。以鉗奴從張王入關。無不爲諸侯相郡守者。及孝惠高后文帝孝景時。張王客子孫。皆得爲二千石。張敖高后六年薨。子偃爲魯元王。以母呂后女故。呂后封爲魯元王。元王弱。兄弟少。乃封張敖他姬子二人。壽爲樂昌侯。侈爲信都侯。高后崩。諸呂無道。大臣誅之。而廢魯元王及樂昌侯信都侯。孝文帝即位。復封故魯

以迂緩取韵味

元王假爲南宮侯續張氏

太史公曰張耳陳餘世傳所稱賢者其賓客厮役莫非天下俊傑所居國無不取卿相者然張耳陳餘始居約時相然信以死豈顧問哉及據國爭權卒相滅亾何鄉者相慕用之誠後相倍之戾也豈非以利哉名譽雖高賓客雖盛所由殆與太伯延陵季子異矣

某案此篇以勢利之交爲主後附貫高事反照生色

張耳陳餘列傳第二十九

史記八十九

魏豹彭越列傳第三十

魏豹者。故魏諸公子也。其兄魏咎。故魏時封為寧陵君。秦滅魏。遷咎為家人。陳勝之起王也。咎往從之。陳王使魏人周市徇魏地。魏地已下。欲相與立周市為魏王。周市曰。天下昏亂。忠臣乃見。今天下共畔秦。其義必立魏王後乃可。齊趙使車各五十乘。立周市為魏王。市辭不受。迎魏咎於陳。五反。陳王乃遣立咎為魏王。章邯已破陳王。乃進兵擊魏王於臨濟。魏王乃使周市出請救於齊楚。齊楚遣項它田巴將兵隨市救魏。章邯遂擊破殺周市等軍。圍臨濟。咎為其民約降。約定。咎自燒殺。魏豹亡走楚。楚懷王予魏豹數千人。復徇魏地。項羽已破秦降章邯。豹下魏二十餘城。立豹為魏王。豹引精兵從項羽入關。漢元年。項羽封諸侯。欲有梁地。乃徙魏王豹於河東。都平陽。為西魏王。漢王還定三秦。渡臨晉。

魏王豹以國屬焉遂從擊楚於彭城漢敗還至榮陽豹請歸視親病至
國即絕河津畔漢漢王聞魏豹反方東憂楚未及擊謂酈生曰緩頰往
說魏豹能下之吾以萬戶封若酈生說豹豹謝曰人生一世閒如白駒
過隙耳今漢王慢而侮人罵詈諸侯羣臣如罵奴耳非有上下禮節也
吾不忍復見也於是漢王遣韓信擊虜豹於河東傳詣榮陽以豹國爲
郡漢王令豹守榮陽楚圍之急周苛遂殺魏豹　彭越者昌邑人也字仲
常漁鉅野澤中爲羣盜陳勝項梁之起少年或謂越曰諸豪桀相立畔
秦仲可以來亦效之彭越曰兩龍方鬬且待之居歲餘澤閒少年相聚
百餘人往從彭越曰請仲爲長越謝曰臣不願與諸君少年彊請乃許
與期旦日日出會後期者斬旦日日出十餘人後後者至日中於是越
謝曰臣老諸君彊以爲長今期而多後不可盡誅誅最後者一人令校

長斬之皆笑曰何至是請後不敢於是越乃引一人斬之設壇祭乃令徒屬徒屬皆大驚畏越莫敢仰視乃行略地收諸侯散卒得千餘人沛公之從碭北擊昌邑彭越助之昌邑未下沛公引兵西彭越亦將其衆居鉅野中收魏散卒項籍入關王諸侯還歸彭越衆萬餘人毋所屬漢元年秋齊王田榮畔項王漢乃使人賜彭越將軍印使下濟陰以擊楚楚命蕭公角將兵擊越越大破楚軍漢王二年春與魏王豹及諸侯東擊楚彭越將其兵三萬餘人歸漢於外黃漢王曰彭將軍收魏地得十餘城欲急立魏後今西魏王豹亦魏王咎從弟也眞魏後乃拜彭越爲魏相國擅將其兵略定梁地漢王之敗彭城解而西也彭越皆復亡其所下城獨將其兵北居河上漢王三年彭越常往來爲漢游兵擊楚絕其後糧於梁地漢四年冬項王與漢王相距滎陽彭越攻下睢陽外黃

十七城・項王聞之・乃使曹咎守城臯・自東收彭越所下城邑・皆復爲楚・越將其兵北走穀城・漢五年秋・項王之南走陽夏・彭越復下昌邑旁二十餘城・得穀十餘萬斛・以給漢王食・漢王敗・使使召彭越并力擊楚・越曰・魏地初定・尚畏楚・未可去・漢王追楚・爲項籍所敗固陵・乃謂留侯曰・諸侯兵不從・爲之柰何・留侯曰・齊王信之立・非君王之意・信亦不自堅・彭越本定梁地・功多・始君王以魏豹故・拜彭越爲魏相國・今豹死毋後・且越亦欲王・而君王不蚤定・與此兩國約・即勝楚・睢陽以北至穀城・皆以王彭相國・從陳以東傅海・與齊王信・齊王信家在楚・此其意欲復得故邑・君王能出捐此地許二人・二人今可致・即不能・事未可知也・於是漢王乃發使使彭越・如留侯策・使者至・彭越乃悉引兵會垓下・遂破楚・

五年・梁校滅五年字 項籍已死・春・立彭越爲梁王・都定陶・六年・朝陳・九年・十年・

皆來朝長安。十年秋。陳豨反代地。高帝自往擊。至邯鄲。徵兵梁王。梁王稱病。使將將兵詣邯鄲。高帝怒。使人讓梁王。梁王恐。欲自往謝。其將扈輒曰。王始不往。見讓而往。往則爲禽矣。不如遂發兵反。梁王不聽。稱病。梁王怒其太僕。欲斬之。太僕亡走漢。告梁王與扈輒謀反。於是上使使掩梁王。梁王不覺。捕梁王。囚之雒陽。有司治反形已具。請論如法。上赦以爲庶人。傳處蜀青衣。西至鄭。逢呂后從長安來。欲之雒陽。道見彭王。彭王爲呂后泣涕。自言無罪。願處故昌邑。呂后許諾。與俱東至雒陽。呂后白上曰。彭王壯士。今徙之蜀。此自遺患。不如遂誅之。妾謹與俱來。於是呂后乃令其舍人告彭越復謀反。廷尉王恬開奏請族之。上乃可。遂夷越宗族。國除。

太史公曰。魏豹彭越雖故賤。然已席卷千里。南面稱孤。喋血乘勝日有聞矣懷畔逆之意及敗不死而虜囚身被刑戮何哉中材已上且羞其行況王者乎彼無異故智略絕人獨患無身耳得攝尺寸之柄其雲蒸龍變欲有所會其度以故幽囚而不辭云

某案此篇以畔逆爲主一則激於高帝之謾罵一則成于有司之文致也贊尤見意

魏豹彭越列傳第三十

黥布列傳第三十一

黥布者。六人也。姓英氏。秦時爲布衣。少年有客相之曰。當刑而王。及壯。坐法黥。布欣然笑曰。人相我當刑而王。幾是乎。人有聞者。共俳笑之。布已論輸麗山。麗山之徒數十萬人。布皆與其徒長豪桀交通。迺率其曹偶。亡之江中爲羣盜。陳勝之起也。布乃見番君。與其衆叛秦。聚兵數千人。番君以其女妻之。章邯之滅陳勝。破呂臣軍。布乃引兵北擊秦左右校。破之淸波。引兵而東。聞項梁定江東會稽。涉江而西。陳嬰以項氏世爲楚將。乃以兵屬項梁。渡淮南。英布蒲將軍亦以兵屬項梁。項梁涉淮而西。擊景駒秦嘉等。布常冠軍。項梁至薛。聞陳王定死。乃立楚懷王。項梁號爲武信君。英布爲當陽君。項梁敗死定陶。懷王徙都彭城。諸將英布亦皆保聚彭城。當是時。秦急圍趙。趙數使人請救。懷王使宋義爲上

前文筆鋒提至此一頓

此以重筆鈍壓見漢楚倚布重輕

再頓

將范增爲末將項籍爲次將英布蒲將軍皆爲將軍悉屬宋義北救趙及項籍殺宋義於河上懷王因立籍爲上將軍諸將皆屬項籍項籍使布先渡河擊秦布數有利籍乃悉引兵涉河從之遂破秦軍降章邯等楚兵常勝功冠諸侯諸侯兵皆以服屬楚者以布數以少敗衆也項籍之引兵西至新安又使布等夜擊阬章邯秦卒二十餘萬人至關不得入又使布等先從閒道破關下軍遂得入至咸陽布常爲軍鋒項王封諸將立布爲九江王都六漢元年四月諸侯皆罷戲下各就國項氏立懷王爲義帝徙都長沙迺陰令九江王布等行擊之其八月布使將擊義帝追殺之郴縣漢二年齊王田榮擊楚項王往擊齊徵兵九江九江王布稱病不往遣將將數千人行漢之敗楚彭城布又稱病不佐楚項王由此怨布數使使者誚讓召布布愈恐不敢往項王方北憂齊趙西

患漢所與者獨九江王又多布材欲親用之以故未擊漢三年漢王擊
楚大戰彭城不利出梁地至虞謂左右曰如彼等者無足與計天下事
謁者隨何進曰不審陛下所謂漢王曰孰能爲我使淮南令之發兵倍
楚留項王於齊數月我之取天下可以百全隨何曰臣請使之乃與二
十人俱使淮南至因太宰主之三日不得見隨何因說太宰曰王之不
見何必以楚爲彊以漢爲弱此臣之所以爲使使何得見言之而是邪
是大王所欲聞也言之而非邪使何等二十人伏斧質淮南市以明王
倍漢而與楚也太宰乃言之王王見之隨何曰漢王使臣敬進書大王
御者竊怪大王與楚何親也淮南王曰寡人北鄉而臣事之隨何曰大
王與項王俱列爲諸侯北鄉而臣事之必以楚爲彊可以託國也項王
伐齊身負板築以爲士卒先大王宜悉淮南之衆身自將之爲楚軍前

鋒。今迺發四千人以助楚。夫北面而臣事人者。固若是乎。夫漢王戰於彭城。項王未出齊也。大王宜騷淮南之兵渡淮。日夜會戰彭城下。大王撫萬人之衆。無一人渡淮者。垂拱而觀其孰勝。夫託國於人者。固若是乎。大王提空名以鄉楚。而欲厚自託。臣竊爲大王不取也。然而大王不背楚者。以漢爲弱也。夫楚兵雖彊。天下負之以不義之名。[索隱負被也]以其背盟約而殺義帝也。然而楚王恃戰勝自彊。漢王收諸侯。還守成皐滎陽。下蜀漢之粟。深溝壁壘。分卒守徼乘塞。[索隱乘者登也]楚人還兵。閒以梁地。深入敵國八九百里。欲戰則不得。攻城則力不能。老弱轉糧千里之外。楚兵至滎陽成皐。漢堅守而不動。進則不得攻。退則不得解。故曰楚兵不足恃也。使楚勝漢。則諸侯自危懼而相救。夫楚之彊。適足以致天下之兵耳。故楚不如漢。其勢易見也。今大王不與萬全之漢。而自託於危亾之楚臣竊爲大王惑之臣非以淮南之兵足以亾楚也夫大王發兵而倍楚項王必留留數月漢之取天下可以萬全臣請與大王提劍而歸漢漢王必裂地而封大王又況淮南淮南必大王有也故漢王敬使使臣進愚計願大王之留意也淮南王曰請奉命陰許畔楚與漢未敢泄也楚使者在方急責英布發兵舍傳舍隨何直入坐楚使者上坐曰九江王已歸漢楚何以得發兵布愕然楚使者起何因說布曰事已搆索隱搆訓成也可遂殺楚使者無使歸而疾走漢并力布曰如使者教因起兵而擊之耳於是殺使者因起兵而攻楚楚使項聲龍且攻淮南項王留而攻下邑數月龍且擊淮南破布軍布欲引兵走漢恐楚王殺之故閒行與何俱歸漢淮南王至上方踞牀洗召布入見布甚大怒悔來欲自殺出就舍帳御飲食從官如漢王居布又大喜過望於是乃使人入九

此從旁面摹寫得布之重與後誅夷極力作勢

江楚已使項伯收九江兵盡殺布妻子布使者頗得故人幸臣將衆數千人歸漢漢益分布兵而與俱北收兵至成皋四年七月立布為淮南王與擊項籍漢五年布使人入九江得數縣六年布與劉賈入九江誘大司馬周殷周殷反楚遂舉九江兵與漢擊楚破之垓下項籍死天下定上置酒上折隨何之功謂何為腐儒為天下安用腐儒隨何跪曰夫陛下引兵攻彭城楚王未去齊也陛下發步卒五萬人騎五千能以取淮南乎上曰不能隨何曰陛下使何與二十人使淮南至如陛下之意是何之功賢於步卒五萬人騎五千也然而陛下謂何腐儒為天下安用腐儒何也上曰吾方圖子之功乃以隨何為護軍中尉布遂剖符為淮南王都六九江廬江衡山豫章郡皆屬布七年朝陳八年朝雒陽九年朝長安十一年高后誅淮陰侯布因心恐夏漢誅梁王彭越醢之盛

此見高帝之刻待功臣是此篇作意

其醢徧賜諸侯至淮南淮南王方獵見醢因大恐陰令人部聚兵候伺旁郡警急布所幸姬疾請就醫醫家與中大夫賁赫對門姬數如醫家賁赫自以爲侍中乃厚餽遺從姬飲醫家姬侍王從容語次譽赫長者也王怒曰汝安從知之具說狀王疑其與亂赫恐稱病王愈怒欲捕赫赫言變事乘傳詣長安布使人追不及赫至上變言布謀反有端可先未發誅也上讀其書語蕭相國相國曰布不宜有此恐仇怨妄誣之請繫赫使人微驗淮南王淮南王布見赫以罪亡上變固已疑其言國陰事漢使又來頗有所驗遂族赫家發兵反反書聞上乃赦賁赫以爲將軍上召諸將問曰布反爲之柰何皆曰發兵擊之阬豎子耳何能爲乎汝陰侯滕公召故楚令尹問之令尹曰是故當反滕公曰上裂地而王之疏爵而貴之南面而立萬乘之主其反何也令尹曰往年殺彭越前

此見布之無能又見布反由於自危非有爭天下之意

年殺韓信此三人者同功一體之人也自疑禍及身故反耳滕公言之上曰臣客故楚令尹薛公者其人有籌筴之計可問上乃召見問薛公薛公對曰布反不足怪也使布出於上計山東非漢之有也出於中計勝敗之數未可知也出於下計陛下安枕而臥矣上曰何謂上計令尹對曰東取吳西取楚幷齊取魯傳檄燕趙固守其所山東非漢之有也何謂中計東取吳西取楚幷韓取魏據敖倉之粟塞成皋之口勝敗之數未可知也何謂下計東取吳西取下蔡歸重於越身歸長沙陛下安枕而臥漢無事矣上曰是計將安出令尹對曰出下計上曰何謂廢上中計而出下計令尹曰布故麗山之徒也自致萬乘之主此皆爲身不顧後爲百姓萬世慮者也故曰出下計上曰善封薛公千戶迺立皇子長爲淮南王上遂發兵自將東擊布布之初反謂其將曰上老矣厭兵

必不能來。使諸將。諸將獨患淮陰彭越。今皆已死。餘不足畏也。故遂反。果如薛公籌之。東擊荊。荊王劉賈走死富陵。盡劫其兵。渡淮擊楚。楚發兵與戰徐僮閒。爲三軍。欲以相救爲奇。或說楚將曰。布善用兵。民素畏之。且兵法。諸侯戰其地爲散地。今別爲三。彼敗吾一軍。餘皆走。安能相救。不聽。布果破其一軍。其二軍散走。遂西與上兵遇蘄西會甀。布兵精甚。上迺壁庸城。望布軍置陳如項籍軍。上惡之。與布相望見。遙謂布曰。何苦而反。布曰。欲爲帝耳。上怒罵之。遂大戰。布軍敗走。渡淮數止戰。不利。與百餘人走江南。布故與番君婚。以故長沙哀王使人紿布集解云是成王非哀王傳誤也僞與亾。誘走越。故信而隨之番陽。番陽人殺布茲鄉民田舍。遂滅黥布。立皇子長爲淮南王。封賁赫爲期思侯。諸將率多以功封者。

太史公曰。英布者。其先豈春秋所見楚滅英六。皋陶之後哉。身被刑法。

何其拔興之暴也。項氏之所阬殺人。以千萬數。而布常爲首虐。功冠諸侯。用此得王。亦不免於身。爲世大僇。禍之興。自愛姬殖。妒媢生患。竟以滅國。

某案此篇以疑禍及身爲主

淮陰侯列傳第三十二

淮陰侯韓信者淮陰人也始爲布衣時貧無行不得推擇爲吏又不能治生商賈常從人寄食飲人多厭之者常數從其下鄉南昌亭長寄食數月亭長妻患之乃晨炊蓐食食時信往不爲具食信亦知其意怒竟絕去信釣於城下諸母漂有一母見信饑飯信竟漂數十日信喜謂漂母曰吾必有以重報母母怒曰大丈夫不能自食吾哀王孫而進食豈望報乎淮陰屠中少年有侮信者曰若雖長大好帶刀劍中情怯耳衆辱之曰信能死刺我不能死出我袴下於是信孰視之俛出袴下蒲伏一市人皆笑信以爲怯及項梁渡淮信杖劍從之居戲下無所知名項梁敗又屬項羽羽以爲郎中數以策干項羽羽不用漢王之入蜀信亡楚歸漢未得知名爲連敖坐法當斬其輩十三人皆已斬次至信信乃

仰視適見滕公曰上不欲就天下乎何爲斬壯士滕公奇其言壯其貌釋而不斬與語大說之言於上上拜以爲治粟都尉上未之奇也信數與蕭何語何奇之至南鄭諸將行道亾者數十人信度何等已數言上上不我用卽亾何聞信亾不及以聞自追之人有言上曰丞相何亾上大怒如失左右手居一二日何來謁上上且怒且喜罵何曰若亾何也何曰臣不敢亾也臣追亾者上曰若所追者誰何曰韓信也上復罵曰諸將亾者以十數公無所追追信詐也何曰諸將易得耳至如信者國士無雙王必欲長王漢中無所事信必欲爭天下非信無所與計事者顧王策安所決耳王曰吾亦欲東耳安能鬱鬱久居此乎何曰王計必欲東能用信信卽畱不能用信信終亾耳王曰吾爲公以爲將何曰雖爲將信必不畱王曰以爲大將何曰幸甚於是王欲召信拜之何曰王素

慢無禮今拜大將如呼小兒耳此乃信所以去也王必欲拜之擇良日
齋戒設壇場具禮乃可耳王許之諸將皆喜人人各自以爲得大將至
拜大將乃韓信也一軍皆驚信拜禮畢上坐王曰丞相數言將軍將軍
何以教寡人計策信謝因問王曰今東鄉爭權天下豈非項王邪漢王
曰然曰大王自料勇悍仁彊孰與項王漢王默然良久曰不如也信再
拜賀曰唯信亦爲大王不如也然臣嘗事之請言項王之爲人也項王
喑噁叱咤千人皆廢然不能任屬賢將此特匹夫之勇耳項王見人恭
敬慈愛言語嘔嘔人有疾病涕泣分食飲至使人有功當封爵者印刓
敝忍不能予此所謂婦人之仁也項王雖霸天下而臣諸侯不居關中
而都彭城有背義帝之約王云有讀又而以親愛王諸侯不平諸侯之見項
王遷逐義帝置江南亦皆歸逐其主而自王善地項王所過無不殘滅

者天下多怨百姓不親附特刧於威彊耳（王校彊下增服字）名雖爲霸實失天下心故曰其彊易弱今大王誠能反其道任天下武勇何所不誅（王校刪所字下兩句同）以天下城邑封功臣何所不服以義兵從思東歸之士何所不散且三秦王爲秦將將秦子弟數歲矣所殺亾不可勝計又欺其衆降諸侯至新安項王詐（毛本詐作誅）阬秦降卒二十餘萬唯獨邯欣翳得脫秦父兄怨此三人痛入骨髓今楚彊以威王此三人秦民莫愛也大王之入武關秋豪無所害除秦苛法與秦民約法三章耳秦民無不欲得大王王秦者於諸侯之約大王當王關中關中民咸知之大王失職入漢中秦民無不恨者今大王舉而東三秦可傳檄而定也於是漢王大喜自以爲得信晚遂聽信計部署諸將所擊八月漢王舉兵東出陳倉定三秦漢二年出關收魏河南韓殷王皆降合齊趙共擊楚四月至彭城

漢兵敗散而還信復收兵與漢王會滎陽復擊破楚京索之閒以故楚兵卒不能西漢之敗卻彭城塞王欣翟王翳亾漢降楚齊趙亦反漢與楚和六月魏王豹謁歸視親疾至國即絕河關反漢與楚約和漢王使酈生說豹不下其八月以信爲左丞相擊魏魏王盛兵蒲坂塞臨晉信乃益爲疑兵陳船欲度臨晉而伏兵從夏陽以木罌缻渡軍襲安邑魏王豹驚引兵迎信信遂虜豹定魏爲河東郡漢王遣張耳與信俱引兵東北擊趙代後九月破代兵禽夏說閼與信之下魏破代漢輒使人收其精兵詣滎陽以距楚信與張耳以兵數萬欲東下井陘擊趙趙王成安君陳餘聞漢且襲之也聚兵井陘口號稱二十萬廣武君李左車說成安君曰聞漢將韓信涉西河虜魏王禽夏說新喋血閼與今乃輔以張耳議欲下趙此乘勝而去國遠鬭其鋒不可當臣聞千里餽糧士有

飢色樵蘇後爨師不宿飽今井陘之道車不得方軌騎不得成列行數
百里其勢糧食必在其後願足下假臣奇兵三萬人從閒路絕其輜重
足下深溝高壘堅營勿與戰彼前不得鬭退不得還吾奇兵絕其後使
野無所掠不至十日而兩將之頭可致於戲下願君留意臣之計否必
爲二子所禽矣成安君儒者也常稱義兵不用詐謀奇計曰吾聞兵法
十則圍之倍則戰今韓信兵號數萬其實不過數千能千里而襲我（王云
能猶乃也）亦已罷極今如此避而不擊後有大者何以加之則諸侯謂吾怯
而輕（毛本輕作聽）來伐我不聽廣武君策廣武君策不用韓信使人閒視知
其不用還報則大喜乃敢引兵遂下未至井陘口三十里止舍夜半傳
發選輕騎二千人人持一赤幟從閒道萆山而望趙軍誡曰趙見我走
必空壁逐我若疾入趙壁拔趙幟立漢赤幟令其裨將傳餐曰今日破

趙會食諸將皆莫信詳應曰諾謂軍吏曰趙已先據便地爲壁且彼未見吾大將旗鼓未肯擊前行恐吾至阻險而還信乃使萬人先行出背水陳趙軍望見而大笑平旦信建大將之旗鼓鼓行出井陘口趙開壁擊之大戰良久於是信張耳詳弃鼓旗走水上軍水上軍開入之復疾戰趙果空壁爭漢鼓旗逐韓信張耳韓信張耳已入水上軍軍皆殊死戰不可敗信所出奇兵二千騎共候趙空壁逐利則馳入趙壁皆拔趙旗立漢赤幟二千趙軍已不勝不能得信等欲還歸壁壁皆漢赤幟而大驚以爲漢皆已得趙王將矣兵遂亂遁走趙將雖斬之不能禁也於是漢兵夾擊大破虜趙軍斬成安君泜水上禽趙王歇信乃令軍中毋殺廣武君有能生得者購千金於是有縛廣武君而致戲下者信乃解其縛東鄉坐西鄉對師事之諸將效首虜休畢賀因問信曰兵法右倍

山陵前左水澤今者將軍令臣等反背水陳曰破趙會食臣等不服然竟以勝此何術也信曰此在兵法顧諸君不察耳兵法不曰陷之死地而後生置之亾地而後存且信非得素拊循士大夫也此所謂驅市人而戰之其勢非置之死地使人人自爲戰今予之生地皆走寧尚可得而用之乎諸將皆服曰善非臣所及也於是信問廣武君曰僕欲北攻燕東伐齊何若而有功廣武君辭謝曰臣聞敗軍之將不可以言勇亾國之大夫不可以圖存今臣敗亾之虜何足以權大事乎信曰僕聞之百里奚居虞而虞亾在秦而秦霸非愚於虞而智於秦也用與不用聽與不聽也誠令成安君聽足下計若信者亦已爲禽矣以不用足下故信得侍耳因固問曰僕委心歸計願足下勿辭廣武君曰臣聞智者千慮必有一失愚者千慮必有一得故曰狂夫之言聖人擇焉顧恐臣計

未必足用願效愚忠夫成安君有百戰百勝之計一旦而失之軍敗鄗下身死泜上今將軍涉西河虜魏王禽夏說閼與一舉而下井陘不終朝破趙二十萬衆誅成安君名聞海內威震天下農夫莫不輟耕釋耒褕衣（索隱褕鄒氏音踰美也）甘食傾耳以待命者若此將軍之所長也然而衆勞卒罷其實難用今將軍欲舉倦獘之兵頓之燕堅城之下欲戰恐久力不能拔情見勢屈曠日糧竭而弱燕不服齊必距境以自彊也燕齊相持而不下則劉項之權未有所分也若此者將軍所短也臣愚竊以爲亦過矣故善用兵者不以短擊長而以長擊短韓信曰然則何由廣武君對曰方今爲將軍計莫如案甲休兵鎮趙撫其孤百里之內牛酒日至以饗士大夫醳兵（索隱醳史記古釋字皆如此作）北首燕路而後遣辯士奉咫尺之書暴其所長於燕燕必不敢不聽從燕已從使諠言者東告齊齊必從

風而服雖有智者亦不知爲齊計矣如是則天下事皆可圖也兵固有先聲而後實者此之謂也韓信曰善從其策發使使燕燕從風而靡乃遣使報漢因請立張耳爲趙王以鎭撫其國漢王許之乃立張耳爲趙王楚數使奇兵渡河擊趙趙王耳韓信往來救趙因行定趙城邑發兵詣漢楚方急圍漢王於滎陽漢王南出之宛葉閒得黥布走入成皋楚又復急圍之六月漢王出成皋東渡河獨與滕公俱從張耳軍脩武至宿傳舍晨自稱漢使馳入趙壁張耳韓信未起即其臥內上奪其印符以麾召諸將易置之信耳起乃知漢王來大驚漢王奪兩人軍即令張耳備守趙地拜韓信爲相國收趙兵未發者擊齊信引兵東未渡平原聞漢王使酈食其已說下齊韓信欲止范陽辯士蒯通說信曰將軍受詔擊齊而漢獨發閒使下齊寧有詔止將軍乎何以得毋行也且酈生

一士伏軾掉三寸之舌下齊七十餘城將軍將數萬衆歲餘乃下趙五十餘城爲將數歲反不如一豎儒之功乎於是信然之從其計遂渡河齊已聽酈生即留縱酒罷備漢守禦信因襲齊歷下軍遂至臨菑齊王田廣以酈生賣己乃亨之而去高密使使之楚請救韓信已定臨菑遂東追廣至高密西楚亦使龍且將號稱二十萬救齊齊王廣龍且并軍與信戰未合人或說龍且曰漢兵遠鬬窮戰其鋒不可當齊楚自居其地戰兵易敗散不如深壁令齊王使其信臣招所亾城亾城聞其王在楚來救必反漢漢兵二千里客居齊城皆反之其勢無所得食可無戰而降也龍且曰吾平生知韓信爲人易與耳且夫救齊不戰而降之吾何功今戰而勝之齊之半可得何爲止遂戰與信夾濰水陳韓信乃夜令人爲萬餘囊滿盛沙壅水上流引軍半渡擊龍且詳不勝還走龍且

果喜曰固知信怯也遂追信渡水信使人決壅囊水大至龍且軍大半
不得渡卽急擊殺龍且龍且水東軍散走齊王廣亾去信遂追北至城
陽皆虜楚卒漢四年遂皆降平齊使人言漢王曰齊僞詐多變反覆之
國也南邊楚不爲假王以鎭之其勢不定願爲假王便當是時楚方急
圍漢王於滎陽韓信使者至發書漢王大怒罵曰吾困於此旦暮望若
來佐我乃欲自立爲王張良陳平躡漢王足因附耳語曰漢方不利寧
能禁信之王乎不如因而立善遇之使自爲守不然變生漢王亦悟因
復罵曰大丈夫定諸侯卽爲眞王耳何以假爲乃遣張良往立信爲齊
王徵其兵擊楚楚已亾龍且項王恐使盱眙人武涉往說齊王信曰天
下共苦秦久矣相與戮力擊秦秦已破計功割地分土而王之以休士
卒今漢王復興兵而東侵人之分奪人之地已破三秦引兵出關收諸

歸云武涉之說爲項王使
也蒯通則無所爲而爲矣
奇事奇文

侯之兵以東擊楚其意非盡吞天下者不休其不知厭足如是甚也且
漢王不可必身居項王掌握中數矣項王憐而活之然得脫輒倍約復
擊項王其不可親信如此今足下雖自以與漢王爲厚交爲之盡力用
兵終爲之所禽矣足下所以得須臾至今者（王云須臾猶從容也）以項王尚存也
當今二王之事權在足下足下右投則漢王勝左投則項王勝項王今
日亡則次取足下足下與項王有故何不反漢與楚連和參分天下王
之今釋此時而自必於漢以擊楚且爲智者固若此乎韓信謝曰臣事
項王官不過郎中位不過執戟言不聽畫不用故倍楚而歸漢漢王授
我上將軍印予我數萬衆解衣衣我推食食我言聽計用故吾得以至
於此夫人深親信我我倍之不祥雖死不易幸爲信謝項王武涉已去
齊人蒯通知天下權在韓信欲爲奇策而感動之以相人說韓信曰僕

嘗受相人之術。韓信曰。先生相人何如。對曰。貴賤在於骨法。憂喜在於容色。成敗在於決斷。以此參之。萬不失一。韓信曰。善。先生相寡人何如。對曰。願少閒。信曰。左右去矣。通曰。相君之面。不過封侯。又危不安。相君之背。貴乃不可言。韓信曰。何謂也。蒯通曰。天下初發難也。俊雄豪傑建號一呼。天下之士。雲合霧集。魚鱗雜遝。熛至風起。當此之時。憂在亡秦而已。今楚漢分爭。使天下無罪之人。肝膽塗地。父子暴骸骨於中野。不可勝數。楚人起彭城。轉鬬逐北。至於滎陽。乘利席卷。威震天下。然兵困於京索之閒。迫西山而不能進者。三年於此矣。漢王將數十萬之衆。距鞏雒。阻山河之險。一日數戰。無尺寸之功。折北不救。敗滎陽。傷成皋。遂走宛葉之閒。此所謂智勇俱困者也。夫銳氣挫於險塞。而糧食竭於內府。百姓罷極怨望。容容無所倚。以臣料之。其勢非天下之賢聖固不能

息天下之禍當今兩主之命縣於足下足下爲漢則漢勝與楚則楚勝
臣願披腹心輸肝膽效愚計恐足下不能用也誠能聽臣之計莫若兩
利而俱存之三分天下鼎足而居其勢莫敢先動夫以足下之賢聖有
甲兵之衆據彊齊從燕趙出空虛之地而制其後因民之欲西鄉爲百
姓請命則天下風走而響應矣孰敢不聽割大弱彊以立諸侯諸侯已
立天下服聽而歸德於齊案齊之故有膠泗之地懷諸侯以德深拱揖
讓則天下之君王相率而朝於齊矣蓋聞天與弗取反受其咎時至不
行反受其殃願足下孰慮之韓信曰漢王遇我甚厚載我以其車衣我
以其衣食我以其食吾聞之乘人之車者載人之患衣人之衣者懷人
之憂食人之食者死人之事吾豈可以鄉利倍義乎蒯生曰足下自以
爲善漢王欲建萬世之業臣竊以爲誤矣始常山王成安君爲布衣時

相與爲刎頸之交後爭張黶陳澤之事二人相怨常山王背項王奉項
嬰頭而竄逃歸於漢王漢王借兵而東下殺成安君泜水之南頭足異
處卒爲天下笑此二人相與天下至驩也然而卒相禽者何也患生於
多欲而人心難測也今足下欲行忠信以交於漢王必不能固於二君
之相與也而事多大於張黶陳澤故臣以爲足下必漢王之不危己亦
誤矣大夫種范蠡存亾越霸句踐立功成名而身死亾野獸已盡而獵
狗亨夫以交友言之則不如張耳之與成安君者也以忠信言之則不
過大夫種范蠡之於句踐也此二人者足以觀矣願足下深慮之且臣
聞勇略震主者身危而功蓋天下者不賞臣請言大王功略足下涉西
河虜魏王禽夏說引兵下井陘誅成安君徇趙脅燕定齊南摧楚人之
兵二十萬東（王校東作遂）殺龍且西鄉以報此所謂功無二於天下而略不

世出者也今足下戴震主之威挾不賞之功歸楚楚人不信歸漢漢人震恐足下欲持是安歸乎夫勢在人臣之位而有震主之威名高天下竊爲足下危之韓信謝曰先生且休矣吾將念之後數日蒯通復說曰夫聽者事之候也計者事之機也聽過計失而能久安者鮮矣聽不失一二者不可亂以言計不失本末者不可紛以辭夫隨廝養之役者失萬乘之權守儋石之祿者闕卿相之位故知者決之斷也疑者事之害也審豪氂之小計遺天下之大數智誠知之決弗敢行者百事之禍也故曰猛虎之猶豫不若蜂蠆之致螫騏驥之跼躅不如駑馬之安步孟賁之狐疑不如庸夫之必至也雖有舜禹之智吟而不言不如瘖聾之指麾也此言貴能行之夫功者難成而易敗時者難得而易失也時乎時不再來願足下詳察之韓信猶豫不忍倍漢又自以爲功多漢終不

奪我齊遂謝蒯通蒯通說不聽已詳狂爲巫漢王之困固陵用張良計召齊王信遂將兵會垓下項羽已破高祖襲奪齊王軍漢五年正月徙齊王信爲楚王都下邳信至國召所從食漂母賜千金及下鄉南昌亭長賜百錢曰公小人也爲德不卒召辱己之少年令出胯下者以爲楚中尉告諸將相曰此壯士也方辱我時我寧不能殺之邪殺之無名故忍而就於此項王亾將鍾離昧家在伊盧（錢云續志作伊盧注引史記亦作盧盧廬古通用）素與信善項王死後亾歸信漢王怨昧聞其在楚詔楚捕昧信初之國行縣邑陳兵出入漢六年人有上書告楚王信反高帝以陳平計天子巡狩會諸侯南方有雲夢發使告諸侯會陳吾將游雲夢實欲襲信信弗知高祖且至楚信欲發兵反自度無罪欲謁上恐見禽人或說信曰斬昧謁上上必喜無患信見昧計事昧曰漢所以不擊取楚以昧在公所

若欲捕我以自媚於漢吾今日死公亦隨手亾矣乃罵信曰公非長者卒自剄信持其首謁高祖於陳上令武士縛信載後車信曰果若人言狡兔死（錢云小司馬本狡作郊與吳越春秋同）良狗亨高鳥盡良弓藏敵國破謀臣亾天下已定我固當亨上曰人告公反遂械繫信至雒陽赦信罪以爲淮陰侯信知漢王畏惡其能常稱病不朝從信由此日怨望居常鞅鞅羞與絳灌等列信常過樊將軍噲噲跪拜送迎言稱臣曰大王乃肯臨臣信出門笑曰生乃與噲等爲伍上常從容與信言諸將能不各有差上問曰如我能將幾何信曰陛下不過能將十萬上曰於君何如曰臣多多而益善耳上笑曰多多益善何爲爲我禽信曰陛下不能將兵而善將將此乃信之所以爲陛下禽也且陛下所謂天授非人力也陳豨拜爲鉅鹿守（錢云此時鉅鹿屬趙國漢初王國所領之郡亦置守）辭於淮陰侯淮陰侯挈其手辟左右

與之步於庭。仰天歎曰。子可與言乎。欲與子有言也。豨曰。唯將軍令之。
淮陰侯曰。公所居。天下精兵處也。而公陛下之信幸臣也。人言公之畔。
陛下必不信。再至。陛下乃疑矣。三至。必怒而自將。吾爲公從中起。天下
可圖也。陳豨素知其能也。信之。曰。謹奉教。漢十一年。陳豨果反。上自將
而往。信病不從。陰使人至豨所。曰。第舉兵。吾從此助公。信乃謀與家臣
夜詐詔赦諸官徒奴。欲發以襲呂后太子。部署已定。待豨報。其舍人得
罪於信。信囚。欲殺之。舍人弟上變。告信欲反狀於呂后。呂后欲召。恐其
黨不就。乃與蕭相國謀。詐令人從上所來。言豨已得死。列侯羣臣皆賀。
相國紿信曰。雖疾。彊入賀。信入。呂后使武士縛信。斬之長樂鍾室。信方
斬曰。吾悔不用蒯通之計。乃爲兒女子所詐。豈非天哉。遂夷信三族。高
祖已從豨軍來至。見信死。且喜且憐之。問信死亦何言。呂后曰。信言恨

不用蒯通計高祖曰是齊辯士也乃詔齊捕蒯通蒯通至上曰若教淮陰侯反乎對曰然臣固教之豎子不用臣之策故令自夷於此如彼豎子用臣之計陛下安得而夷之乎上怒曰亨之通曰嗟乎寃哉亨也上曰若教韓信反何寃對曰秦之綱絕而維弛山東大擾異姓並起英俊烏集秦失其鹿天下共逐之於是高材疾足者先得焉跖之狗吠堯堯非不仁狗固吠非其主當是時臣唯獨知韓信非知陛下也且天下鋭精持鋒欲爲陛下所爲者甚衆顧力不能耳又可盡亨之邪高帝曰置之乃釋通之罪

太史公曰吾如淮陰淮陰人爲余言韓信雖爲布衣時其志與衆異其母死貧無以葬然乃行營高敞地令其旁可置萬家余視其母冢良然假令韓信學道謙讓不伐己功不矜其能則庶幾哉於漢家勳可以比

周召太公之徒後世血食矣不務出此而天下已集乃謀畔逆夷滅宗族不亦宜乎

某案此篇以鳥盡弓藏意爲主其局勢與商君傳相類漢書霍光傳三國志諸葛恪傳皆脫胎於此

淮陰侯列傳第三十二

韓王信盧綰列傳第三十三

韓王信者。故韓襄王孽孫也。長八尺五寸。及項梁之立楚後懷王也。燕齊趙魏皆已前王。唯韓無有後。故立韓諸公子橫陽君成爲韓王。欲以撫定韓故地。項梁敗死定陶。成犇懷王。沛公引兵擊陽城。使張良以韓司徒降下韓故地。得信。以爲韓將。將其兵從沛公入武關。沛公立爲漢王。韓信從入漢中。迺說漢王曰。項王王諸將近地。而王獨遠居此。此左遷也。士卒皆山東人。跂而望歸。及其鋒東鄉。可以爭天下。漢王還定三秦。乃許信爲韓王。先拜信爲韓太尉。將兵略韓地。項籍之封諸王皆就國。韓王成以不從無功。不遣就國。更以爲列侯。及聞漢遣韓信略韓地。乃令故項籍游吳時吳令鄭昌爲韓王。以距漢。漢二年。韓信略定韓十餘城。漢王至河南。韓信急擊韓王昌陽城。昌降漢。漢王乃立韓信爲韓王。

常將韓兵從三年漢王出滎陽韓王信周苛等守滎陽及楚敗滎陽信
降楚已而得亡復歸漢漢復立以爲韓王竟從擊破項籍天下定五年
春遂與剖符爲韓王王潁川明年春上以韓信材武所王北近鞏洛南
迫宛葉東有淮陽皆天下勁兵處乃詔徙韓王信王太原以北備禦胡
都晉陽信上書曰國被邊匈奴數入晉陽去塞遠請治馬邑上許之信
乃徙治馬邑秋匈奴冒頓大圍信信數使使胡求和解漢發兵救之疑
信數閒使有二心使人責讓信信恐誅因與匈奴約共攻漢反以馬邑
降胡擊太原七年冬上自往擊破信軍銅鞮斬其將王喜信亡走匈奴
與（朱子文云多一與字）其將白土人曼丘臣王黃等立趙苗裔趙利爲王復收信
敗散兵而與信及冒頓謀攻漢匈奴使左右賢王將萬餘騎與王黃等
屯廣武以南至晉陽與漢兵戰漢大破之追至于離石後（王校刪後字）復破

之匈奴復聚兵樓煩西北漢令車騎擊破匈奴匈奴常敗走漢乘勝追
北聞冒頓居代上（王校刪上字）谷高皇帝居晉陽使人視冒頓還報曰可擊
上遂至平城上出白登匈奴騎圍上上乃使人厚遺閼氏閼氏乃說冒
頓曰今得漢地猶不能居且兩主不相戹居七日胡騎稍引去時天大
霧漢使人往來胡不覺護軍中尉陳平言上曰胡者全兵請令彊弩傅
兩矢外嚮徐行出圍入平城漢救兵亦到胡騎遂解去漢亦罷兵歸韓
信爲匈奴將兵往來擊邊漢十年信令王黃等說誤陳豨十一年春故
韓王信復與胡騎入居參合距漢漢使柴將軍擊之（鄧展曰柴奇也應劭云柴武）遺
信書曰陛下寬仁諸侯雖有畔亾而後歸輒復故位號不誅也大王所
知今王以敗亾走胡非有大罪急自歸韓王信報曰陛下擢僕起閭巷
南面稱孤此僕之幸也滎陽之事僕不能死囚於項籍此一罪也及寇

攻馬邑僕不能堅守以城降之此二罪也今反爲寇將兵與將軍爭一旦之命此三罪也夫種蠡無一罪身死亾今僕有三罪於陛下而欲求活於世此伍子胥所以僨於吳也今僕亾匿山谷閒旦暮乞貸蠻夷僕之思歸如痿人不忘起盲者不忘視也勢不可耳遂戰柴將軍屠參合斬韓王信信之入匈奴與太子俱及至穨當城生子因名曰穨當韓太子亦生子命曰嬰至孝文十四年穨當及嬰率其衆降漢漢封穨當爲弓高侯嬰爲襄城侯吳楚軍時弓高侯功冠諸將傳子至孫孫無子失侯嬰孫以不敬失侯穨當孽孫韓嫣貴幸名富顯於當世其弟說再封數稱將軍卒爲案道侯子代歲餘坐法死後歲餘說孫曾拜爲龍頟侯續說後

盧綰者豐人也與高祖同里盧綰親與高祖太上皇相愛及生男高祖盧綰同日生里中持羊酒賀兩家及高祖盧綰壯俱學書又相

愛也里中嘉兩家親相愛生子同日壯又相愛復賀兩家羊酒高祖爲
布衣時有吏事辟匿盧綰常隨出入上下及高祖初起沛盧綰以客從
入漢中爲將軍常侍中從東擊項籍以太尉常從出入臥內衣被飲食
賞賜羣臣莫敢望雖蕭曹等特以事見禮至其親幸莫及盧綰綰封爲
長安侯長安故咸陽也漢五年冬以破項籍迺使盧綰別將與劉賈擊
臨江王共尉破之七月還從擊燕王臧荼臧荼降高祖已定天下諸侯
非劉氏而王者七人欲王盧綰爲羣臣觖望及虜臧荼迺下詔諸將相
列侯擇羣臣有功者以爲燕王羣臣知上欲王盧綰皆言曰太尉長安
侯盧綰常從平定天下功最多可王燕詔許之漢五年八月乃立盧綰
爲燕王諸侯王得幸莫如燕王漢十一年秋陳豨反代地高祖如邯鄲
擊豨兵燕王綰亦擊其東北當是時陳豨使王黃求救匈奴燕王綰亦

使其臣張勝於匈奴言豨等軍破張勝至胡故燕王臧荼子衍出亡在胡見張勝曰公所以重於燕者以習胡事也燕所以久存者以諸侯數反兵連不決也今公爲燕欲急滅豨等豨等已盡次亦至燕公等亦且爲虜矣公何不令燕且緩陳豨而與胡和事寬得長王燕即有漢急可以安國張勝以爲然迺私令匈奴助豨等擊燕燕王綰疑張勝與胡反上書請族張勝勝還具道所以爲者燕王寤迺詐論它人脫勝家屬使得爲匈奴閒而陰使范齊之陳豨所欲令久亡連兵勿決漢十二年東擊黥布豨常將兵居代漢使樊噲擊斬豨其裨將降言燕王綰使范齊通計謀於豨所高祖使使召盧綰綰稱病上又使辟陽侯審食其御史大夫趙堯往迎燕王因驗問左右綰愈恐閉匿謂其幸臣曰非劉氏而王獨我與長沙耳往年春漢族淮陰夏誅彭越皆呂后計今上病屬任

呂后呂后婦人專欲以事誅異姓王者及大功臣迺遂稱病不行其左右皆亡匿語頗泄辟陽侯聞之歸具報上上益怒又得匈奴降者降者言張勝亡在匈奴爲燕使於是上曰盧綰果反矣使樊噲擊燕燕王綰悉將其宮人家屬騎數千居長城下候伺幸上病愈自入謝四月高祖崩盧綰遂將其衆亡入匈奴匈奴以爲東胡盧王綰爲蠻夷所侵奪常思復歸居歲餘死胡中高后時盧綰妻子亡降漢會高后病不能見舍燕邸爲欲置酒見之高后竟崩不得見盧綰妻亦病死孝景中六年盧綰孫他之以東胡王降封爲亞谷侯陳豨者宛朐人也（錢云地理志作宛句梁云功臣表豨以特將于前元年從起宛朐）不知始所以得從及高祖七年冬韓王信反入匈奴上至平城還迺封豨爲列侯以趙相國將監趙代邊兵邊兵皆屬焉豨常告歸過趙趙相周昌見豨賓客隨之者十餘乘邯鄲官舍皆滿豨所

此下發明高帝英略絕精采

以待賓客如布衣交皆出客下豨還之代周昌迺求入見見上具言豨賓客盛甚擅兵於外數歲恐有變上乃令人覆案豨客居代者財物諸不法事多連引豨豨恐陰令客通使王黃曼丘臣所及高祖十年七月太上皇崩使人召豨豨稱病甚九月遂與王黃等反自立爲代王劫略趙代上聞迺赦趙代吏人爲豨所詿誤劫略者皆赦之上自往至邯鄲喜曰豨不南據漳水北守邯鄲知其無能爲也趙相奏斬常山守尉曰常山二十五城豨反亾其二十城上問曰守尉反乎對曰不反上曰是力不足也赦之復以爲常山守尉上問周昌曰趙亦有壯士可令將者乎對曰有四人四人謁上謾罵曰豎子能爲將乎四人慙伏上封之各千戶以爲將左右諫曰從入蜀漢伐楚功未徧行今此何功而封上曰非若所知陳豨反邯鄲以北皆豨有吾以羽檄徵天下兵未有至者今

獨邯鄲中兵耳吾胡愛四千戶封四人不以慰趙子弟皆曰善於是上
曰陳豨將誰曰王黃曼丘臣皆故賈人上曰吾知之矣迺各以千金購
黃臣等十一年冬漢兵擊斬陳豨將侯敞王黃於曲逆下（史詮云王黃二字衍下云生得王黃）
破豨將張春於聊城斬首萬餘太尉勃入定太原代地十二月上
自擊東垣東垣不下卒罵上東垣降卒罵者斬之不罵者黥之更命東
垣爲眞定王黃曼丘臣其麾下受購賞之皆生得以故陳豨軍遂敗上
還至洛陽上曰代居常山北趙迺從山南有之遠迺立子恒爲代王都
中都代鴈門皆屬代高祖十二年冬樊噲軍卒追斬豨於靈丘
太史公曰韓信盧綰非素積德累善之世徼一時權變以詐力成功遭
漢初定故得列地南面稱孤內見疑彊大外倚蠻貊以爲援是以日疏
自危事窮志困卒赴匈奴豈不哀哉陳豨梁人其少時數稱慕魏公子

此譏高帝之失計韓盧疑之過遲陳豨治之過急白登之圍計之未孰破豨則計得矣皆於此句結之

及將軍守邊招致賓客而下士名聲過實周昌疑之疵瑕頗起懼禍及身邪人進說遂陷無道於戲悲夫夫計之生孰成敗於人也深矣

某案此篇以邊將失人爲主

韓王信盧綰列傳第三十三

田儋列傳第三十四

田儋者狄人也故齊王田氏族也儋從弟田榮榮弟田橫皆豪宗彊能得人陳涉之初起王楚也使周市略定魏地北至狄狄城守田儋詳爲縛其奴從少年之廷欲謁殺奴見狄令因擊殺令而召豪吏子弟曰諸侯皆反秦自立齊古之建國儋田氏當王遂自立爲齊王發兵以擊周市周市軍還去用儋因率兵東略定齊地秦將章邯圍魏王咎於臨濟急魏王請救於齊齊王田儋將兵救魏章邯夜銜枚擊大破齊魏軍殺田儋於臨濟下儋弟田榮收儋餘兵走東阿齊人聞王田儋死迺立故齊王建之弟田假爲齊王田角爲相田閒爲將以距諸侯田榮之走東阿章邯追圍之項梁聞田榮之急迺引兵擊破章邯軍東阿下章邯走而西項梁因追之而田榮怒齊之立假迺引兵歸擊逐齊王假假亾走

此意例所謂如水之㴱而
逮縱也

楚齊相角亾走趙角弟田閒前求救趙因畱不敢歸田榮乃立田儋子市爲齊王榮相之田横爲將平齊地項梁既追章邯章邯兵益盛項梁使使告趙齊發兵共擊章邯田榮曰使楚殺田假趙殺田角田閒迺肯出兵楚懷王曰田假與國之王窮而歸我殺之不義趙亦不殺田角田閒以市於齊齊曰蝮螫手則斬手螫足則斬足何者爲害於身也今田假田角田閒於楚趙非直手足戚也何故不殺且秦復得志於天下則齮齕用事者墳墓矣楚趙不聽齊亦怒終不肯出兵章邯果敗殺項梁破楚兵楚兵東走而章邯渡河圍趙於鉅鹿項羽往救趙由此怨田榮項羽既存趙降章邯等西屠咸陽滅秦而立侯王也迺徙齊王田市更王膠東治卽墨齊將田都從共救趙因入關故立都爲齊王治臨淄故齊王建孫田安項羽方渡河救趙田安下濟北數城引兵降項羽項羽

立田安為濟北王治博陽田榮以負項梁不肯出兵助楚趙攻秦故不得王趙將陳餘亦失職不得王二人俱怨項王項王既歸諸侯各就國田榮使人將兵助陳餘令反趙地而榮亦發兵以距擊田都田都亾走楚田榮畱齊王市無令之膠東市之左右曰項王彊暴而王當之膠東不就國必危市懼迺亾就國田榮怒追擊殺齊王市於卽墨還攻殺濟北王安於是田榮迺自立為齊王盡并三齊之地項王聞之大怒迺北伐齊齊王田榮兵敗走平原平原人殺榮項王遂燒夷齊城郭所過者盡屠之齊人相聚畔之榮弟橫收齊散兵得數萬人反擊項羽於城陽而漢王率諸侯敗楚入彭城項羽聞之迺醳齊而歸擊漢於彭城因連與漢戰相距滎陽以故田橫復得收齊城邑立田榮子廣為齊王而橫相之專國政政無巨細皆斷於相

橫定齊三年漢王使酈生往說下齊

王廣及其相國橫橫以爲然解其歷下軍漢將韓信引兵且東擊齊齊初使華無傷田解軍於歷下以距漢漢使至迺罷守戰備縱酒且遣使與漢平漢將韓信已平趙燕用蒯通計度平原襲破齊歷下軍因入臨淄齊王廣相橫怒以酈生賣己而亨酈生齊王廣東走高密相橫走博陽（梁云漢書作博是也博屬泰山郡若博陽則爲汝南之縣）守相田光走城陽將軍田既軍於膠東楚使龍且救齊齊王與合軍高密漢將韓信與曹參破殺龍且虜齊王廣漢將灌嬰追得齊守相田光至博陽而橫聞齊王死自立爲齊王還擊嬰嬰敗橫之軍於嬴下田橫亾走梁歸彭越彭越是時居梁地中立且爲漢且爲楚韓信已殺龍且因令曹參進兵破殺田既於膠東使灌嬰破殺齊將田吸於千乘韓信遂平齊乞自立爲齊假王漢因而立之後歲餘漢滅項籍漢王立爲皇帝以彭越爲梁王田橫懼誅而與其徒

此下摹寫極生色意例所
云但若閙熱處就溢出精
神來者也

屬五百餘人入海居島中高帝聞之以爲田橫兄弟本定齊齊人賢者
多附焉今在海中不收後恐爲亂迺使使赦田橫罪而召之田橫因謝
曰臣亨陛下之使酈生今聞其弟酈商爲漢將而賢臣恐懼不敢奉詔
請爲庶人守海島中使還報高皇帝迺詔衛尉酈商曰齊王田橫即至
人馬從者敢動搖者致族夷迺復使使持節具告以詔商狀曰田橫來
大者王小者迺侯耳不來且舉兵加誅焉田橫迺與其客二人乘傳詣
雒陽未至三十里至尸鄉廄置橫謝使者曰人臣見天子當洗沐止留
謂其客曰橫始與漢王俱南面稱孤今漢王爲天子而橫迺爲亾虜而
北面事之其恥固已甚矣且吾亨人之兄與其弟竝肩而事其主縱彼
畏天子之詔不敢動我我獨不媿於心乎且陛下所以欲見我者不過
欲一見吾面貌耳今陛下在雒陽今斬吾頭馳三十里閒形容尚未能

此兩人田橫韓信

此兩人安期生蒯通

敗猶可觀也遂自剄令客奉其頭從使者馳奏之高帝高帝曰嗟乎有以也夫起自布衣兄弟三人更王豈不賢乎哉爲之流涕而拜其二客爲都尉發卒二千人以王者禮葬田橫既葬二客穿其冢旁孔皆自剄下從之高帝聞之迺大驚以田橫之客皆賢吾聞其餘尙五百人在海中使使召之至則聞田橫死亦皆自殺於是迺知田橫兄弟能得士也

太史公曰甚矣蒯通之謀亂齊驕淮陰其卒亾此兩人蒯通者善爲長短說論戰國之權變爲八十一首通善齊人安期生安期生嘗干項羽項羽不能用其筴已而項羽欲封此兩人兩人終不肯受亾去田橫之高節賓客慕義而從橫死豈非至賢余因而列焉無不善畫者莫能圖何哉

某案此篇以兄弟更王爲主用高帝嗟歎之言收拾通篇末幅叙田

橫賓客從死尤生色
昌黎爲文祭田橫蓋亦感史公此文而作也

田儋列傳第三十四

史記九十四

樊酈滕灌列傳第三十五

舞陽侯樊噲者。沛人也。以屠狗爲事。與高祖俱隱。初從高祖起豐。攻下沛。高祖爲沛公。以噲爲舍人。從攻胡陵方與。還守豐。擊泗水監豐下。破之。復東定沛。破泗水守薛西。與司馬𡰥戰碭東。卻敵。斬首十五級。賜爵國大夫。常從。沛公擊章邯軍濮陽。攻城先登。斬首二十三級。賜爵列大夫。常從。從攻城陽。先登。下戶牖。破李由軍。斬首十六級。賜上閒爵。梁云索隱本作上聞與漢書同如淳引呂覽下賢篇天子賞魏文侯以上聞爵爲證張晏曰得徑上聞也從攻圉圉漢書作圍某案圉是東郡守尉於成武。卻敵。斬首十四級。捕虜十一人。賜爵五大夫。從擊秦軍。出亳南。河閒守軍於杠里。破之。擊破趙賁軍開封北。以卻敵先登。斬候一人。首六十八級。捕虜二十七人。賜爵卿。從攻破楊熊軍於曲遇。攻宛陵。先登。斬首八級。捕虜四十四人。賜爵封號賢成君。從攻長社轘轅。

絕河津•東攻秦軍於尸•南攻秦軍於犨•破南陽守齮於陽城•東攻宛城•
先登•西至酈•以卻敵•斬首二十四級•捕虜四十人•賜重封•攻武關•至霸
上•斬都尉一人•首十級•捕虜百四十六人•降卒二千九百人•項羽在戲
下•欲攻沛公•沛公從百餘騎•因項伯面見項羽•謝無有閉關事•項羽既
饗軍士•中酒•亞父謀欲殺沛公•令項莊拔劍舞坐中•欲擊沛公•項伯常
肩蔽之•時獨沛公與張良得入坐•樊噲在營外•聞事急•乃持鐵盾入到
營•營衛止噲•噲直撞入•立帳下•項羽目之•問為誰•張良曰沛公參乘樊
噲•漢書句下有也字 項羽曰•壯士•賜之卮酒彘肩•噲既飲酒•拔劍切肉食盡之•
項羽曰•能復飲乎•噲曰•臣死且不辭•豈特卮酒乎•且沛公先入定咸陽•
暴師霸上•以待大王•大王今日至•聽小人之言•與沛公有隙•臣恐天下
解•心疑大王也•項羽默然•沛公如廁•麾樊噲去•既出•沛公留車騎•獨騎

一馬。與（與字衍漢書無）樊噲等四人步從。從閒道山下歸走霸上軍。而使張良謝項羽。項亦因遂已。無誅沛公之心矣。是日微樊噲犇入營。誚（譙）讓項羽。沛公事幾殆。明日。項羽入屠咸陽。立沛公為漢王。漢王賜噲爵為列侯。號臨武侯。（錢云戰國策趙有臨武君）遷為郎中。從入漢中。還定三秦。別擊西丞白水北。雍輕車騎於雍南。（某案雍輕車騎雍斄城雍皆國名章邯所封也今漢書本作擁火之雍輕車騎於雍南者承上別擊西丞句為文而省一擊字也）破之。從攻雍斄城。先登。擊章平軍好畤。攻城先登陷陣。斬縣令丞各一人。首十一級。虜二十人。遷郎中騎將。從擊秦車騎壤東。卻敵。遷為將軍。攻趙賁。下郿槐里柳中咸陽。灌廢丘。最。至櫟陽。賜食邑杜之樊鄉。從攻項籍。屠煮棗。擊破王武程處軍於外黃。攻鄒魯瑕丘。薛。項羽敗漢王於彭城。盡復取魯梁地。噲還至滎陽。益食平陰二千戶。以將軍守廣武。一歲。項羽引而東。從高祖擊項籍。下陽夏。虜楚周將軍卒四千人。圍項籍於陳。大破之。屠胡陵。項籍既死。漢王爲帝。以噲堅守戰有功。益食八百戶。從高帝攻反燕王臧荼。虜荼。定燕地。楚王韓信反。噲從至陳。取信。定楚。更賜爵列侯。與諸侯剖符。世世勿絕。食舞陽。號爲舞陽侯。除前所食。以將軍從高祖攻反韓王信於代。自霍人以往至雲中。與絳侯等共定之。益食千五百戶。因擊陳豨與曼丘臣軍。戰襄國。破柏人。先登。降定清河、常山凡二十七縣。殘東垣。遷爲左丞相。破得綦毋卬、尹潘軍於無終、廣昌。破豨別將胡人王黃軍於代南。因擊韓信軍於參合。軍所將卒斬韓信。破豨胡騎橫谷。斬將軍趙既。虜代丞相馮梁、守孫奮、大將王黃、將軍、太卜太卜二字漢書作大將一人四字太僕解福等十人。與諸將共定代鄉邑七十三。其後燕王盧綰反。噲以相國擊盧綰。破其丞相抵薊南。定燕地。凡縣十八。鄉邑五十一。益食邑千三百戶。定食舞陽五千四百戶從斬首百七十六級虜二百八十八人別破軍七下城五定郡六縣五十二得丞相一人將軍十二人二千石已下至三百石十一人噲以呂后女弟呂須爲婦生子伉故其比諸將最親先黥布反時高祖嘗病甚惡見人臥禁中詔戶者無得入羣臣羣臣絳灌等莫敢入十餘日噲乃排闥直入大臣隨之上獨枕一宦者臥噲等見上流涕曰始陛下與臣等起豐沛定天下何其壯也今天下已定又何憊也且陛下病甚大臣震恐不見臣等計事顧獨與一宦者絕乎且陛下獨不見趙高之事乎高帝笑而起其後盧綰反高帝使噲以相國擊燕是時高帝病甚人有惡噲黨於呂氏即上一日宮車晏駕則噲欲以兵盡誅滅戚氏趙王如意之屬高帝聞之大怒乃使陳平載絳侯代將而即軍中斬噲陳平畏呂后執噲詣長安至則高祖已崩呂后釋噲使復爵邑孝惠六年樊

噲卒諡爲武侯子伉代侯而伉母呂須亦爲臨光侯（梁云當作林光）高后時用事專權大臣盡畏之伉代侯九歲高后崩大臣誅諸呂呂須媼屬因誅伉舞陽侯中絕數月孝文帝既立乃復封噲他庶子市人爲舞陽侯復故爵邑市人立二十九歲卒諡爲荒侯子他廣代侯六歲侯家舍人得罪他廣怨之乃上書曰荒侯市人病不能爲人令其夫人與其弟亂而生他廣他廣實非荒侯子不當代後（某案此誣獄也觀後贊則他廣與太史公交又明習漢事者）詔下吏孝景中六年他廣奪侯爲庶人國除曲周侯酈商者高陽人（梁云酈氏居陳留郡雍邱縣高陽鄉非涿郡高陽縣也）陳勝起時商聚少年東西略人得數千沛公略地至陳留六月餘商以將卒四千人屬沛公於岐從攻長社先登賜爵封信成君從沛公攻緱氏絕河津破秦軍洛陽東從攻下宛穰定十七縣別將攻旬關定漢中項羽滅秦立沛公爲漢王漢王賜商爵信成君

劉奉世云商先封信成君此君當、作侯以將軍爲隴西都尉。別將定北地上郡。破雍將軍焉氏。周類軍栒邑。蘇駔軍於泥陽。賜食邑武成六千戶。以隴西都尉從擊項籍軍。五月。出鉅野。與鍾離眛戰疾。鬭。受梁相國印。益食邑四千戶。以梁相國將從擊項羽二歲三月。攻胡陵。項羽既已死。漢王爲帝。其秋燕王臧荼反。商以將軍從。擊荼。戰龍脫。錢云趙世家孝成王十九年以龍兌與燕龍脫即龍兌也脫亦有兌音先登陷陣。破荼軍易下。卻敵。遷爲右丞相。賜爵列侯。與諸侯剖符。世世勿絕。食邑涿五十戶。號曰涿侯。以右丞相別定上谷。因攻代。受趙相國印。以右丞相趙相國別與絳侯等定代鴈門。得代丞相程縱。守相郭同。將軍已下至六百石十九人。還。以將軍爲太上皇衛一歲七月。以右丞相擊陳豨。殘東垣。又以右丞相從高帝擊黥布。攻其前拒。陷兩陳。得以破布軍。更食曲周五千一百戶。除前所食。凡某案凡下疑脫從破降城邑都數今漢書

亦脫

別破軍三•降定郡六•縣七十三•得丞相守相大將各一人•小將二人•二千石已下至六百石十九人•商事孝惠•高后時•商病不治•其子寄•字況•與呂祿善•及高后崩•大臣欲誅諸呂•呂祿爲將軍•軍於北軍•太尉勃不得入北軍•於是乃使人刼酈商•令其子況紿呂祿•呂祿信之•故與出游•而太尉勃乃得入據北軍•遂誅諸呂•是歲商卒•謚爲景侯•子寄代侯•天下稱酈況賣交也•孝景前三年•吳楚齊趙反•上以寄爲將軍•圍趙城•十月不能下•得俞侯欒布自平齊來•乃下趙城•滅趙•王自殺•除國•孝景中二年•寄欲取平原君姊爲夫人•君下依漢書補姊字景帝怒•下寄吏•有罪奪侯•景帝乃以商他子堅封爲繆侯•續酈氏後•繆靖侯卒•子康侯遂成立•遂成卒•子懷侯世宗立•世宗卒•子侯終根立•爲太常•坐法國除•汝陰侯夏侯嬰•沛人也•爲沛廄司御•每送使客還•過沛泗上亭•與高祖語•未嘗不

移日也。嬰已而試補縣吏。與高祖相愛。高祖戲而傷嬰。人有告高祖。高祖時為亭長。重坐傷人。告故不傷嬰。嬰證之。後獄覆。嬰坐高祖繫歲餘。掠笞數百。終以是脫高祖。高祖之初與徒屬欲攻沛也。嬰時以縣令史為高祖使。上降沛一日。高祖為沛公。賜嬰爵七大夫。以為太僕。從攻胡陵。嬰與蕭何降泗水監平。平以胡陵降。賜嬰爵五大夫。從擊秦軍碭東。攻濟陽。下戶牖。破李由軍雍丘下。以兵車趣攻戰疾。破之（破之二字依漢書補）賜爵執帛。常以太僕奉車從擊章邯軍東阿濮陽下。以兵車趣攻戰疾破之。賜爵執珪。復常奉車從擊趙賁軍開封。楊熊軍曲遇。嬰從捕虜六十八人。降卒八百五十人。得印一匱。因復常奉車從擊秦軍雒陽東。以兵車趣攻戰疾。賜爵封轉為滕公。因復奉車從攻南陽。戰於藍田芷陽。以兵車趣攻戰疾。至霸上。項羽至。滅秦。立沛公為漢王。漢王賜嬰爵列侯。

號昭平侯。復爲太僕。從入蜀漢。還定三秦。從擊項籍。至彭城。項羽大破漢軍。漢王敗。不利。馳去。見孝惠魯元。載之。漢王急。馬罷。虜在後。常蹶兩兒欲弃之。嬰常收。竟載之。徐行面雍樹乃馳。漢王怒。行欲斬嬰者十餘。卒得脫。而致孝惠魯元於豐。漢王既至滎陽。收散兵。復振。賜嬰食祈陽。梁云徐廣祈作沂是也漢書水經注幷作沂復常奉車從擊項籍下邑。下邑二字依漢書補追至陳。卒定楚。至魯。益食茲氏。漢王立爲帝。其秋。燕王臧荼反。嬰以太僕從擊荼。明年。從至陳。取楚王信。更食汝陰。剖符世世勿絕。以太僕從擊代。至武泉雲中。益食千戶。因從擊韓信軍胡騎晉陽旁。大破之。追北至平城。爲胡所圍。七日不得通。高帝使使厚遺閼氏。冒頓開圍一角。高帝出欲馳。嬰固徐行。弩皆持滿外向。卒得脫。益食嬰細陽千戶。復以太僕從擊胡騎句注北。大破之。以太僕擊胡騎平城南。三陷陳。功爲多。賜所奪邑五，百戶。以太僕從（從字依漢書補）擊陳豨黥布軍。陷陳卻敵。益食千戶。定食汝陰六千九百戶。除前所食。嬰自上初起沛。常爲太僕。竟高祖崩。以太僕事孝惠。孝惠帝及高后德嬰之脫孝惠魯元於下邑閒也。（邑下依漢書減之字）乃賜嬰縣北第第一。曰近我。以尊異之。孝惠帝崩。以太僕事高后。高后崩。代王之來。嬰以太僕與東牟侯入淸宮。廢少帝。以天子法駕迎代王代邸。與大臣共立爲孝文皇帝。復爲太僕。八歲卒。諡爲文侯。子夷侯竈立。七年卒。子共侯賜立。三十一年卒。子侯頗尚平陽公主。立十九歲。元鼎二年。坐與父御婢姦罪。自殺。國除。潁陰侯灌嬰者。睢陽販繒者也。高祖之爲沛公。略地至雍丘下。章邯敗殺項梁。而沛公還軍於碭。嬰初以中涓從擊破東郡尉於成武。及秦軍於扛里。疾鬭。賜爵七大夫。從攻秦軍亳南開封曲遇。戰疾力。賜爵執帛。號宣陵君。從攻陽武以西至雒陽。破秦軍尸北。北絕河津。南破南陽守齮陽城東。遂定南陽郡。西入武關。戰於藍田。疾力至霸上。賜爵執珪。號昌文君。沛公立爲漢王。拜嬰爲郎中。從入漢中。十月。拜爲中謁者。從還定三秦。下櫟陽。降塞王。還圍章邯於廢丘。未拔。從東出臨晉關。擊降殷王。定其地。擊項羽將龍且魏相項他軍定陶南。疾戰。破之。賜嬰爵列侯。號昌文侯。食杜平鄉。復以中謁者從降下碭。以北（北字依漢書補）至彭城。項羽擊。大破漢王。漢王遁而西。嬰從還。軍於雍丘。王武魏公申徒反。從擊破之。攻下外（外字依漢書補）黃。西收兵。軍於滎陽。楚騎來衆。漢王乃擇軍中可爲車騎將者。皆推故秦騎士重泉人李必駱甲習騎兵。今爲校尉。可爲騎將。漢王欲拜之。必甲曰。臣故秦民。恐軍不信臣。臣願得大王左右善騎者傅之。灌嬰雖少。然數力戰。乃拜灌嬰爲中大夫。令李必駱甲爲左右校尉。將郎中騎兵擊楚騎於滎陽東。大破之●受詔別擊楚軍後●絕其餉道●起陽武至襄邑●擊項羽之將項冠於魯下●破之●所將卒斬右司馬騎將各一人●擊破柘公王武軍於燕西●所將卒斬樓煩將五人●連尹一人●擊王武別將桓嬰白馬下●破之●所將卒斬都尉一人●以騎渡河南●送漢王到雒陽●使北迎相國韓信軍於邯鄲●還至敖倉●嬰遷爲御史大夫●三年●以列侯食邑杜平鄉●劉奉世云前已爲列侯食杜平鄉矣疑駢出以御史大夫受詔將郎中騎兵●東屬相國韓信●擊破齊軍於歷下●所將卒虜車騎將軍華毋傷及將吏四十六人●降下臨菑●得齊守相田光●追齊相田橫至嬴博●破其騎●所將卒斬騎將一人●生得騎將四人●攻下嬴博●破齊將軍田吸於千乘●所將卒斬吸●東從韓信攻龍且留公旋於高密●梁云高密漢書作假密索隱不知假密所在曹相國世家作上假密田儋傳作高密徐廣云高一作假今青州府諸城縣有假密亭卒斬龍且●生得右司馬連尹各一人●樓煩將十人●身生得亞將周

蘭。齊地已定。韓信自立爲齊王。使嬰別將擊楚將公杲於魯北。破之。轉南破薛郡長。身虜騎將一人。攻博陽。（梁云博乃傅之誤）前至下相以東南僮取慮徐。度淮。盡降其城邑。至廣陵。項羽使項聲薛公郯公復定淮北。嬰度淮北。擊破項聲郯公下邳。斬薛公。下下邳。擊破楚騎於平陽。遂降彭城。虜柱國項佗。降留薛沛酇蕭相。攻苦譙。復得亞將周蘭。與漢王會頤鄉。從擊項籍軍於陳下。破之。所將卒斬樓煩將二人。虜騎將八人。賜益食邑二千五百戶。項籍敗垓下去也。嬰以御史大夫受詔將車騎別追項籍至東城。破之。所將卒五人共斬項籍。皆賜爵列侯。降左右司馬各一人。卒萬二千人。盡得其軍將吏。下東城歷陽。渡江。破吳郡長吳下。（某案前有薛郡長顏監云時每郡置長是也郡長非令非守）得吳守。遂定吳豫章會稽郡。（梁云豫章乃鄣郡之誤）還定淮北。凡五十二縣。漢王立爲皇帝。賜益嬰邑三千戶。其秋。以車騎將軍從擊破燕王臧荼。明年從至陳。取楚王信。還。剖符世世勿絕。食潁陰二千五百戶。號曰潁陰侯。以車騎將軍從擊反韓王信於代。至馬邑。受詔別降樓煩以北六縣。斬代左相。破胡騎於武泉北。復從擊韓信胡騎晉陽下。所將卒斬胡白題將一人。受詔幷將燕趙齊梁楚車騎。擊破胡騎於硰石。至平城。爲胡所圍。從還軍東垣。從擊陳豨。受詔別攻豨丞相侯敞軍曲逆下。破之。卒斬敞。及特將五人。降曲逆盧奴上曲陽安國安平。攻下東垣。黥布反。以車騎將軍先出。攻布別將於相。破之。斬亞將樓煩將三人。又進擊破布上柱國軍。（軍字衍漢書無）及大司馬軍。又進破布別將肥誅。（梁云徐廣云誅作銖與漢書同）嬰身生得左司馬一人。所將卒斬其小將十人。追北至淮上。益食二千五百戶。布已破。高帝歸。定令嬰食潁陰五千戶。除前所食邑。凡從得二千石二人。別破軍十六。降城四十六。定國一。郡二縣五十二。得將軍二人。柱國相國各一人。二千石十人。嬰自破布歸。高帝崩。嬰以列侯事孝惠帝及呂太后。太后崩。呂祿等以趙王自置爲將軍。軍長安。爲亂。齊哀王聞之。舉兵西。且入誅不當爲王者。上將軍呂祿等聞之。乃遣嬰爲大將。將軍往擊之。嬰行至滎陽。乃與絳侯等謀。因屯兵滎陽。風齊王以誅呂氏事。齊兵止不前。絳侯等既誅諸呂。齊王罷兵歸。嬰亦罷兵自滎陽歸。與絳侯陳平共立代王爲孝文皇帝。孝文皇帝於是益封嬰三千戶。賜黃金千斤。拜爲太尉。三歲。絳侯勃免相就國。嬰爲丞相。罷太尉官。是歲匈奴大入北地上郡。令丞相嬰將騎八萬五千往擊匈奴。匈奴去。濟北王反。詔乃罷嬰之兵。後歲餘。嬰以丞相卒。謚曰懿侯。子平侯阿代侯。（梁云阿乃何之誤）二十八年卒。子彊代侯。十二年。彊有罪絕二歲。元光三年。天子封灌嬰孫賢爲臨汝侯。續灌氏後。八歲。坐行賕有罪。國除。

太史公曰。吾適豐沛。問其遺老。觀故蕭曹樊噲滕公之家。及其素。異哉所聞。方其鼓刀屠狗賣繒之時。豈自知附驥之尾。垂名漢庭。德流子孫哉。余與他廣通。爲言高祖功臣之興時若此云。

某案此篇以四人戰功爲主與敘曹參周勃戰事略同皆撮敘功狀不載方略此太史公所以爲峻潔也

樊酈滕灌列傳第三十五

此傳以丞相爲主御史大夫丞相之階級故以御史大夫貫穿之蓋張蒼之前御史大夫無爲丞相者故歷叙以反照蒼嘉耳前半方叙御史大夫不能遽及

張丞相列傳第三十六

張丞相蒼者。陽武人也。好書律厤。秦時爲御史。主柱下方書。有罪亾歸。及沛公略地過陽武。蒼以客從攻南陽。蒼坐法當斬。解衣伏質。身長大肥白如瓠。時王陵見而怪其美士。乃言沛公。赦勿斬。遂從西入武關。至咸陽。沛公立爲漢王。入漢中。還定三秦。陳餘擊走常山王張耳。耳歸漢。漢乃以張蒼爲常山守。從淮陰侯擊趙。蒼得陳餘。趙地已平。漢王以蒼爲代相。備邊寇。已而徙爲趙相相趙王耳。耳卒。相趙王敖。復徙相代王。燕王臧荼反。高祖往擊之。蒼以代相從攻臧荼有功。以六年中封爲北平侯。食邑千二百戶。遷爲計相。一月。更以列侯爲主計四歲。是時蕭何爲相國。而張蒼乃自秦時爲柱下史。明習天下圖書計籍。蒼又善用算律厤。故令蒼以列侯居相府。領主郡國上計者。黥布反亾。漢立皇子長

丞相恐致散漫故以蕭何
爲相國引起

爲淮南王。而張蒼相之十四年。遷爲御史大夫。周昌者。沛人也。其從兄曰周苛。秦時皆爲泗水卒史。及高祖起沛。擊破泗水守監。於是周昌周苛自卒史從沛公。沛公以周昌爲職志。周苛爲客。從入關破秦。沛公立爲漢王。以周苛爲御史大夫。周昌爲中尉。漢王四年。楚圍漢王滎陽急。漢王遁出去。而使周苛守滎陽城。楚破滎陽城。欲令周苛將。苛罵曰。若趣降漢王。不然。今爲虜矣。項羽怒。亨周苛。漢王（二字依漢書補）於是乃拜周昌爲御史大夫。常從擊破項籍。以六年中與蕭曹等俱封。封周昌爲汾陰侯。周苛子周成。以父死事。封爲高景侯。昌爲人彊力。敢直言。自蕭曹等皆卑下之。昌嘗燕時入奏事。高帝方擁戚姬。昌還走。高帝逐得。騎周昌項。問曰。我何如主也。昌仰曰。陛下卽桀紂之主也。於是上笑之。然尤憚周昌。及帝欲廢太子。而立戚姬子如意爲太子。大臣固爭之。莫能得。上

周昌趙堯皆以戚夫人母子一事穿敘此處自周昌折入趙堯可謂飛行絕迹

以留侯策即止。而周昌廷爭之彊。上問其說。昌爲人吃。又盛怒。曰。臣口不能言。然臣期期知其不可。陛下雖欲廢太子。臣期期不奉詔。上欣然而笑。既罷。呂后側耳於東箱聽。見周昌。爲跪謝曰。微君。太子幾廢。是後戚姬子如意爲趙王。年十歲。高祖憂即萬歲之後不全也。（王云即猶或也）趙堯年少。爲符璽御史。趙人方與公謂御史大夫周昌曰。君之史趙堯。年雖少。然奇才也。君必異之。是且代君之位。周昌笑曰。堯年少。刀筆吏耳。何能至是乎。居頃之。趙堯侍高祖。高祖獨心不樂。悲歌。羣臣不知上之所以然。趙堯進請問（宋祁云問疑作間）曰。陛下所爲不樂。非爲趙王年少而戚夫人與呂后有郤邪。（邪字衍漢書無）備萬歲之後而趙王不能自全乎。高祖曰。然。吾私憂之。不知所出。堯曰。陛下獨宜爲趙王置貴彊相。及呂后太子羣臣素所敬憚者。（者字依漢書補）乃可。高祖曰。然。吾念之欲如是。而羣臣誰可者。

堯曰。御史大夫周昌。其人有堅忍質直。且自呂后太子及大臣。皆素敬憚之。獨昌可。高祖曰。善。於是乃召周昌謂曰。吾欲固煩公。公彊爲我相趙王。周昌泣曰。臣初起從陛下。陛下獨奈何中道而弃之於諸侯乎。高祖曰。吾極知其左遷。然吾私憂趙王。念非公無可者。公不得已彊行。於是徙御史大夫周昌爲趙相。既行久之。高祖持御史大夫印弄之曰。誰可以爲御史大夫者。孰視趙堯曰。無以易堯。遂拜趙堯爲御史大夫。堯亦前有軍功食邑。及以御史大夫從擊陳豨有功。封爲江邑侯。高祖崩。呂太后使使召趙王。其相周昌令王稱疾不行。使者三反。周昌固爲不遣趙王。於是高后患之。乃使使召周昌。周昌至。謁高后。高后怒而罵周昌曰。爾不知我之怨戚氏乎。而不遣趙王。何。昌既徵。高后使使召趙王。趙王果來。至長安月餘。飲藥而死。周昌因謝病不朝見。三歲而死。後五歲。高后聞御史大夫江邑侯趙堯高祖時定趙王如意之畫。乃抵堯罪。以廣阿侯任敖爲御史大夫。任敖者。故沛獄吏。高祖嘗辟吏。吏繫呂后。遇之不謹。任敖素善高祖。怒。擊傷主呂后吏。及高祖初起。敖以客從爲御史。守豐二歲。高祖立爲漢王。東擊項籍。敖遷爲上黨守。陳豨反時。敖堅守。封爲廣阿侯。食千八百戶。高后時爲御史大夫。三歲免。以平陽侯曹窋爲御史大夫。高后崩。不與大臣共誅呂祿等。免。歸云漢書高后崩與大臣共誅諸呂後坐事免考呂后紀漢書爲是以淮南相張蒼爲御史大夫。蒼與絳侯等尊立代王爲孝文皇帝。四年。丞相灌嬰卒。張蒼爲丞相。自漢興至孝文二十餘年。會天下初定。將相公卿皆軍吏。張蒼爲計相時。緒正律麻。以高祖十月始至霸上。因故秦時本以十月爲歲首。弗革。推五德之運。以爲漢當水德之時。尚黑如故。吹律調樂。入入毛本作人案人字是之音聲。及以比定律令。若百

張蒼德王陵節此爲事外繫帶亦見蒼在相位無能發明功名而拳拳於私恩也

工天下作程品至於爲丞相卒就之故漢家言律厤者本之張蒼蒼本好書無所不觀無所不通而尤善律厤張蒼德王陵王陵者安國侯也及蒼貴常父事王陵陵死後蒼爲丞相洗沐常先朝陵夫人上食然後敢歸家蒼爲丞相十餘年魯人公孫臣上書言漢土德時其符有黃龍當見詔下其議張蒼張蒼以爲非是罷之其後黃龍見成紀於是文帝召公孫臣以爲博士草土德之厤制度更元年張丞相由此自絀謝病稱老蒼任人爲中候大爲姦利上以讓蒼蒼遂病免蒼爲丞相十五歲而免孝景年前五年蒼卒謚爲文侯子康侯代八年卒子類代爲侯王云類類之謁也集韵類顯拜與職同音八年坐臨諸侯喪後就位不敬國除初張蒼父長不滿五尺及生蒼蒼長八尺餘爲侯丞相蒼子復長及孫類長六尺餘坐法失侯蒼之免相後老口中無齒食乳女子爲乳母妻妾以百數嘗孕

者不復幸。蒼年百有餘歲而卒。申屠丞相嘉者。梁人。以材官蹶張從高帝擊項籍。遷爲隊率。從擊黥布軍。爲都尉。孝惠時。爲淮陽守。孝文帝元年。舉故吏士二千石從高皇帝者。悉以爲關內侯。食邑二十四人。而申屠嘉食邑五百戶。張蒼已爲丞相。嘉遷爲御史大夫。張蒼免相。孝文帝欲用皇后弟竇廣國爲丞相。曰。恐天下以吾私廣國。廣國賢有行。故欲相之。念久之不可。而高帝時大臣又皆多死。餘見無可者。乃以御史大夫嘉爲丞相。因故邑封爲故安侯。嘉爲人廉直。門不受私謁。是時太中大夫鄧通方隆愛幸。賞賜累巨萬。文帝嘗燕飲通家。其寵如是。是時丞相入朝。而通居上傍。有怠慢之禮。丞相奏事畢。因言曰。陛下愛幸臣。則富貴之。至於朝廷之禮。不可以不肅。上曰。君勿言。吾私之。罷朝坐府中。嘉爲檄召鄧通詣丞相府。不來且斬通。通恐。入言文帝。文帝曰。汝第往。

吾今使人召若。通至丞相府。免冠徒跣頓首謝。嘉坐自如。故不爲禮。責曰。夫朝廷者。高皇帝之朝廷也。通小臣。戲殿上。大不敬。當斬。吏今行斬之。通頓首。首盡出血。不解。文帝度丞相已困通。使使持節召通。而謝丞相曰。此吾弄臣。君釋之。鄧通既至。爲文帝泣曰。丞相幾殺臣。嘉爲丞相五歲。孝文帝崩。孝景帝卽位。二年。鼂錯爲內史。貴幸用事。諸法令多所請變更。議以謫罰侵削諸侯。而丞相嘉自絀所言不用。疾錯。錯爲內史門東出不便。更穿一門南出。南出者。太上皇廟堧垣。嘉聞之。欲因此以法錯擅穿宗廟垣爲門。奏請誅錯。錯客有語錯。錯恐。夜入宮上謁。自歸景帝。至朝。丞相奏請誅內史錯。景帝曰。錯所穿非眞廟垣。乃外堧垣。故他（王校他改冗）官居其中。且又我使爲之。錯無罪。罷朝。嘉謂長史曰。吾悔不先斬錯。乃先請之。爲錯所賣。至舍。因歐血而死。諡爲節侯。子共侯蔑代。

三年卒。子侯去病代。三十一年卒。子侯臾代。六歲。坐爲九江太守受故官送。有罪國除。自申屠嘉死之後。景帝時。開封侯陶青。桃侯劉舍爲丞相。及今上時。柏至侯許昌。平棘侯薛澤。武彊侯莊青翟。高陵侯趙周等爲丞相。皆以列侯繼嗣。娖娖廉謹。爲丞相備員而已。無所能發明功名有著於當世者。

太史公曰。張蒼文學律厤。爲漢名相。而絀賈生公孫臣等言正朔服色事。而不遵。明用秦之顓頊厤。何哉。周昌。木彊人也。任敖以舊德用。申屠嘉可謂剛毅守節矣。然無術學。殆與蕭曹陳平異矣。

孝武時丞相多甚。不記。莫錄其行起居狀略。且紀征和以來。有車丞相。長陵人也。卒而有韋丞相代。韋丞相賢者。魯人也。以讀書術爲吏。至大鴻臚。有相工相之。當至丞相。有男四人。使相工相之。至第二子。其名玄成。相工曰。此子貴。當封。韋丞相言曰。我即爲丞相。有長子。是安從得之。後竟爲丞相。病死而長子有罪。論不得嗣。而立玄成。玄成時佯狂。不肯立。竟立之。有讓國之名。後坐騎至廟不敬。有詔奪爵一級。爲關內侯。失列侯。得食其故國邑。韋丞相卒。有魏丞相代。魏丞相相者。濟陰人也。以文吏至丞相。其人好武。皆令諸吏帶劍。帶劍前奏事。或有不帶劍者。當入奏事。至乃借劍而敢入奏事。其時京兆尹趙君。丞相奏以免罪。使人執魏丞相。欲求脫罪。而不聽。復使人脅恐魏丞相。以夫人賊殺侍婢事而私獨奏請驗之。發吏卒至丞相舍。捕奴婢笞擊問之。實不以兵刃殺也。而丞相司直繁君奏京兆尹趙君迫脅丞相。誣以夫人賊殺婢。發吏卒圍捕丞相舍。不道。又得擅屏騎士事。趙京兆坐要斬。又有使掾陳平等劾中尚書。疑以獨擅劫事。而坐之大不敬。長史以下皆坐死。或下蠶室。而魏丞相竟以丞相病死。子嗣。後坐騎至廟不敬。有詔奪爵一級。爲關內侯。失列侯。得食其故國邑。魏丞相卒。以御史大夫邴吉代。邴丞相吉者。魯國人也。以讀書好法令。至御史大夫。孝宣帝時。以有舊故。封爲列侯。而因爲丞相。明於事。有大智。後世稱之。以丞相病死。子顯嗣。後坐騎至廟不敬。有詔奪爵一級。失列侯。得食故國邑。顯爲吏至太僕。坐官秏亂。身及子男有姦贓。免爲庶人。邴丞相卒。黃丞相代。長安中有善相工田文者。與韋丞相魏丞相邴丞相微賤時。會於客家。田文言曰。今此三君者。皆丞相也。其後三人竟更相代爲丞相。何見之明也。黃丞相霸者。淮陽人也。以讀書爲吏。至潁川太守。治潁川。以禮義條教喻告化之。犯法者。風曉令自殺。化大行。名聲聞。孝宣帝下制曰。潁川太守霸。以宣布詔令。治民。道不拾遺。男女異路。獄中無重囚。賜爵關內侯。黃金百斤。

徵為京兆尹。而至丞相。復以禮義為治。以丞相病死。子嗣後為列侯。黃丞相卒。以御史大夫于定國代。于丞相已有廷尉傳在張廷尉語中。于丞相去。御史大夫韋玄成代。韋丞相玄成者。即前韋丞相子也。代父後失列侯。其人少時好讀書。明於詩論語。為吏至衛尉。徙為太子太傅。御史大夫薛君免。為御史大夫。于丞相乞骸骨免。而為丞相。因封故邑為扶陽侯。數年病死。孝元帝親臨喪。賜賞甚厚。子嗣後。其治容容隨世俗浮沈。而見謂諂巧。而相工本謂之當為侯代父。而後失之。復自游宦而起。至丞相。父子俱為丞相。世間美之。豈不命哉。相工其先知之。韋丞相卒。御史大夫匡衡代。丞相匡衡者。東海人也。好讀書。從博士受詩。家貧衡傭作以給食飲。才下。數射策不中。至九。乃中丙科。其終以不中科故明習。補平原文學卒史。數年。郡不尊敬。御史徵之。以補百石屬。薦為郎。

而補博士。拜爲太子少傅。而事孝元帝。孝元好詩。而遷爲光祿勳。居殿中爲師。授教左右。而縣官坐其旁聽。甚善之。日以尊貴。御史大夫鄭弘坐事免。而匡君爲御史大夫。歲餘。韋丞相死。匡君代爲丞相。封樂安侯。以十年之閒。不出長安城門。而至丞相。豈非遇時而命也哉。太史公曰。深惟士之游宦所以至封侯者。微甚。然多至御史大夫即去者。諸爲大夫而丞相次也。其心冀幸丞相物故也。或乃陰私相毀害。欲代之。然守之日久不得。或爲之日少而得之。至於封侯。眞命也夫。御史大夫鄭君守之數年不得。匡君居之。未滿歲。而韋丞相死。即代之矣。豈可以智巧得哉。多有賢聖之才。困戹不得者衆甚也。

某案此篇以發明功名爲主見張蒼之文不如申徒嘉之無學蒼之學最善者爲律歷然其用歷已誤矣其他可知也嘉之剛毅後無繼

者蕭曹陳平亦無嘉比也周昌木彊與嘉相發故詳著之

張丞相列傳第三十六

史記九十六

酈生陸賈列傳第三十七

酈生食其者。陳留高陽人也。好讀書。家貧落魄。無以爲衣食業。爲里監門吏。然縣中賢豪不敢役。縣中皆謂之狂生。及陳勝項梁等起。諸將徇地過高陽者數十人。酈生聞其將皆握齱好苛禮自用。不能聽大度之言。酈生乃深自藏匿。後聞沛公將兵略地陳留郊。沛公麾下騎士適酈生里中子也。沛公時時問邑中賢士豪俊。騎士歸。酈生見謂之曰。吾聞沛公慢而易人。多大略。此眞吾所願從游。莫爲我先。若見沛公。謂曰。臣里中有酈生。年六十餘。長八尺。人皆謂之狂生。生自謂我非狂生。騎士曰。沛公不好儒。諸客冠儒冠來者。沛公輒解其冠。溲溺其中。與人言。常大罵。未可以儒生（生一作上）說也。酈生曰。弟言之。騎士從容言如酈生所誡者。沛公至高陽傳舍。使人召酈生。酈生至。入謁。沛公方倨牀使兩女子洗足而見酈生酈生入則長揖不拜曰足下欲助秦攻諸侯乎且欲率諸侯破秦也沛公罵曰豎儒夫天下同苦秦久矣故諸侯相率而攻秦何謂助秦攻諸侯乎酈生曰必聚徒合義兵誅無道秦不宜倨見長者於是沛公輟洗起攝衣延酈生上坐謝之酈生因言六國從橫時沛公喜賜酈生食問曰計將安出酈生曰足下起糾合之衆收散亂之兵不滿萬人欲以徑入強秦此所謂探虎口者也夫陳留天下之衝四通五達之郊也今其城又多積粟臣善其令請得使之令下足下即不聽足下舉兵攻之臣爲內應於是遣酈生行沛公引兵隨之遂下陳留號酈食其爲廣野君酈生言其弟酈商使將數千人從沛公西南略地酈生常爲說客馳使諸侯漢三年秋項羽擊漢拔滎陽漢兵遁保鞏洛楚人聞淮陰侯破趙彭越數反梁地則分兵救之淮陰方東擊齊漢王數困

滎陽成皋計欲捐成皋以東屯鞏洛以拒楚酈生因曰臣聞知天之天者王事可成不知天之天者王事不可成王者以民（本作民人依漢書刪人字索隱無民字但作人下句同）爲天而民以食爲天夫敖倉天下轉輸久矣臣聞其下迺有藏粟甚多楚人拔滎陽不堅守敖倉迺引而東令適卒分守成皋此乃天所以資漢也方今楚易取而漢反郤自奪其便臣竊以爲過矣且兩雄不俱立楚漢久相持不決百姓騷動海內搖蕩農夫釋耒工女下機天下之心未有所定也願足下急復進兵收取滎陽據敖倉之粟塞成皋之險杜大行之道距蜚狐之口守白馬之津以示諸侯效實形制之勢則天下知所歸矣方今燕趙已定惟齊未下（通鑑考異云史漢皆以食其勸取敖倉及請說齊合爲一事獨新序分爲二分爲二者是）今田廣據千里之齊田閒將二十萬之衆軍於歷城諸田宗彊負海阻河濟南近楚人多變詐足下雖遣數十萬師未可

以歲月破也臣請得奉明詔說齊王使爲漢而稱東藩上曰善迺從其
畫復守敖倉而使酈生說齊王曰王知天下之所歸乎王曰不知也曰
王知天下之所歸則齊國可得而有也若不知天下之所歸卽齊國未
可得保也齊王曰天下何所歸曰歸漢曰先生何以言之曰漢王與項
王戮力西面擊秦約先入咸陽者王之漢王先入咸陽項王負約不與
而王之漢中項王遷殺義帝漢王聞之起蜀漢之兵擊三秦出關而責
義帝之處收天下之兵立諸侯之後降城卽以侯其將得賂卽以分其
士與天下同其利豪英賢才皆樂爲之用諸侯之兵四面而至蜀漢之
粟方船而下項王有倍約之名殺義帝之負於人之功無所記於人之
罪無所忘戰勝而不得其賞拔城而不得其封非項氏莫得用事爲人
刻印刓而不能授攻城得賂積而不能賞天下畔之賢才怨之而莫爲

之用。故天下之士歸於漢王。可坐而策也。夫漢王發蜀漢。定三秦。涉西河之外。拔上黨之兵。下井陘。誅成安君。破北魏。舉三十二城。此蚩尤之兵也。非人之力也。天之福也。今已據敖倉之粟。塞成皐之險。守白馬之津。杜大行之阪。距蜚狐之口。天下後服者先亾矣。王疾先下漢王。齊國社稷可得而保也。不下漢王。危亾可立而待也。田廣以爲然。迺聽酈生。罷歷下兵守戰備。與酈生日縱酒。淮陰侯聞酈生伏軾下齊七十餘城。迺夜度兵平原襲齊。齊王田廣聞漢兵至。以爲酈生賣己。迺曰。汝能止漢軍。我活汝。不然。我將亨汝。酈生曰。舉大事不細謹。盛德不辭讓。而公不爲若更言。齊王遂亨酈生。引兵東走。漢十二年。曲周侯酈商以丞相將兵擊黥布有功。高祖舉列侯功臣。思酈食其。酈食其子酈疥數將兵。功未當侯。上以其父故。封疥爲高粱侯。後更食武遂。嗣三世。元狩元年

中武遂侯平坐詐詔衡山王取百斤金當弃市病死國除也

陸賈者楚人也以客從高祖定天下名爲有口辯士居左右常使諸侯及高祖時中國初定尉他平南越因王之高祖使陸賈賜尉他印爲南越王陸生至尉他魋結箕倨見陸生陸生因進說他曰足下中國人親戚昆弟墳墓在眞定今足下反天性弃冠帶欲以區區之越與天子抗衡爲敵國禍且及身矣且夫秦失其政諸侯豪傑竝起惟漢王先入關據咸陽項羽倍約自立爲西楚霸王諸侯皆屬可謂至彊然漢王起巴蜀鞭笞天下刼略諸侯遂誅項羽滅之五年之閒海內平定此非人力天之所建也天子聞君王王南越不助天下誅暴逆將相欲移兵而誅王天子憐百姓新勞苦故且休之遣臣授君王印剖符通使君王宜郊迎北面稱臣迺欲以新造未集之越屈彊於此漢誠聞之掘燒王先人冢夷滅宗

族使一偏將將十萬衆臨越則越殺王降漢如反覆手耳於是尉他迺
蹶然起坐謝陸生曰居蠻夷中久殊失禮義因問陸生曰我孰與蕭何
曹參韓信賢陸生曰王似賢復曰我孰與皇帝賢陸生曰皇帝起豐沛
討暴秦誅彊楚爲天下興利除害繼五帝三皇之業統理中國中國之
人以億計地方萬里居天下之膏腴人衆車轝萬物殷富政由一家自
天地剖泮未始有也今王衆不過數十萬皆蠻夷崎嶇山海閒譬若漢
一郡王何乃比於漢尉他大笑曰吾不起中國故王此使我居中國何
渠不若漢迺大說陸生留與飲數月曰越中無足與語至生來令我日
聞所不聞賜陸生橐中裝直千金他送亦千金陸生卒拜尉他爲越王
令稱臣奉漢約歸報高祖大悅拜賈爲太中大夫陸生時時前說稱詩
書高帝罵之曰迺公居馬上而得之安事詩書陸生曰居馬上得之寧

可以馬上治之乎且湯武逆取而以順守之文武並用長久之術也昔
者吳王夫差智伯極武而亾秦任刑法不變卒滅趙氏鄉使秦已并天
下行仁義法先聖陛下安得而有之高帝不懌而有慚色迺謂陸生曰
試爲我著秦所以失天下吾所以得之者何及古成敗之國陸生迺麤
述存亾之徵凡著十二篇每奏一篇高帝未嘗不稱善左右呼萬歲號
其書曰新語孝惠帝時呂太后用事欲王諸呂畏大臣有口者陸生自
度不能爭之迺病免家居以好時田地善可以家焉有五男迺出所使
越得橐中裝賣千金分其子子二百金令爲生產陸生常安車駟馬從
歌舞鼓琴瑟侍者十人寶劍直百金謂其子曰與汝約過汝汝給吾人
馬酒食極欲十日而更所死家得寶劍車騎侍從者一歲中往來過他
客率不過再三過數見不鮮無久慁公爲也呂太后時王諸呂諸呂擅

權欲刧少主危劉氏右丞相陳平患之力不能爭恐禍及己常燕居深念陸生往請直入坐而陳丞相方深念不時見陸生陸生曰何念之深也陳平曰生揣我何念陸生曰足下位爲上相食三萬戶侯可謂極富貴無欲矣然有憂念不過患諸呂少主耳陳平曰然爲之柰何陸生曰天下安注意相天下危注意將將相和調則士務附士務附天下雖有變卽權不分（漢書重權不分三字毛本同）爲社稷計在兩君掌握耳臣常欲謂太尉絳侯絳侯與我戲易吾言君何不交驩太尉深相結爲陳平畫呂氏數事陳平用其計迺以五百金爲絳侯壽厚具樂飲太尉亦報如之此兩人深相結則呂氏謀益衰陳平迺以奴婢百人車馬五十乘錢五百萬遺陸生爲飲食費陸生以此游漢廷公卿閒名聲藉甚及誅諸呂立孝文帝陸生頗有力焉孝文帝卽位欲使人之南越陳丞相等乃言陸生

爲太中大夫往使尉他令尉他去黃屋稱制令比諸侯皆如意旨語在南越語中陸生竟以壽終平原君朱建者楚人也故嘗爲淮南王黥布相有辠去後復事黥布布欲反時問平原君平原君非之布不聽而聽梁父侯遂反漢已誅布聞平原君諫不與謀得不誅語在黥布語中（梁云布傳無朱建語）平原君爲人辯有口刻廉剛直家於長安行不苟合義不取容辟陽侯行不正得幸呂太后時辟陽侯欲知平原君平原君不肯見及平原君母死陸生素與平原君善過之平原君家貧未有以發喪方假貸服具陸生令平原君發喪陸生往見辟陽侯賀曰平原君母死辟陽侯曰平原君母死何乃賀我乎陸賈曰前日君侯欲知平原君平原君義不知君以其母故今其母死君誠厚送喪則彼爲君死矣辟陽侯乃奉百金往稅列侯貴人以辟陽侯故往稅凡五百金辟陽侯幸呂太后

人或毀辟陽侯於孝惠帝孝惠帝大怒下吏欲誅之呂太后慙不可以言大臣多害辟陽侯行欲遂誅之辟陽侯急因使人欲見平原君平原君辭曰獄急不敢見君迺求見孝惠帝幸臣閎籍孺說之曰君所以得幸帝天下莫不聞今辟陽侯幸太后而下吏道路皆言君讒欲殺之今日辟陽侯誅旦日太后含怒亦誅君君(依漢書補君字)何不肉袒為辟陽侯言於帝帝聽君出辟陽侯太后大驩兩主共幸君君貴富益倍矣於是閎籍孺大恐從其計言帝果出辟陽侯辟陽侯之囚欲見平原君平原君不見辟陽侯辟陽侯以為倍己大怒及其成功出之迺大驚呂太后崩大臣誅諸呂辟陽侯於諸呂至深而卒不誅計畫所以全者皆陸生平原君之力也孝文帝時淮南厲王殺辟陽侯以黨(黨字依漢書補)諸呂故文帝聞其客平原君為計策使吏捕欲治聞吏至門平原君欲自殺諸子及

吏皆曰事未可知何早自殺為平原君曰我死禍絕不及而身矣遂自剄孝文帝聞而惜之曰吾無意殺之迺召其子拜為中大夫使匈奴單于無禮迺罵單于遂死匈奴中

初沛公引兵過陳留酈生踵軍門上謁曰高陽賤民酈食其竊聞沛公暴露將兵助楚討不義敬勞從者願得望見口畫天下便事使者入通沛公方洗問使者曰何如人也使者對曰狀貌類大儒衣儒衣冠側注沛公曰為我謝之言我方以天下為事未暇見儒人也使者出謝曰沛公敬謝先生方以天下為事未暇見儒人也酈生瞋目案劍叱使者曰走復入言沛公吾高陽酒徒也非儒人也使者懼而失謁跪拾謁還走復入報曰客天下壯士也叱臣臣恐至失謁曰走復入言而公高陽酒徒也沛公遽雪足杖矛曰延客入酈生入揖沛公曰足下甚苦暴衣露

冠將兵助楚討不義。足下何不自喜也。臣願以事見。而曰吾方以天下爲事。未暇見儒人也。夫足下欲興天下之大事。而成天下之大功。而以目皮相。恐失天下之能士。且吾度足下之智不知吾。勇又不如吾。若欲就天下而不相見。竊爲足下失之。沛公謝曰。鄉者聞先生之容。今見先生之意矣。迺延而坐之。問所以取天下者。酈生曰。夫足下欲成大功。不如止陳留。陳留者。天下之據衝也。兵之會地也。積粟數千萬石。城守甚堅。臣素善其令。願爲足下說之。不聽。臣請爲足下殺之。而下陳留。足下將陳留之衆。據陳留之城。而食其積粟。招天下之從兵。從兵已成。足下橫行天下。莫能有害足下者矣。沛公曰。敬聞命矣。於是酈生迺夜見陳留令。說之曰。夫秦爲無道。而天下畔之。今足下與天下從。則可以成大功。今獨爲亾秦嬰城而堅守。臣竊爲足下危之。陳留令曰。秦灋至重也不可以妄言妄言者無類吾不可以應先生所以教臣者非臣之意也願勿復道酈生留宿臥夜半時斬陳留令首踰城而下報沛公沛公引兵攻城縣令首於長竿以示城上人曰趣下而令頭已斷矣今後下者必先斬之於是陳留人見令已死遂相率而下沛公沛公舍陳留南城門上因其庫兵食積粟留出入三月從兵以萬數遂入破秦歸云初沛公引兵以下文類褚先生所補者梁云御覽引楚漢春秋與此正同歸氏失考

太史公曰世之傳酈生書多曰漢王已拔三秦東擊項籍而引軍於鞏洛之閒酈生被儒衣往說漢王迺非也自沛公未入關與項羽別而至高陽得酈生兄弟今讀陸生新語書十二篇固當世之辯士至平原君子與余善是以得具論之

某案此篇以辨說爲主

酈生陸賈列傳第三十七

史記九十七

傅靳蒯成列傳第三十八　史記九十八

陽陵侯傅寬以魏五大夫騎將從爲舍人起橫陽從攻安陽杠里擊趙賁軍於開封及擊楊熊曲遇陽武斬首十二級賜爵卿從至霸上沛公立爲漢王漢王（漢書不重此二字）賜寬封號共德君從入漢中遷爲右騎將從定三秦賜食邑雕陰從擊項籍待懷賜爵通德侯從擊項冠周蘭龍且所將卒斬騎將一人敖下益食邑屬淮陰擊破齊歷下軍擊田解屬相國參殘博益食邑因定齊地剖符世世勿絕封爲陽陵侯二千六百戶除前所食爲齊右丞相備齊五歲爲齊相國四月擊陳豨屬太尉勃以相國代丞相噲擊豨一月徙爲代相國將屯二歲爲代丞相將屯孝惠五年卒諡爲景侯子頃侯精立二十四年卒子共侯則立十二年卒子侯偃立三十一年坐與淮南王謀反死國除

信武侯靳歙以中涓從起

宛朐。攻濟陽。破李由軍。擊秦軍亳南開封東北。斬騎千人〔十〕。(梁云如淳曰騎將率號為千人漢儀注邊郡置部候都尉千人司馬候也)將一人。首五十七級。捕虜七十三人。賜爵封號臨平君。又戰藍田北。斬車司馬二人。騎長一人。首二十八級。捕虜五十七人。至霸上。沛公立為漢王。賜歙爵建武侯。遷為騎都尉。從定三秦。別西擊章平軍於隴西。破之。定隴西六縣。所將卒斬車司馬候各四人。騎長十二人。從東擊楚。至彭城。漢軍敗還。保雍丘。去擊反者王武等。略梁地。別將(漢書將作西)擊邢說軍菑南。破之。身得說都尉二人。司馬候十二人。降吏卒四千六(局本作一此依漢書)百八十人。破楚軍滎陽東。三年。賜食邑四千二百戶。別之河內。擊趙將賁郝軍朝歌。破之。所將卒得騎將二人。車馬二百五十匹。從攻安陽以東。至棘蒲。下七(漢書七作十)縣。別攻破趙軍。得其將司馬二人。候四人。降吏卒二千四百人。從攻下邯鄲。別下平陽。身斬守相所將卒斬兵守郡守各一人。案郡下衍守各二字漢書作兵守郡李奇云或以爲郡守也字反耳索隱不言漢書異同知史記本與漢書不異集解所引孟康注卽晉灼注也無各一人之說降鄴。從攻朝歌邯鄲。及別擊破趙軍。降邯鄲郡六縣。還軍敖倉。破項籍軍成皐南。擊絕楚饟道。起滎陽。至襄邑。破項冠軍魯下。略地東至繒郯下邳。南至蘄竹邑。擊項悍濟陽下。還擊項籍陳下。破之。別定江陵。降江陵柱國大司馬以下八人。身得江陵王。生致之雒陽。因定南郡。從至陳。取楚王信。剖符世世勿絕。定食四千六百戶。號信武侯。以騎都尉從擊代。攻韓信平城下。還軍東垣。有功。還爲車騎將軍。幷將梁趙齊燕楚車騎。別擊陳豨丞相敞。破之。因降曲逆。從擊黥布。有功。益封定食五千三百戶。凡斬首九十級。虜百三漢書三作四十二人。別破軍十四。降城五十九。定郡國各一。縣二十三。得王柱國各一人。二千石以下至五百石三十九人。高后五年。歆卒。諡爲肅侯子亭代侯二十一年坐事國人過律孝文後三年奪侯國除蒯成侯緤者（梁云蒯當作剻）沛人也姓周氏常爲高祖參乘以舍人從起沛至霸上西入蜀漢還定三秦食邑池陽東絕甬道（某案句有脫文當依漢書云從東擊項羽滎陽絕甬道）從出度平陰遇淮陰侯兵襄國軍乍利乍不利終無離上心以緤爲信武侯食邑三千三百戶高祖十二年上以緤爲蒯成侯（句上依漢書增上字）除前所食邑上欲自擊陳豨蒯成侯泣曰始秦攻破天下未嘗自行今上常自行是爲無人可使者乎上以爲愛我賜入殿門不趨殺人不死至孝文五年緤以壽終諡爲貞侯子昌代侯有罪國除至孝景中二年封緤子居代侯至元鼎三年居爲太常有罪國除

太史公曰陽陵侯傅寬信武侯靳歙皆高爵從高祖起山東攻項籍誅殺名將破軍降城以十數未嘗困辱此亦天授也蒯成侯周緤操心堅

正身不見疑上欲有所之未嘗不垂涕比（本作此依集解校改）有傷心者然可謂篤厚君子矣

某案此篇以天授爲主三人皆駑下而功多如此此亦如高帝之得天下同爲命之適然傅靳皆敘戰功蒯成獨見意蒯成如此卽傅靳可知此所謂妙遠也

傅靳蒯成列傳第三十八

劉敬叔孫通列傳第三十九

劉敬者。齊人也。漢五年。戍隴西。過洛陽。高帝在焉。婁敬脫輓輅。衣其羊裘。見齊人虞將軍曰。臣願見上言便事。虞將軍欲與之鮮衣。婁敬曰。臣衣帛衣帛見。衣褐衣褐見。終不敢易衣。於是虞將軍入言上。上召入見。賜食。已而問婁敬。婁敬說曰。陛下都洛陽。豈欲與周室比隆哉。上曰。然。婁敬曰。陛下取天下。與周室異。周之先。自后稷。堯封之邰。積德累善十有餘世。公劉避桀居豳。太王以狄伐故去豳。杖馬箠。居岐。國人爭隨之。及文王爲西伯。斷虞芮之訟。始受命。呂望伯夷自海濱來歸之。武王伐紂。不期而會孟津之上。八百諸侯。皆曰紂可伐矣。遂滅殷。成王即位。周公之屬傅相焉。迺營成周洛邑。以此爲天下之中也。諸侯四方納貢職。道里均矣。有德則易以王。無德則易以亾。凡居此者。欲令周務以德致人不欲依阻險。令後世驕奢以虐民也。及周之盛時。天下和洽。四夷鄉風。慕義懷德。附離而竝事天子。不屯一卒。不戰一士。八夷大國之民莫不賓服。効其貢職。及周之衰也。分而爲兩。天下莫朝。周不能制也。非其德薄也。而形勢弱也。今陛下起豐沛。收卒三千人。以之徑往。而卷蜀漢。定三秦。與項羽戰滎陽。爭成皐之口。大戰七十。小戰四十。使天下之民。肝腦塗地。父子暴骨中野。不可勝數。哭泣之聲未絕。傷痍者未起。而欲比隆於成康之時。臣竊以爲不侔也。且夫秦地被山帶河。四塞以爲固。卒然有急。百萬之衆可具也。因秦之故。資甚美膏腴之地。此所謂天府者也。陛下入關而都之。山東雖亂。秦之故地可全而有也。夫與人鬬。不搤其肮。拊其背。未能全其勝也。今陛下入關而都。案秦之故地。此亦搤天下之肮而拊其背也。高帝問羣臣。羣臣皆山東人。爭言周王數百年。

此及叔孫通傳皆以留侯
呂后緯絡之以爲章法

秦二世即亾不如都周上疑未能決及留侯明言入關便即日車駕西都關中於是上曰本言都秦地者婁敬婁者乃劉也賜姓劉氏拜爲郎中號爲奉春君漢七年韓王信反高帝自往擊之至晉陽聞信與匈奴欲共擊漢上大怒使人使匈奴匈奴匿其壯士肥牛馬但見老弱及羸畜使者十輩來皆言匈奴可擊上使劉敬復往使匈奴還報曰兩國相擊此宜夸矜見所長今臣往徒見羸瘠老弱此必欲見短伏奇兵以爭利愚以爲匈奴不可擊也是時漢兵已踰句注二漢書作三十餘萬兵已業行上怒罵劉敬曰齊虜以口舌得官今迺妄言沮吾軍械繫敬廣武遂往至平城匈奴果出奇兵圍高帝白登七日然後得解高帝至廣武赦敬曰吾不用公言以困平城吾皆以斬前使十輩言可擊者矣迺封敬二千戶爲關內侯號爲建信侯高帝罷平城歸韓王信亾入胡當是時

歸云父可殺也乃欲以子
壻外孫羈縻之有是理邪

冒頓爲單于兵彊控弦三（漢書作四）十萬數苦北邊上患之問劉敬劉敬曰
天下初定士卒罷於兵未可以武服也冒頓殺父代立妻羣母以力爲
威未可以仁義說也獨可以計久遠子孫爲臣耳然恐陛下不能爲上
曰誠可何爲不能顧爲奈何劉敬對曰陛下誠能以適長公主妻之厚
奉遺之彼知漢適女送厚蠻夷必慕以爲閼氏生子必爲太子代單于
何者貪漢重幣陛下以歲時漢所餘彼所鮮數問遺因使辯士風諭以
禮節冒頓在固爲子壻死則外孫爲單于豈嘗聞外孫敢與大父抗禮
者哉兵可無戰以漸臣也若陛下不能遣長公主而令宗室及後宮詐
稱公主彼亦知不肯貴近無益也高帝曰善欲遣長公主呂后日夜泣
曰妾惟太子（漢書太子上有一字）一女奈何弃之匈奴上竟不能遣長公主而取
家人子名爲長公主妻單于使劉敬往結和親約劉敬從匈奴來因言

匈奴河南白羊樓煩王去長安近者七百里輕騎一日一夜可以至秦中秦中新破少民地肥饒可益實夫諸侯初起時非齊諸田楚昭屈景莫能興今陛下雖都關中實少人北近胡寇東有六國之族宗彊一日有變陛下亦未得高枕而臥也臣願陛下徙齊諸田楚昭屈景燕趙韓魏後及豪桀名家居關中無事可以備胡諸侯有變亦足率以東伐此彊本弱末之術也上曰善迺使劉敬徙所言關中十餘萬口叔孫通者薛人也秦時以文學徵待詔博士數歲陳勝起山東使者以聞二世召博士諸儒生問曰楚戍卒攻蘄入陳於公如何博士諸生三十餘人前曰人臣無將將即反罪死無赦願陛下急發兵擊之二世怒作色叔孫通前曰諸生言皆非也夫天下合為一家毀郡縣城鑠其兵示天下不復用且明主在其上法令具於下使（漢書作吏男閻生謹案吏字當是）人人奉職四方

輻輳安敢有反者此特羣盜鼠竊狗盜耳何足置之齒牙閒郡守尉今捕論何足憂二世喜曰善盡問諸生諸生或言反或言盜於是二世令御史案諸生言反者下吏非所宜言諸言盜者皆罷之迺賜叔孫通帛二十匹衣一襲拜爲博士叔孫通已出宮反舍諸生曰先生何言之諛也通曰公不知也我幾不脫於虎口迺亾去之薛薛已降楚矣及項梁之薛叔孫通從之敗於定陶從懷王懷王爲義帝徙長沙叔孫通留事項王漢二年漢王從五諸侯入彭城叔孫通降漢王漢王敗而西因竟從漢叔孫通儒服漢王憎之迺變其服服短衣楚製漢王喜叔孫通之降漢從儒生弟子百餘人然通無所言進專言諸故羣盜壯士進之弟子皆竊罵曰事先生數歲幸得從降漢今不能進臣等專言大猾何也叔孫通聞之迺謂曰漢王方蒙矢石爭天下諸生寧能鬭乎故先言斬

將搴旗之士。諸生且待我。我不忘矣。漢王拜叔孫通爲博士。號稷嗣君。
漢五年。已并天下。諸侯共尊漢王爲皇帝於定陶。叔孫通就其儀號。高帝悉去秦苛儀法。爲簡易。羣臣飲酒爭功。醉或妄呼。拔劍擊柱。高帝患之。叔孫通知上益厭之也。說上曰。夫儒者難與進取。可與守成。臣願徵魯諸生。與臣弟子共起朝儀。高帝曰。得無難乎。叔孫通曰。五帝異樂。三王不同禮。禮者因時世人情爲之節文者也。故夏殷周之禮所因損益可知者。謂不相復也。臣願頗采古禮與秦儀雜就之。上曰。可試爲之。令易知。度吾所能行爲之。於是叔孫通使徵魯諸生三十餘人。魯有兩生不肯行。曰。公所事者且十主。皆面諛以得親貴。今天下初定。死者未葬。傷者未起。又欲起禮樂。禮樂所由起。積德百年而後可興也。吾不忍爲公所爲。公所爲不合古。吾不行。公往矣。無汙我。叔孫通笑曰。若眞鄙儒

也不知時變遂與所徵三十人西及上左右爲學者與其弟子百餘人
爲緜蕞野外習之月餘叔孫通曰上可試觀上既觀使行禮曰吾能爲
此迺令羣臣習肄會十月漢七年長樂宮成諸侯羣臣皆朝十月儀先
平明謁者治禮引以次入殿門廷中陳車騎步卒衛宮設兵張旗志（志集
解一作幟）傳言趨殿下郎中俠陛陛數百人功臣列侯諸將軍軍吏以次陳
西方東鄉文官丞相以下陳東方西鄉大行設九賓臚句傳於是皇帝
輦出房百官執職（漢書職作幟）傳警引諸侯王以下至吏六百石以次奉賀
自諸侯王以下莫不振恐肅敬至禮畢復置法酒諸侍坐殿上皆伏抑
首以尊卑次起上壽觴九行謁者言罷酒御史執法舉不如儀者輒引
去竟朝置酒無敢讙譁失禮者於是高帝曰吾迺今日知爲皇帝之
貴也迺拜叔孫通爲太常賜金五百斤叔孫通因進曰諸弟子儒生隨

臣久矣與臣共爲儀願陛下官之高帝悉以爲郎叔孫通出皆以五百斤金賜諸生諸生迺皆喜曰叔孫生誠聖人也知當世之要務漢九年高帝徙叔孫通爲太子太傅漢十二年高祖欲以趙王如意易太子叔孫通諫上曰昔者晉獻公以驪姬之故廢太子立奚齊晉國亂者數十年爲天下笑秦以不蚤定扶蘇令趙高得以詐立胡亥自使滅祀此陛下所親見今太子仁孝天下皆聞之呂后與陛下攻苦食啖（集解一作淡）其可背哉陛下必欲廢適而立少臣願先伏誅以頸血汙地高帝曰公罷矣吾直戲耳叔孫通曰太子天下本本一搖天下振動奈何以天下爲戲高帝曰吾聽公言及上置酒見留侯所招客從太子入見上迺遂無易太子志矣高帝崩孝惠即位迺謂叔孫生曰先帝園陵寢廟羣臣莫能習徙爲太常定宗廟儀法及稍定漢諸儀法漢諸儀法皆叔孫生爲

太常所論著也孝惠帝爲東朝長樂宮及閒往來數蹕煩人（漢書人作民）迺作複道方築武庫南叔孫生奏事因請閒曰陛下何自築複道高寢衣冠月出游高廟高廟漢太祖奈何令後世子孫乘宗廟道上行哉孝惠帝大懼曰急壞之叔孫生曰人主無過舉今已作百姓皆知之今壞此則示有過舉願陛下爲原廟渭北衣冠月出游之益廣多宗廟大孝之本也上迺詔有司立原廟原廟起以複道故孝惠帝曾春出游離宮叔孫生曰古者有春嘗果方今櫻桃孰可獻願陛下出因取櫻桃獻宗廟上迺許之諸果獻由此興

太史公曰語曰千金之裘非一狐之腋也臺榭之榱非一木之枝也三代之際非一士之智也信哉夫高祖起微細定海內謀計用兵可謂盡之矣然而劉敬脫輓輅一說建萬世之安智豈可專邪叔孫通希世度

務制禮進退與時變化卒爲漢家儒宗大直若詘道固委蛇蓋謂是乎

某案此篇以與時變化爲主

劉敬叔孫通同傳以二人所爲皆在謀計用兵之外者

劉敬叔孫通列傳第三十九

季布欒布列傳第四十

季布者•楚人也•為氣任俠•注俠甹也索隱甹音普名反其義難喩 錢云•說文甹•俠也三輔謂輕財•者為甹有名於楚•項籍使將兵•數窘漢王•及項羽滅•高祖購求布千金•敢有舍匿•罪及三族•季布匿濮陽周氏•周氏曰•漢購將軍急•迹且至臣家•將軍能聽臣•臣敢獻計•即不能•願先自剄•季布許之•迺髡鉗季布•衣褐衣•置廣柳車中•幷與其家僮數十人•之魯朱家所賣之•朱家心知是季布•迺買而置之田•誡其子曰•田事聽此奴•必與同食•朱家迺乘軺車之洛陽•見汝陰侯滕公•滕公留朱家飲數日•因謂滕公曰•季布何大罪•而上求之急也•滕公曰•布數為項羽窘上•上怨之•故必欲得之•朱家曰•君視季布何如人也•曰•賢者也•朱家曰•臣各為其主用•季布為項籍用•職耳•項氏臣可盡誅邪•今上始得天下•獨以己之私怨求一人•何示天下之不廣也•

且以季布之賢而漢求之急如此此不北走胡卽南走越耳夫忌（忌一作記）壯士以資敵國此伍子胥所以鞭荊平王之墓也君何不從容爲上言邪汝陰侯滕公心知朱家大俠意季布匿其所迺許曰諾待閒果言如朱家指上迺赦季布當是時諸公皆多季布能摧剛爲柔朱家亦以此名聞當世季布召見謝上拜爲郎中孝惠時爲中郎將單于嘗爲書嫚呂后不遜呂后大怒召諸將議之上將軍樊噲曰臣願得十萬衆橫行匈奴中諸將皆阿呂后意曰然季布曰樊噲可斬也夫高帝將兵四十餘萬衆困於平城今噲奈何以十萬衆橫行匈奴中面欺且秦以事於胡陳勝等起于今創痍未瘳噲又面諛欲搖動天下是時殿上皆恐太后罷朝遂不復議擊匈奴事季布爲河東守孝文時人有言其賢者孝文召欲以爲御史大夫復有言其勇使酒難近至畱邸一月見罷季布

因進曰臣無功竊寵待罪河東陛下無故召臣此人必有以臣欺陛下者今臣至無所受事罷去此人必有以（漢書無以字）毀臣者夫陛下以一人之譽而召臣一人之毀而去臣臣恐天下有識聞之有以闚陛下也上默然慙良久曰河東吾股肱郡故特召君耳布辭之官楚人曹丘生辯士數招權顧金錢事貴人趙同等與竇長君善季布聞之寄書諫竇長君曰吾聞曹丘生非長者勿與通及曹丘生歸欲得書請季布竇長君曰季將軍不說足下足下無往固請書遂行使人先發書季布果大怒待曹丘曹丘至即揖季布曰楚人諺曰得黃金百（依漢書百下滅斤字）不如得季布一諾足下何以得此聲於梁楚閒哉且僕楚人足下亦楚人也僕游揚足下之名於天下顧不重耶何足下距僕之深也季布乃大說引入留數月為上客厚送之季布名所以益聞者曹丘揚之也季布弟季心（子）

氣蓋關中。遇人恭謹。爲任俠。方數千里士皆爭爲之死。嘗殺人。亡之吳。
從袁絲匿。長事袁絲。弟畜灌夫籍福之屬。嘗爲中尉（尉字依漢書增）司馬。中尉
郅都不敢不加禮。少年多時時竊籍（漢書籍作借）其名以行。當是時。季心以
勇。布以諾。著聞關中。季布母弟丁公。爲楚將。丁公爲項羽逐窘高祖彭
城西。短兵接。高祖急。顧丁公曰。兩賢豈相戹哉。於是丁公引兵而還。漢
王遂解去。及項王滅。丁公謁見高祖。高祖以丁公徇軍中。曰。丁公爲項
王臣不忠。使項王失天下者。迺丁公也。遂斬丁公。曰。使後世爲人臣者
無效丁公。欒布者。梁人也。始梁王彭越爲家人時。嘗與布游。窮困。賃傭
於齊。爲酒人保。（梁云索隱于刺客傳引此云賣庸于齊爲酒家人）數歲。彭越去之巨野中爲盜。
而布爲人所略。賣爲奴於燕。爲其家主報仇。燕將臧荼舉以爲都尉。臧
荼後爲燕王。以布爲將。及臧荼反。漢擊燕。虜布。梁王彭越聞之。迺言上

請贖布以爲梁大夫使於齊未還漢召彭越責以謀反夷三族已而梟彭越頭於雒陽下詔曰有敢收視者輒捕之布從齊還奏事彭越頭下祠而哭之吏捕布以聞上召布罵曰若與彭越反邪吾禁人勿收若獨祠而哭之與越反明矣趣亨之方提趣湯布顧曰願一言而死上曰何言布曰方上之困於彭城敗滎陽成皐閒項王所以遂不能西徒以彭王居梁地與漢合從苦楚也當是之時彭王一顧與楚則漢破與漢而楚破且垓下之會微彭王項氏不亡天下已定彭王剖符受封亦欲傳之萬世今陛下一徵兵於梁彭王病不行而陛下疑以爲反反形未見以苛小案誅滅之臣恐功臣人人自危也今彭王已死臣生不如死請就亨於是上迺釋布罪拜爲都尉孝文時爲燕相至將軍布迺稱曰窮困不能辱身下志非人也富貴不能快意非賢也於是嘗有德者厚報

之有怨者必以法滅之吳軍反時以軍功封俞侯復爲燕相燕齊之閒皆爲欒布立社號曰欒公社景帝中五年薨子賁嗣爲大常犧牲不如令國除

太史公曰以項羽之氣而季布以勇顯於（漢書作名）楚身履（本作屨依索隱本徐廣云一作履）軍搴旗者數矣（軍上有典字依索隱刪漢書同案顏注漢書本有典字顏刪）可謂壯士然至被刑戮爲人奴而不死何其下也彼必自負其材故（王氏經傳釋詞云故與乃同此從其訓）受辱而不羞欲有所用其未足也故終爲漢名將賢者誠重其死夫婢妾賤人感慨（漢書作槩）而自殺者非能勇也其計畫無復之耳（漢書作其畫無俚之至耳）欒布哭彭越趣湯如歸者彼誠知所處不自重其死雖往古烈士何以加哉

某案此篇以爲氣任俠爲主筆勢最爲奇宕以純從旁面摹寫不肯

一犯正位也贊尤有奇氣此子長自慨故其言絶痛

季布欒布列傳第四十

傾大臣

袁盎鼂錯列傳第四十一

袁盎者楚人也字絲父故爲羣盜徙處安陵高后時盎嘗爲呂祿舍人及孝文帝即位盎兄噲任盎爲中郎絳侯爲丞相朝罷趨出意得甚上禮之恭常自(目)送之袁盎進曰陛下以丞相何如人上曰社稷臣盎曰絳侯所謂功臣非社稷臣社稷臣主在與在主亾與亾方呂后時諸呂用事擅相王劉氏不絕如帶是時絳侯爲太尉主(漢書主作本)兵柄弗能正呂后崩大臣相與共畔諸呂太尉主兵適會其成功所謂功臣非社稷臣丞相如有驕主色陛下謙讓臣主失禮竊爲陛下不取也後朝上益莊丞相益畏已而絳侯望袁盎曰吾與而兄善今兒廷毀我盎遂不謝及絳侯免相之國國人上書告以爲反徵繫(請)淸室宗室諸公莫敢爲言唯袁盎明絳侯無罪絳侯得釋盎頗有力絳侯乃大與盎結交淮南厲王

間骨肉

此與明絳侯無罪同一作

用

面誤

朝殺辟陽侯居處驕甚袁盎諫曰諸侯大驕必生患可適削地上弗用淮南王益橫及棘蒲侯柴武太子謀反事覺治連淮南王淮南王徵上因遷之蜀轞車傳送袁盎時爲中郎將乃諫曰陛下素驕淮南王弗稍禁以至此今又暴摧折之淮南王爲人剛如有遇霧露行道死陛下竟爲以天下之大弗能容有殺弟之名奈何上弗聽遂行之淮南王至雍病死聞上輟食哭甚哀盎入頓首請罪上曰以不用公言至此盎曰上自寬此往事豈可悔哉且陛下有高世之行者三此不足以毀名上曰吾高世行三者何事盎曰陛下居代時太后嘗病三年陛下不交睫不解衣湯藥非陛下口所嘗弗進夫曾參以布衣猶難之今陛下親以王者脩之過曾參孝遠矣夫諸呂用事大臣專制然陛下從代乘六乘傳馳不測之淵雖賁育之勇不及陛下陛下至代邸西向讓天子位者再

常引大體伉慨句總挈上下歸云面斥趙同可稱引大體伉慨然盎仍爲身計且得於兄子之策無足取也

南面讓天子位者三夫許由一讓而陛下五以天下讓過許由四矣且陛下遷淮南王欲以苦其志使改過有司衞不謹故病死於是上乃解曰將奈何盎曰淮南王有三子惟在陛下耳於是文帝立其三子皆爲王盎由此名重朝廷袁盎常引大體伉慨宦者趙同(談)以數幸常害袁盎袁盎患之盎兄子種爲常侍騎持節夾乘(謀)說盎曰君與鬬廷辱之使其毀不用孝文帝出趙同參乘袁盎伏車前曰臣聞天子所與共六尺輿者皆天下豪英今漢雖乏人陛下獨奈何與刀鋸餘人載於是上笑下趙同趙同泣下車文帝從霸陵上欲西馳下峻阪袁盎騎並車擥轡上曰將軍怯邪盎曰臣聞千金之子坐不垂堂百金之子不騎衡(行)梁云水經注引作立不倚衡聖主不乘危而徼幸今陛下騁六騑(飛)馳下峻山如有馬驚車敗陛下縱自輕奈高廟太后何上乃止上幸上林皇后愼夫人從其在禁

然袁盎二句賓主輕重致爲分明

中常同席坐及坐郎署長布席及坐爲句郎署長官名馮唐爲中郎署長是其證此言幸上林時將坐而郎署長亦仿禁中布愼夫人同坐之席而袁盎引卻愼夫人之坐不令與上同席也袁盎引卻愼夫人坐愼夫人怒不肯坐上亦怒起入禁中盎因前說曰臣聞尊卑有序則上下和今陛下既已立后愼夫人乃妾妾主豈可與同坐哉適所以失尊卑矣且陛下幸之卽厚賜之陛下所以爲愼夫人適所以禍之陛下獨不見人彘乎於是上乃說召語愼夫人愼夫人賜盎金五十斤然袁盎亦以數直諫不得久居中調爲隴西都尉仁愛士卒士卒皆爭爲死遷爲齊相徙爲吳相辭行種謂盎曰吳王驕日久國多姦今苟欲劾治彼不上書告君卽利劍刺君矣南方卑溼君能日飲毋苛(何)時說王曰毋反而已如此幸得脫盎用種之計吳王厚遇盎盎告歸道逢丞相申屠嘉下車拜謁丞相從車上謝袁盎袁盎還愧其吏乃之丞相舍上謁求見丞相丞相

良久而見之。盎因跪曰。願請閒。丞相曰。使君所言公事。之曹與長史掾議。吾且奏之。卽私邪。吾不受私語。袁盎卽跪說曰。君爲丞相。自度孰與陳平絳侯。丞相曰。吾不如。袁盎曰。善。君卽自謂不如。夫陳平絳侯。輔翼高帝。定天下。爲將相。而誅諸呂。存劉氏。君乃爲材官蹶張。遷爲隊率。積功至淮陽守。非有奇計攻城野戰之功。且陛下從代來。每朝。郎官上書疏。未嘗不止輦受其言。言不可用置之。言可受采之。未嘗不稱善。何也。則欲以致天下賢士大夫。上日聞所不聞。明所不知。日益聖智。君今自閉鉗天下之口。而日益愚。夫以聖主責愚相。君受禍不久矣。丞相乃再拜曰。嘉鄙野人。乃不知。將軍幸教。引入與坐。爲上客。盎素不好鼂錯。鼂錯所居坐。盎去。盎坐。錯亦去。兩人未嘗同堂語。及孝文帝崩。孝景帝卽位。鼂錯爲御史大夫。使吏案袁盎受吳王財物。抵罪。詔赦以爲庶人。吳

此敘袁盎聲勢所以反形錯之冤也讀鼂之鄧後方詳著此爲逆提

楚反聞鼂錯謂丞史曰夫袁盎多受吳王金錢專爲蔽匿言不反今果反欲請治盎宜知計謀丞史曰事未發治之有絕今兵西鄉治之何益且袁盎不宜有謀鼂錯猶與未決人有告袁盎者袁盎恐夜見竇嬰爲言吳所以反者願至上前口對狀竇嬰入言上上乃召袁盎入見鼂錯在前及盎請辟人賜閒錯去固恨甚袁盎具言吳所以反狀以錯故獨急斬錯以謝吳吳兵乃可罷其語具在吳事中使袁盎爲太常竇嬰爲大將軍兩人素相與善逮吳反諸陵長者長安中賢大夫爭附兩人車隨者日數百乘及鼂錯已誅袁盎以太常使吳吳王欲使將不肯欲殺之使一都尉以五百人圍守盎軍中袁盎自其爲吳相時嘗有從史（二字依震澤本增）從史嘗盜愛盎侍兒盎知之弗泄遇之如故人有告從史言君知爾與侍者通乃亡歸袁盎驅自追之遂以侍者賜之復爲從史及袁

結俠客欲以自衛也
此段爲文外曲致從閒處寫好聲矜賢本色

盎使吳見守從史適爲守盎校尉司馬乃悉以其裝齎置二石醇醪會天寒士卒飢渴飲酒醉西南陬卒（漢書重卒字）皆臥司馬夜引袁盎起曰君可以去矣吳王期旦日斬君盎弗信曰公何爲者司馬曰臣故爲從史盜君侍兒者（漢書者下有也字）盎乃驚謝曰公幸有親吾不足以累公司馬曰君弟去臣亦且亡辟吾親君何患乃以刀決張道從醉卒直隧出（王云道讀導）司馬與分背袁盎解節毛懷之杖步行七八里明見梁騎騎馳去遂歸報吳楚已破上更以元王子平陸侯禮爲楚王袁盎爲楚相嘗上書有所言不用袁盎病免居家與閭里浮沈相隨行鬬雞走狗雒陽劇孟嘗過袁盎盎善待之安陵富人有謂盎曰吾聞劇孟博徒將軍何自通之盎曰劇孟雖博徒然母死客送葬車千餘乘此亦有過人者且緩急人所有夫一旦有急叩門不以親爲解不以存（漢書存作在）亡爲辭天下所

望者獨季心劇孟耳今公常【集解漢作詳】從數騎一旦有緩急寧足恃乎罵富人弗與通諸公聞之皆多袁盎

袁盎雖家居景帝時時使人問籌策梁王欲求為嗣袁盎進說其後語塞梁王以此怨盎曾使人刺盎刺者至關中問袁盎諸君譽之皆不容口乃見袁盎曰臣受梁王金來刺君君長者不忍刺君然後刺君者十餘曹備之袁盎心不樂家又多怪乃之服棓生所問占還梁刺客後曹輩果遮刺殺盎安陵郭門外

鼂錯者潁川人也學申商刑名於軹張恢先所與雒陽宋孟及劉禮【梁云漢書作劉帶】同師以文學為太常掌故錯為人陗直刻深孝文帝時天下無治尚書者獨聞濟南伏生故秦博士治尚書年九十餘老不可徵乃詔太常使人往受之太常遣錯受尚書伏生所還因上便宜事以書稱說詔以為太子舍人門大夫家令以其辯得幸太子太子家號曰智囊數上書孝文

或言史公取錯忠非也不過視袁盎爲愈耳

時言削諸侯事及法令可更定者書數十上孝文不聽然奇其材遷爲中大夫當是時太子善錯計策袁盎諸大功臣多不好錯景帝即位以錯爲內史錯常數請閒言事輒聽寵幸傾九卿法令多所更定丞相申屠嘉心弗便力未有以傷內史府居太上廟壖中門東出不便錯乃穿兩門南出鑿廟壖垣丞相嘉聞大怒欲因此過爲奏請誅錯錯聞之即夜請閒具爲上言之丞相奏事因言錯擅鑿廟垣爲門請下廷尉誅上曰此非廟垣乃壖中垣不致於法丞相謝罷朝怒謂長史曰吾當先斬以聞乃先請爲兒所賣固誤丞相遂發病死錯以此愈貴遷爲御史大夫請諸侯之罪過削其地收其枝郡奏上上令公卿列侯宗室集議梁云馬班字類作雜議漢書亦作雜莫敢難獨竇嬰爭之由此與錯有郤錯所更令三十章諸侯皆諠譁疾鼂錯錯父聞之從潁川來謂錯曰上初即位公爲政用

簡捷勁悍

史公記冤死者皆以人言發其意蒯通之於韓信欒布之於彭越鄧公之於鼂錯皆是也

事侵削諸侯別疏人骨肉人口議多怨公者何也鼂錯曰固也不如此天子不尊宗廟不安錯父曰劉氏安矣而鼂氏危矣吾去公歸矣遂飲藥死曰吾不忍見禍及吾身死十餘日吳楚七國果反以誅錯為名及竇嬰袁盎進說上令鼂錯衣朝衣斬東市鼂錯已死謁者僕射鄧公為校尉擊吳楚軍為將還上書言軍事謁見上上問曰道軍所來聞鼂錯死吳楚罷不鄧公曰吳王為反數十年矣發怒削地以誅錯為名其意非在錯也且臣恐天下之士噤口不敢復言也（漢書噤作拑錢云拑噤聲相近）上曰何哉鄧公曰夫鼂錯患諸侯彊大不可制故請削地以尊京師萬世之利也計畫始行卒受大戮內杜忠臣之口外為諸侯報仇臣竊為陛下不取也於是景帝默然良久曰公言善吾亦恨之乃拜鄧公為城陽中尉鄧公成固人也多奇計建元中上招賢良公卿言鄧公時鄧公免起家

爲九卿一年復謝病免歸其子章以脩黃老言顯於諸公閒

太史公曰袁盎雖不好學亦善傅會仁心爲質引義忼慨遭孝文初立資適逢世時以變易及吳楚一說說雖行哉然復不遂好聲矜賢竟以名敗鼂錯爲家令時數言事不用後擅權多所變更諸侯發難不急匡救欲報私讎反以亾軀語曰變古亂常不死則亾豈錯等謂邪

某案此篇以好聲矜賢爲主

袁盎鼂錯列傳第四十一